Memories of My US Trip

美不美国 第一部

身材骨感 旅程丰满 炼爱美利坚

牟 鹏◎著

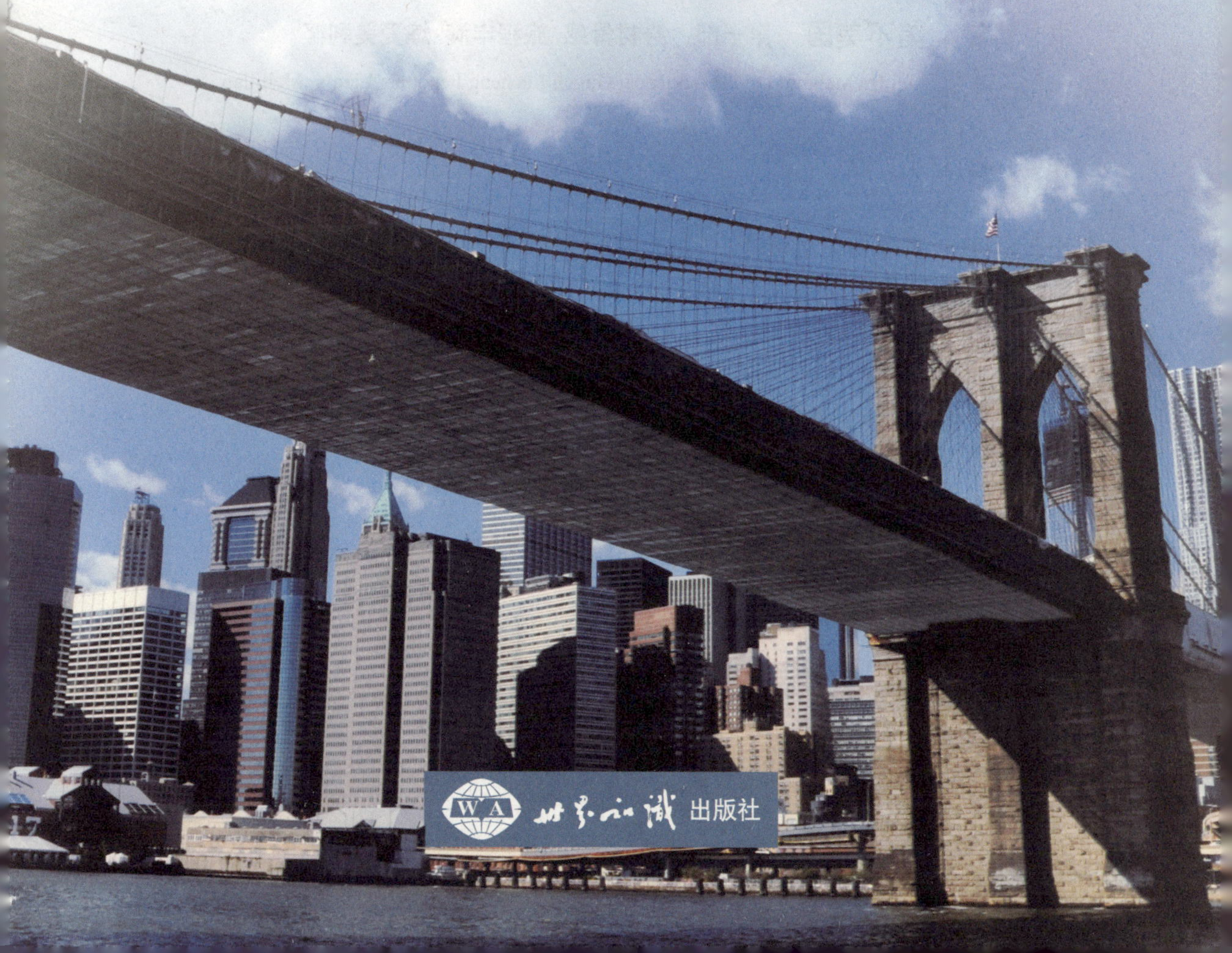

WA 世界知识出版社

图书在版编目（CIP）数据

美不美国．第1部，身材骨感　旅程丰满　炼爱美利坚／牟鹏著．—北京：世界知识出版社，2014.5

ISBN 978-7-5012-4640-3

Ⅰ．①美… Ⅱ．①牟… Ⅲ．①旅游指南-美国 Ⅳ．①K971.29

中国版本图书馆CIP数据核字（2014）第067882号

责任编辑	余　岚
责任出版	刘　喆
责任校对	马莉娜

书　　名	美不美国　第一部：身材骨感　旅程丰满　炼爱美利坚
	Mei Bu Meiguo Diyi Bu: Shencai Gugan Lücheng Fengman Lian'ai Meilijian
作　　者	牟　鹏
出版发行	世界知识出版社
地址邮编	北京市东城区干面胡同51号（100010）
电　　话	010-65265923（发行）　010-85119023（邮购）
网　　址	www.wap1934.com
投稿邮箱	sjzs_yulan@163.com
经　　销	新华书店
印　　刷	北京盛新瑞利全印务有限公司
开本印张	787×1092毫米　1/16　20¾印张
字　　数	338千字
版次印次	2014年6月第一版　2014年6月第一次印刷
标准书号	ISBN 978-7-5012-4640-3
定　　价	65.00元

版权所有　侵权必究

前　言

　　2012年9月7日早上8点25分，从我踏上飞往美国华盛顿州西雅图的达美航空公司的航班，开始了我的第二次美国之旅，一直到2012年11月16日晚11点40分回到北京。在这71天中，我以沙发客、报当地旅行团以及自驾车的形式跑遍了美国本土的31个州，完成这次印象深刻的旅程，整整71天的美国之旅给我带来了和上次完全不同的经历和感受。

　　这次的美国之旅我总共写了两本游记，在这部《美不美国》第一部里，有我以自助游的形式、在美国当地报旅行团形式的旅游经历，其中有风景如画的西雅图，也有学术气息浓重的波士顿，更有弥漫着金钱味道的华尔街以及西部旷野中的黄石公园，足迹遍布美国东西海岸以及中部地区。所有的这些经历都可以为准备去美国自助游的旅游者提供一些参考。这部书里还着重介绍了一下美国的华人聚集地洛杉矶，包括它的海滩景区、豪宅社区、生活万象以及近几年广受中美两国人民争议的中国孕妇团在美产子问题，还有备受中国旅游者青睐的奥特莱斯疯狂采购。当然了，这71天旅行的内容不仅仅如此。

　　在这71天的旅行中，我游历了美国本土31个州及墨西哥的世界暴力之都华雷斯城，东边的大西洋海岸，西边的太平洋海岸，南边的墨西哥湾，北边的尼亚加拉大瀑布，足迹遍布美国本土的东西南北。自驾车由美国最北端的缅因州巴尔港（Bar Harbor），一直开到位于墨西哥湾美国大陆最南端的佛罗里达州基维斯特（Key West），由北向南纵贯了整个美国的东部。又自驾车由位于大西洋海岸美国最东边的杰克逊维尔一直开到位于太平洋海岸美国最西边的洛杉矶，横穿整个美国南部。这次的美国之旅历经了两万多公里旅途，领略了美国南北40多度的温差，看到了两党竞选总统的激烈，体验了美国枪店里亲自试枪的兴奋，品尝了闻名世界的黄石公园野牛肉，亲历了拼命逃离桑迪飓风的惊险。

　　在这次短短的71天的旅途中我体验了不同的经历（入境美国险些被驱逐出境与在亚特兰大差点被黑人地痞打劫），不同的风景（美国东部的秀丽与美国西部的空旷），不同的地貌（黄石公园的壮观与基维斯特的精致），不同的植物（新墨西哥州沙漠中的仙人掌与华盛顿鲜红似火的枫叶），不同的服饰（蒙大拿州的西部牛仔装束与迈阿密的热带短衫），不同的建筑（犹他州的摩门教堂与佛罗里达的海明威故居），不同的街道（人潮汹涌的纽约第五大道与霉烂

Memories of

颓败的新奥尔良小巷），不同的时区（经历一天之内跨越四个时区与两天之内四小时的时差），不同的温度（黄石公园零下5摄氏度的寒冷与迈阿密将近40摄氏度的高温），不同的气候（西雅图的湿润与内华达的干燥），不同的肤色（缅因州麦当劳里打工的白人与新奥尔良无所事事的黑人），不同的口音（新英格兰地区的美式英语与新墨西哥州的西班牙式发音），不同的美食（享誉全美的缅因州龙虾与佛罗里达州的迈阿密雪蟹），不同的地标（位于纽约的帝国大厦与位于休斯敦的航天中心），不同的公路（亚利桑那州的沙漠公路与佛罗里达州串起一百多座岛屿的海上公路），不同的娱乐方式（纸醉金迷的拉斯维加斯与享誉世界的纽约百老汇），不同的野生动物（怀俄明草原上急速奔跑的北美羚羊与缅因州高速路边被撞死的驼鹿），不同的性格（亚特兰大黑人的懒散与纽约时代广场神色匆匆的白领），不同的领域（弥漫着金钱味道的华尔街与学术气息浓重的哈佛大学），不同的历史（1776年签署《独立宣言》的费城独立厅与目前正在施工中的新世贸大厦），不同的文化（圣迭戈天体浴场的裸体情侣与洛杉矶总统竞选投票站等待投票的人群），不同的比赛（帕萨迪纳玫瑰碗的橄榄球赛与洛杉矶斯台普斯中心球馆的快船队篮球赛），不同的旅行方式（坐旅游大巴畅游美国中西部和东部与自驾车纵贯横穿美国大陆），不同的现场（科罗拉多州丹佛的惨烈车祸与圣迭戈科罗娜多岛晚霞铺满沙滩上的幸福新娘），不同的体验（进入美军航空母舰的内部与一天驾车1780公里穿越沙漠地带）。

  同时也经历了及其珍贵的巧合，我去黄石公园是2012年营业的最后一天，第二天黄石公园就闭门谢客。在我领略尼亚加拉大瀑布的壮观后，当天就关门歇业。肆虐美国东部的桑迪飓风登陆纽约的前两个小时我就在纽约晚高峰拥堵的曼哈顿车流中，差一点就被大西洋海水倒灌淹没在纽约街头的一片汪洋之中。这71天旅途中的点点滴滴都是那么让人回味，这71天的经历都是我人生阅历的积累，这71天的感受都是那么的迥异。

  美国，这个让世人争议最多的国家，也是让国人感觉既熟悉又陌生的国家。在它的身上既有着世界第一大经济体的头衔，但它也是世界上欠债最多的国家；它的身上既有着世界上最健全的法律体系，但它也关押着世界上最多的囚犯；它的身上既有着赌城拉斯维加斯的骄奢淫逸，但它每个城市的中心又都有无处

前 言

不在的乞丐大军；它的身上既有着好莱坞的光芒四射，但它又存在着世界最为庞大的非法移民群体；它的身上既有着珍视生命的人文精神，但它的毒品买卖枪杀案件又是全球瞩目；它的身上既有着市场经济自由竞争的业态，但它的政府又行政干预汽车业房地产业的颓败；它的身上既有着引以为傲的教育体系，但它又存在着严重的青少年失学率、犯罪率、吸毒率；它的身上既有着言论高度自由的标签，但它又决不能容忍任何人对上帝及美国"普世"价值观的藐视；它的身上既有着总统获得诺贝尔和平奖的殊荣，但它又从没停止过遍及世界的战争；它的身上既有着严格的食品安全管控，但它又不遗余力地把转基因食品推给其他国家；它的身上既有着自由竞争的精神，但它绝大多数产业却被两家公司囊括形成超级垄断。

　　所有看到的一切，哪一个才是真正的美国？美国到底是什么模样？我想我肯定是没有能力找到答案，只能牵强附会地说所有的这一切都是美国，就像在西部旷野遇到的身穿格子衬衫、脚蹬马靴、头戴牛仔帽的壮汉是美国人，但在洛杉矶贝弗利山开着豪华跑车、挎着名牌皮包的金发碧眼美女也是美国人，而神色匆匆地提着公文包、西服领带打扮的华尔街精英同样是美国人一样。所有我眼中的千奇百怪、所有我脑中的困惑疑虑、所有我心中的匪夷所思共同组成了美国的大千世界。

　　虽然我找不到答案，但这并不影响我和大家共同分享这71天的旅程，共同体验旅途中的点点滴滴，一起探寻异域文化的精彩，来了解我们眼中的美国和现实中有多大的差别。美国到底是不是我们想象中的那样？想象中的那个陌生国度到底美不美国？

Memories of

目 录

前　言　　　　　　　　　　　　　　　　　　　　　*1*

第一章　森林城市西雅图　　　　　　　　　　　1

初识西雅图　　　　　　　　　　　　　　　　　1
西雅图是一座什么样的城市／西雅图的空气质量如何
西雅图的水质好到什么程度／西雅图的华人比例高吗

西雅图的住宅　　　　　　　　　　　　　　　　5
西雅图最明显的气候特点是什么／西雅图最著名的豪宅区在哪里
比尔·盖茨住在西雅图什么地方／西雅图住宅的缺点是什么

在西雅图购物　　　　　　　　　　　　　　　　11
西雅图的华人超市有多少／西雅图的物价水平如何
西雅图最便宜的商店是哪家／美国最大的会员制连锁店是哪两家

普吉特湾　　　　　　　　　　　　　　　　　　16
美国白人喝二锅头是什么感觉／美国白人吃猪舌头是什么感觉
美国警察敢酒驾吗／美国人穿的泳裤和中国有什么不同

绿湖半日游　　　　　　　　　　　　　　　　　19
美国的公园和中国有什么不同／西雅图的公寓楼和北京有什么区别
西雅图绿湖有多大／绿湖边的房价如何

西雅图 downtown 一日游　　　　　　　　　　　24
去西雅图 downtown 为什么要做公交车／西雅图 downtown 的路有什么特点
排名世界七大最酷图书馆的西雅图图书馆什么样子／世界上第一家星巴克在西雅图什么地方

西雅图生活点滴　　　　　　　　　　　　　　　32
西雅图的空气湿度到底有多大／西雅图的小区物业如何
在西雅图租房什么是免费的／西雅图天空中什么最多

第二章　狂野美国西部游　　　　　　　　　　　　　　43

离开洛杉矶　　　　　　　　　　　　　　　　　　　43
洛杉矶和美国中西部地区有多大的温差／洛杉矶的华人早点怎么样
华人旅行社在洛杉矶有什么优势／洛杉矶华人区和墨西哥人区的房价有多大差距

进入内华达　　　　　　　　　　　　　　　　　　　47
炒面的英文说法是什么／美国中餐厅的免费赠品是什么
美国允许性交易的州有几个／赌城拉斯维加斯的房产租售比是多少

犹他州枪店　　　　　　　　　　　　　　　　　　　50
什么车在美国跨州需要交费／什么人一生娶了55个老婆
在美国买枪需要哪些手续／美国枪械的价格贵吗

拱门国家公园　　　　　　　　　　　　　　　　　　56
美国落基山脉的山有什么特点／拱门国家公园有多少天然石拱门
拱门国家公园的镇园之宝是什么／如何定义天然石拱门

科罗拉多州丹佛市　　　　　　　　　　　　　　　　59
美国最大的温泉叫什么／丹佛的天气有什么特点
丹佛最热闹的地方在哪里／丹佛地铁和北京地铁有什么不同

南达科他州总统山　　　　　　　　　　　　　　　　67
怀俄明最小的城镇有多少人口／世界上最大的雕塑是什么
雕刻总统山共花费了多少钱／北美棕熊和黑熊的区别是什么

黄石公园　　　　　　　　　　　　　　　　　　　　79
美国的人种分布是怎样的／美国最大和最早的国家公园是哪两家
游客可以吃到黄石公园里最著名的野牛吗／在美国枪店打靶射击贵不贵

怀俄明杰克逊小镇　　　　　　　　　　　　　　　　95
当年每英亩4分钱买来的怀俄明州现在值多少钱／杰克逊小镇哪来的那么多鹿角

目 录

爱达荷魔鬼三角地发生过怎样的诡异事件 / 2012年全美房价提升最快的州是哪一个

重返犹他州　　　　　　　　　　　　　　　　　　　99
犹他州摩门教徒占多大比例 / 控制哈佛大学的3M都是些什么人
盐湖城的盐湖含盐量有多大 / 世界上最大的铜矿有多大

赌城拉斯维加斯　　　　　　　　　　　　　　　　105
世界上最大的10家酒店赌城占几家 / 拉斯维加斯的威尼斯在哪里
拉斯维加斯无上装歌舞表演怎么样 / 创美国油价的最高纪录是多少

第三章　情迷洛杉矶　　　　　　　　　　　　　　111

重返洛杉矶　　　　　　　　　　　　　　　　　　111
洛杉矶的空气质量如何 / 9月中旬西雅图和洛杉矶有多大的温差
在洛杉矶吃海鲜贵吗 / 美国的牛奶和中国有什么不同

园林都市圣玛利诺　　　　　　　　　　　　　　　119
洛杉矶的豪宅区都在哪里 / 洛杉矶名牌学校的排名哪几个区最好
洛杉矶最棒的街道是哪条 / 圣玛利诺的房价水平怎么样

洛杉矶中国孕妇团　　　　　　　　　　　　　　　123
中国人到美国生孩子的多吗 / 在美国生孩子有哪些好处？
中国人到美国生孩子的花费是多少 / 到美国生孩子有什么隐患？

洛杉矶海滩一日游　　　　　　　　　　　　　　　130
洛杉矶吃海鲜最好的地方在哪里 / 全美十大最棒海滩酒吧排名第一的在哪里
在美国如何用咪表交停车费 / 美国"寻找有钱人的最佳地点"排名第一的是哪里

我和Lily　　　　　　　　　　　　　　　　　　　139
美国有没有虐待动物的人 / 如何看懂狗的身体语言

洛杉矶的野兽会不会闯进民居 / 在美国打狂犬疫苗是免费的吗

家庭聚会 　　　　　　　　　　　　　　　　　　　146
在美国酒驾的后果是什么 / 美国白人孩子和华人孩子在运动项目方面有什么不同
美国的装修工人有多霸道 / 洛杉矶南部是什么样子

洛杉矶顶级豪宅区马里布 　　　　　　　　　　　　154
洛杉矶最有钱的人所住的区什么样 / 成龙在马里布的豪宅值多少钱
洛杉矶豪宅区的分布是怎样的 / 美国的房地产现状是怎样的

邻居陈墨 　　　　　　　　　　　　　　　　　　　161
美国的豪车有多便宜 / 美国的健身俱乐部如何收费
在美国买投资房合算吗 / 中美两国年轻人的爱情观有什么不同

洛杉矶一日游 　　　　　　　　　　　　　　　　　168
美国的交通法与中国有什么不同 / 在美国开车有哪些不同的驾驶习惯
世界十大购物街都在哪里 / 贝弗利山最著名的中餐厅是哪家

洛杉矶的闲散生活 　　　　　　　　　　　　　　　174
美国著名的商店都是哪些 / 华人在美国买东西方便吗
美国的一元店里买不到什么？ / 在美国看中文电视节目方便吗？

第四章　美国深秋东部游 　　　　　　　　　　　　189

抵达纽约 　　　　　　　　　　　　　　　　　　　189
从洛杉矶飞到纽约需要多长时间 / 美国的旅行团和中国有什么不同
纽约的住宅楼是什么样子 / 全美最差的中餐在哪里

目录

纽约一日游   197
世贸大厦现在建得怎么样了 / 曼哈顿的停车费多少钱
纽约的红灯区在什么地方 / 纽约的同性恋街在哪里

费城华盛顿之旅   224
美国最初的国旗什么样 / 美元的最大面额是多少
首都华盛顿有多少黑帮 / 美国的韩战纪念碑写着什么

尼亚加拉大瀑布   240
美国的自助餐多少钱 / 在美国用现金和信用卡结账有什么不同
观看大瀑布的代价是什么 / 在加拿大抢劫银行的后果是什么

美国最有文化的城市——波士顿   253
波士顿的改良中国菜是什么口味 / 美国哪里能吃到最好的波士顿龙虾
哈佛大学的门朝哪边开 / 为什么哈佛铜像上的三句话全是错的

第五章 旅游杂记   275

美国田园乐   275
美国人能自己在家种水果蔬菜吗 / 美国别墅草坪的地灯为什么整夜都亮着
洛杉矶的园丁行业被什么人垄断 / 美国的草坪贵不贵

入境美国   285
美国海关官员对中国人的态度怎么样 / 什么东西不让入境美国
海关官员发给你大红卡是什么意思 / 入境美国时官员都问些什么问题

乘坐美国航班   294
美国的机场服务有哪些不好 / 美国航班的行李托运差在哪里
美国航班的餐饮服务有多差 / 美国航班的安检有多严格

Memories of

在美国看比赛　　　　　　　　　　　　　　　307
全世界最卖座的体育比赛是哪一个／美国人如何看橄榄球赛
网上订的电子票如何更换现场门票／橄榄球队的灵魂四分卫都是些什么人

奥特莱斯购物　　　　　　　　　　　　　　314
美国有多少家奥特莱斯／美国奥特莱斯里最受欢迎的是哪个品牌
如何在奥特莱斯里享受到折上折的优惠／美国最便宜的一家奥特莱斯在哪里

◀◀◀◀◀ 第一章 森林城市西雅图

第一章
森林城市西雅图

初识西雅图 ▶▶▶▶▶

《西雅图不眠夜》是一部好莱坞著名影片的名字，也是我对这个城市的第一个印象，记得最清晰的是影片里的一句台词："什么？你要去西雅图？那个一年下九个月雨的地方。"从这句台词我们就知道这是一个多雨的城市。好在我没有因为时差原因在西雅图的夜晚失眠，恰恰在西雅图我睡眠质量最好，甚至比我在北京和在美国所去过的任何一个城市都要好。我在西雅图居住的时间分别是 9 月 7 日到 9 月 16 日，11 月 13 日到 11 月 15 日。这些日子里只有一天我陪叔叔阿姨玩麻将到晚上 11 点钟，其余都是 9 点甚至是 8 点多就上床睡觉，而且沾枕头就着。现在想起在西雅图的每一天都是那么的享受，它的苍松翠柏，它的湿润空气，它的道路街道我都是那么的怀念。

西雅图，这个位于美国西北部太平洋沿岸的重要城市，坐落在华盛顿州普捷特湾和华盛顿湖之间的狭长地带上。它建在 7 座相邻的山丘上，面积 369.2 平方公里，其中 217.2 平方公里为陆地，152 平方公里为水面，也就是说 41.16% 的面积是水面。这也是我在西雅图感受最深切的一点，原本我以为西雅图就像我去过的洛杉矶，就是个靠海的城市而已，除了海边能见到水景的地方屈指可数。没想到亲身进入西雅图后，感觉它真真就是一座水景城市，湖泊众多，而且西雅图的水边建筑也是我现在回忆起来最最神往的画面。

西雅图特有的地理位置和气候条件形成了它特有的城市风貌，被誉为绿宝石城（The Emerald City 官方别称）、雨城（The Rainy City）、常绿之城（Evergreen

City)、阿拉斯加门户（The Gateway to Alaska）、女王之城（Queen City）。又由于它原是波音飞机的总部所在地又被冠之以喷气机之城（Jet City）的称号，对于这个称号我也是感同身受，去过了美国的31个州无数个城市，但我在西雅图见到的飞机是最多的，不但数量多，种类也是最多的，好像除去战斗机什么样的飞机都有在我的头上飞过。除了这些，西雅图还是众所周知的微软公司和星巴克咖啡的老家。

从1869年开始，西雅图的别称是"女王之城"。1981年，西雅图正式选举一个新的昵称。1982年，公布西雅图的官方别称是"绿宝石城"。它描绘着西雅图周围多雨造成的丰茂景色。西雅图是一个不可思议的城市。它海拔最低，却有古老的冰川，活跃的火山和终年积雪的山峰。西雅图又是一个得天独厚的城市，它拥有青山、湖泊，港湾河道，温润的气候，如春的四季。无论是在美国本土，还是在世界其他地方，几乎找不到第二个城市能像西雅图那样，山峦、平地都被密密的、几近原始的森林所覆盖。市区内外皆衬饰着幽静的港湾、河流、绿树，掩映着色彩丰富的街道。而在环绕着城市的青山之中，又错落地隐藏着几十个大小不等的湖泊。树木葱郁，草地青葱，还有飘来飘去的雨，轻轻掠过的风，都带着青绿的颜色。蓝色的海水环绕着如翡翠般的西雅图市，东部有奥林匹克山（Olympic Mountains），西部有卡斯克德山脉（Cascade Mountain Range）的群峰包围，西雅图介于普吉特湾（Puget Sound）和18英里长的华盛顿湖（Lake Washington）之间的一块窄小的土地上，普吉特湾和华盛顿湖的水经过水道在西雅图市中心的北方交汇于联合湖（Lake Union）中，多雨及雾的天气让西雅图看来比美国其他城市更绿意盎然。西雅图附近的河流、森林、湖泊和田野非常富饶，一条离西雅图中心很近的运河连接华盛顿湖和普吉特海湾。在西雅图及其周围整年都有很多帆船、滑雪、骑车、宿营和徒步旅行的爱好者，难怪西雅图能被称为常青城。

西雅图给我的印象就是一个森林城市，居民住户被苍松翠柏包围着，公路湖泊被苍松翠柏包围着，学校商店被苍松翠柏包围着，完全就是建在森林里的城市，完全就是建在湖泊边的家园。1995年，西雅图被《货币》杂志评为"全美最佳居住地"，1996年被《财富》杂志评为"最佳生活工作城市"，1998年是全美公认生活质量最高的城市，2005年《男人健美》杂志称西雅图是美国最健美的城市。尤其是11月13日我回到阔别两个月的西雅图，这时的我已经横穿和纵贯了整个美国大陆，游历了美国本土的31个州和墨西哥的华雷斯城，对美国的感受自然很多，无论是风土人情还是自然环境，都会有横向之间的比较。这时的西雅图在我心目中的位置，是在和31个州若干个城市比较出来的，它的空气不但比人口众多的加州要好，还要比新英格兰地区的美国东部要好，最不可思议的是它居然还比地广人稀的美国中西部还好。这简直有点不符合常理，像怀俄明州，面积是加州的三分之二那么大，人口居然只有区区的五十万，最大的城市只有五万人口，这么广袤的大地都是草原丘陵，你都能想象那里的空气该有多好。但奇怪的就是一个三百四十万人口的城市，空气质量竟然超过人烟稀少的整个怀俄明州，如果不是亲身经历真是不敢相信。

　　被评为"全美最佳居住地"不知道要考核多少个指标，但我认为空气、水源和自然环境是最为重要的资源指标。它不像市政配套、教育、交通等人文指标可以随着城市化的逐步加深而改进，自然指标就是大自然赋予你的，像西雅图随处可见的百年甚至几百年树龄的大树，在洛杉矶就是凤毛麟角十分稀少。这里的水质好得都有些过分！为什么呢？为什么我会有这么不可思议的感受？西雅图的水质很软，烧水的水壶你就是烧一辈子的水都不会起一点水碱。这肯定是好事，在北京你想找这样的自来水还找不到呢。可就是由于水质太软，也给你生活带来了不便。每次洗手打肥皂，洗完以后想把肥皂沫冲下去可真是一件费力的事情，怎么也冲不干净，需要冲好半天，手上还是感觉有点滑。洗手还属于是容易的事，洗头呢？洗澡呢？把泡沫冲下去真是费了牛劲了，等到上床的时候还是觉得裹着肥皂睡的觉。这都是水质太软的原因，让水都没劲儿了，不过实话实说，谁不希望生活在有这么好水源的地方呢。

　　再说空气，这里空气质量能好过人烟稀少的美国中西部可不是信口开河，我是有真实的体会。美国中西部的空气的确是很清新，每次呼吸都能吸进大自然的味道，那是一种一望无际空旷广袤的大自然的味道。这对生活在中国城市空气污染之巅的北京的我来说，每吸进一口都是一种享受。但美国中西部干净的空气好像只是让你来享受的，而西雅图的空气是让你吸收的。西雅图的空气

▲ 天气阴沉的西雅图

十分湿润，空气的密度好像比中西部要大得多，而且它又是森林城市，空气中的氧含量极高，每一次都是吸进一股带有湿度带有重量的高纯度空气，带有高密度的负氧离子的湿润空气，而且一下就能进入你的肺叶、充满你的气管、融入你的血液、包裹你的细胞，一下子就把藏在身体角落里的污染过的空气挤出你的身体。这种感觉听起来很神奇，但当你真到了西雅图，得到这种感觉是那么的轻而易举，是那么地平平常常。湿润的空气对人的皮肤很有益处，爱美的女士要是能来西雅图这个湿润洁净的天然大氧吧生活一段时间，回到北京肯定能把美容院老板羡慕死。就连我这张老脸都觉得皮肤滋润了许多，不像在北京那么干燥。在北京的秋冬两季每天都得往脸上擦油，绝不是为了美容，而是为了别那么干燥。我这刚在西雅图生活几天啊，皮肤就感觉水嫩了许多，这要是让我在西雅图生活一年，到时候你一掐我的脸保证能从嘴里挤出一口痰来，真的就是这么湿润。

叔叔在西雅图住了两个多月，事隔两个月后我回到西雅图再见到叔叔，身体状况有明显的改善。最大的改善就是胳膊抬不起来了，但那不是空气造成的，是骑自行车给摔成那样的。他自己真正感觉最大的改变就是身体轻了，走起路来不喘了，不感到那么的疲倦了。什么原因？有过专业运动经历的人一定会知道答案，那就是血液含氧量增大，身体代氧能力增强了。身体自然会感觉轻盈，不会那么容易感觉疲劳。而且叔叔在这段时间把烟给戒了，不是因为西雅图的空气太好，是因为西雅图的烟太贵了。每天想出门就得靠双腿，老两口谁也不会开车，在美国去最近的超市一般得走二十多分钟，一去一回就得小一个钟头，不知不觉地就锻炼了身体。两个月下来，气色、精神、皮肤，甚至眼神都有很大的变化，而且是在相隔两个月以后的11月13日晚上我到西雅图第一眼就看出来了。

西雅图的住宅

西雅图都市区人口约为340万，是个多民族城市。白人约占全市人口的70.1%；黑人占8.4%；印第安人和土著人占1.0%；西班牙/拉丁美洲裔占5.3%；混血占4.5%；亚裔占13.1%，其中华裔约占全市人口的3.45%。最著名的华人就要算李小龙了，他和儿子的墓地就在西雅图的湖景公墓。首先西雅图是西部城市里白人比例最高的，这在美国西部其他地方极为少见。相对于洛杉矶，这里华人的比例少了许多，在美国著名的华人超市连锁店99大华在西雅图就两家店，这和洛杉矶形成鲜明地对比。从数据上看黑人所占比例很大，差不多每12个人中就有一个黑人，但我在西雅图的这么多天就在downtown里见到过黑人，其他时间极少碰到黑人。究其原因和洛杉矶的情况十分符合，就四个字：北贵南贱。素质高的人群都聚集在城市北部的居住区，素质低的人群都在城市南部生活。叔叔和阿姨住在北部的埃德蒙兹市，我住在这里的这段时间基本上没见过什么黑人。他们2012年在这里买的房子到现在已经涨了差不多50%，同样在西雅图，南部的房子在相同的时间段肯定是涨不了这么多的。

2012年9月7日，在经过了将近十个半小时的飞行和西雅图海关的百般刁难后，我总算拿到盖有入境章和I-94卡的护照，带着两个行李箱走出西雅图海关办公室（入境美国一章里有详细记载）。赶紧找在我之前一个小时出来的叔叔阿姨，今天他们的女儿July和她的男朋友一起来机场接机，如果找不到叔叔阿姨就不可能离开机场。

我的大行李箱轱辘可能由于野蛮装卸的缘故有两个轱辘不转了，只能提着这个四十五斤的行李箱满航站楼地找人，远远地看见阿姨一个人在座位上左顾右盼。我费力地连扯带拽拉着两件行李走到阿姨那里，叔叔和July带着孩子走了过来，身后跟着一个白人彪形大汉，不用介绍就知道是July的男朋友，名字叫Nate，由于长得又高又壮我们都管他叫大内，大内高手的大内。

July把我们带出航站楼，坐电梯来到停车楼的顶层，一出电梯我真正感受到了西雅图的清新、西雅图的透彻。早上的温度不高，空气有些冷飕飕地刺激着鼻腔，朝阳和湿润的空气就像面膜一样敷在脸上。远处的群山被苍松翠柏覆盖着，蜿蜒于其中的是高速公路，一切都那么的清晰，能见度是我见到过最高的城市。这是我第二次进入美国本土，一下就感觉到了和上次的不同，上次去的是一个热带的美国，这次来的是一个真正的美国。美国就应该有雪山，美国就应该有森林，美国就应该有这么凉爽的气候。

回家的路是5号高速路，就是我去年年底去圣迭戈旅游走的那条高速路，这条路从西雅图一直到加州圣迭戈那里的墨西哥边界，在美国从北到南贯穿整个西部，南接墨西哥北至加拿大。车没开多一会儿就看到了西雅图市中心，那个著名的太空针塔就矗立在西雅图海湾边上。我原以为这个西雅图的标志性建筑一定是市中心最高的建筑，没想到周边的高楼大厦有很多比它高出不少。这个建筑是在1961年底建造完成，为迎接1962年的世博会而建。在所有西雅图的相片中，它往往出现在一个显著的位置。这是因为太空针塔离这些建筑物群一公里多，当摄影师拍摄照片时，太空针塔就在那些建筑群的前面，故看过去就比其他建筑物高。可当你真的置身于西雅图市中心，这个标志性的建筑一下就失去了它在你心中绝对中心的位置，而让位于周边的高楼大厦。

我注意了一下，市中心在5号高速路166出口的位置，July的家在177出口，一般情况下每两个出口之间有1.5英里的距离，但市中心附近的几个出口之间的距离就会很近，也就是说July的家离市中心也就13英里左右。这在美国可算是中心位置的区域，这要在洛杉矶可算是太近的距离了，可就是这样的位置，房价还要比洛杉矶很一般位置的房子便宜一半，看来能拿到全美最佳居住地不仅要有绝佳的自然条件，还需要有这样便宜的生活成本。

　　5号高速路好像要拼命地冲出森林，但不管我们开多远，高速路两边还都是一望无际的森林。从177出口出来走local，路两边依然是苍松翠柏，一路上的建筑、湖泊、公路都被森林包围着，我们好像来到了白雪公主和小矮人生活的地方，就像在童话里，美得我眼睛都不够使了。西雅图不是那种五彩缤纷的绚烂，也不是眼花缭乱的妖娆，它是那种壮观的震撼的美。西雅图夏天的风景色系偏暗，色谱也较单一，就是绿，蓝，黑等深色调的搭配。它的植物主要是针叶类的松树、柏树、杉树，各个都是高耸入云，加上常年的湿润气候，使整个西雅图都被这种深绿色覆盖。公路的颜色可能由于湿度的原因显得很黑很干净，使路中间的双黄线显得十分扎眼。空气的透明度也高，使西雅图每一处都有很强的画面感，每一种颜色都是那么的清晰，相互衬托，就像摄影师拍摄的反转片效果，这可不是在美国哪里都能看到的。

　　我们在森林里左拐右拐地来到了July的家，一栋二层的小楼。我在国内看过这栋别墅的照片，有这么十几张，里里外外哪里都拍到了，可一见到眼前这栋别墅，和那十几张照片怎么也联系不到一块。好像真的房子要比照片里的大一倍，不光大小，连格局结构都有完全不一样的感觉。这栋别墅的大门向上走半层就是二楼，向下走半层就是一楼。二楼从后门出去就是后花园，在后花园看这栋别墅是一层，在前院看就是二层。一楼对着后花园一面的房子都没有窗户，朝向前院的房子都有窗户，二层的房子两面都有窗户。二层客厅出去有个大晒台，差不多100平方米吧，底下是有两个入口大门的车库。这套住宅不算那个双门车库就有2700多平方英尺，前院后院具体多大真不好说了，反正果树就种了不少棵。这栋别墅不但有车库还有停车场，July就从不把车停进车库，应该是空气没有污染的原因，西雅图不存在尘土和酸雨，所以一直就在前院的停车场里停车，前院里停个四五辆汽车肯定是没问题。不要忘了，这么好的一栋别墅可是在森林里哦！百分百的森林别墅，我在国内可真还没见到过，这么好的别墅你猜多少钱？说出来你都不敢相信。

▲ 西雅图的居民

　　好，我们聊一聊西雅图的住宅吧。在西雅图的这些日子看到形形色色的别墅，它们和我在洛杉矶看到的别墅有很大不同。西雅图的别墅最大的特点是很少带游泳池，因为这是个多雨多湖多水的城市，不像洛杉矶属于沙漠气候，别说春夏，就是秋冬能在自家后院游一游泳也是很惬意的事情。西雅图即使是夏天也是很潮湿的，冬天连着几个月的阴雨，因此大约对游泳着实让人没什么兴趣了。还有就是这里别墅的外装修都是刷涂料，不像洛杉矶有很多墙砖是用天然石材等装饰的。如果是去美国中南部看到这样的外装修倒不奇怪，中部南部比较穷，能省则省。可这里是西雅图，绝对不会是经济原因，我感觉是阴雨连绵的缘故，外立面整天泡在雨里还是刷防水涂料比较实在。再有就是家家的草坪都是自己浇水，很少有自动喷淋系统。洛杉矶基本都是自动浇水，尤其每年一月底二月初的时候，洛杉矶都要下几场雨，经常看到在雨中自动喷淋系统仍然孜孜不倦地浇灌着草坪。西雅图呢？不下雨的日子很少，主要都是夏天，而且日子也不会太长。所以没有谁再去配备这么一套多余的系统。我9月份来西雅图看到很多的草坪都是枯黄的，也没见谁管过，心里还真有些可怜这些花花草草。等我 11 月份再回来的时候，甭管谁家的草坪都是一片嫩绿，根本不用管它，到雨季自然就都解决了。

不过说实在的，洛杉矶的住宅能达到这种环境档次那可是可遇而不可求的。首先是苍松翠柏的森林，我看洛杉矶能与之并提的也就是著名的富豪区圣马力诺。那也是个小型的森林城市，但树的种类和树龄没法和西雅图相比，最重要的是森林的面积太小，就这么几平方公里。不像西雅图，整个地区几百平方公里都是森林，而且树的种类和树龄都远远好于洛杉矶。像 July 这样的房子拿到圣马力诺，价格翻个 10 倍应该不是问题。一点没有夸张的成分，我在洛杉矶不止一次地开车在圣马力诺里闲逛，基本上把这个市的别墅看了个遍，一百多万美元的房子简直就是平庸，没有任何可圈可点之处。

西雅图好点的别墅都是水景别墅，那可是我最向往的房子了。在整个西雅图地区最著名的要算是默瑟岛，这里的房价跟洛杉矶有一拼，在整个西雅图地区是最贵的。这个岛位于华盛顿湖的中间，由 90 号高速公路和两边的陆地相连，这里基本上就是 90 号公路的起点，终点就在美国东海岸的波士顿，哈佛大学和麻省理工的所在地。这个岛上住的可都是西雅图的顶尖富豪，尤其是岛的外沿儿这一圈，那都是绝对的水景豪宅。漂亮的别墅前面一大块绿茵茵的草坪直通岸边，一条栈道一直延伸到华盛顿湖里，栈道的尽头就是私家码头，码头上停着豪华游艇。从自家客厅的落地大玻璃看到这幅场景，再配上湖面的朝阳或落日，真想不出哪张摄影作品能和这个画面媲美。即使有这么一张照片，它也是瞬间的、固定的场景，不会像这里的富豪一样天天欣赏不同瞬间、不同光线、不同季节、不同情景之下的画面，整天能生活在获奖摄影作品里的环境你说得值多少钱呢？顺便给个提示，和比尔·盖茨一起创办微软公司的保罗·艾伦就住在这个岛上。

既然到了西雅图，现在又是在聊西雅图的房子，咱们不能不说到位于西雅图麦迪纳市（Medina City）第 73 街 1835 号的这栋别墅，它的主人就是大名鼎鼎的比尔·盖茨。不用说比尔·盖茨的别墅一定是我喜欢的水景别墅，它不在默瑟岛上，默瑟岛位于华盛顿湖中央，四面环水。麦迪纳市则位于默瑟岛的北边，华盛顿湖的东岸，该别墅也是在华盛顿湖岸边的水景豪宅，一条跨湖的 520 公路直接与西雅图市中心相连。这座豪宅的总面积有 6600 平方米，耗资 1 亿美元，

Memories of

每年的房产税就是 100 万美元,是美国家庭平均收入的 20 倍。

当然了,不是任何人都能在家里天天享受到如此的美景,那毕竟是顶尖富豪的专利。西雅图还有个叫绿湖的地方,围着湖走一圈 2.8 英里,面积和华盛顿湖不可同日而语。这里虽没有那么多豪华游艇游弋湖上,但风景也是别具一格,虽然没有建在水岸边的别墅,但周边的别墅也和这里的环境融为一体,相得益彰。每天来绿湖锻炼身体的人很多,这里的知名度在西雅图是很高的,所以这里的房价也不是一般百姓所能企及的。

离 July 家很近的一片水景住宅是我常去散步的地方,走路几分钟就能到。名字叫 Lake Ballinger。这个湖比绿湖还要小一些,沿着水岸建起一些水景住宅。每家都有自己深入湖中的栈道和码头,码头处支起一顶大大的白伞或红伞,一副以蓝天白云、苍松碧湖作底,衬托着夕阳栈道、码头游艇形成的幽静画面,再画龙点睛般地在画中支起一把红伞,最后经过高清晰度空气的过滤,深深地刻在大脑里,那个意境绝对让人神往!这还只是静态的画面,如果主人约上三五好友,坐在码头的红伞下一边钓着鱼一边喝着带一片柠檬的科罗娜啤酒,

▼ 湖景别墅

旁边再有女主人在烤炉架旁边烤着刚钓上来的鱼,那将是怎样的一部温情剧的场面?吃完喝完再一同上到自家码头边停放的白色游艇上,在西雅图落日余晖的引领下在湖面上畅游,那将又是怎样的一部浪漫剧的场面?

西雅图也和美国西部其他城市一样,房屋都是木板房,主要是由于整个美国西部都处于地震带的缘故,等大地震的时候房子倒了也顶多就砸几个包,不会威胁生命。但木板房最大的缺点就是不隔音,楼板的隔音很差。July 的房子上层厕所底下是洗衣房,上边有人方便都听得清清楚楚,尤其冲水的时候,我会逃命般地冲出洗衣房,生怕浇自己一身。这要是楼上厕所有人闹痢疾,楼底下这位比楼上厕所里的那位更难受。夜里去厕所走在楼板上嘎吱嘎吱地响,而且越是蹑手蹑脚显得声音越大,好像是要向整个西雅图的市民宣布自己要去厕所一样。

在西雅图购物

作为华人在西雅图生活相对洛杉矶来说没有那么的便利,西雅图没有像样的华人区,毕竟华人只占西雅图人口的 3.45%。华人超市也只有两家 99 大华,像洛杉矶的光华、顺发、香港购物广场等华人超市都没有发展到西雅图。离 July 家 1.1 英里的 99 大华在当地十分有名气,July 家原来在离这里 8 英里以外的 5 号高速 172 出口,那时想要到华人超市也得来这一家,能选中现在的住宅,离这家 99 大华很近也是当时考虑的因素之一。

9 月 9 日早上阴天,我一个人漫无目的地在西雅图这个大森林里瞎溜,享受着湿润空气对头发对皮肤对肺部的滋润。忽然想起中午应该吃凉拌的酸辣绿豆芽,直接冲着 99 大华超市的方向走去,不到 2 公里的距离走一会儿就到了超市门口。美国超市的门口处一般都放着免费领取的报纸,西雅图超市门口的免费报纸明显比洛杉矶多了许多,有十多个种类。不过说句实话,"没有花钱的不是"这句话在这里真算是至理名言,这里的免费报纸除了广告性质的,就是带有政治偏见的,而且一看就是胡编乱造。

进到里面仔细看了一下商品,和洛杉矶的 99 大华没什么区别,照样是没有茴香和国内的大葱。美国的葱只有小指那么粗，葱白也很少，用起来特别的别扭。结账的时候给的不是塑料袋而是纸袋，买完东西如果不用推车你只能托着走，而且今天我是走来的，只能这么托着走回去。

　　西雅图的物价好像比加州贵，尤其是酒，上两个税，而且税率很高。拿一斤半装的红星二锅头举例吧，在西雅图一瓶27.44美元，合170多元人民币。而在洛杉矶只有8.99美元，加上税也不到10美元。西雅图的烟和酒征税都很高，我在美国其他地方还真没见过这么贵的。西雅图所在的华盛顿州，最低工资标准是每小时9.10美元左右。这一最低工资标准在全美是最高的，相应来说，西雅图的物价在全美也属偏高之列。我还看了一下其他品牌的酒的售价，古越龙山8年陈酿6.99美元，剑南春160美元，375毫升的茅台150美元，这只是售价，还要外加两个税，全算下来可真不少。叔叔爱喝酒，可是二锅头太贵，我在西雅图时给他买了一瓶，我去洛杉矶以后，他就到美国超市里去买北欧的伏特加酒，度数不低而且价格比二锅头便宜很多。叔叔在北京机场等飞机的时候，我让他在免税店买了一条红双喜烟，到西雅图不到一个月就抽完了，这里的烟都是七八美元一盒，而且都是很呛的混合型香烟，实在是太贵，叔叔一狠心把烟给戒掉了。

　　美国超市里有许多商品便宜，但也有很多比国内贵多了，除了烟酒，羊肉就很贵。我们在西雅图想涮火锅，可就是买不到羊肉片，中国超市也没有的卖。后来在韩国超市看到有卖牛肉片的，买回家来涮了一次肥牛，那感觉真好，特别的珍惜，不像在国内，吃涮锅太稀松平常啦。我去西雅图时还没有到中秋节，中国超市里月饼的品牌很多，在美国超市里也是稻香村的月饼贵，别的品牌一般都是南方的，作为北方人的我对那些品牌很陌生，一个都没听说过。

　　在西雅图的韩国超市我也去过，里面居然有卖国内的大葱，而且还有许多中国白酒，还看到了375毫升的小坛孔府家酒。这种酒在1994年我开酒楼的时候卖得很火，然后不知不觉地销声匿迹，如果不是在这里见到，我真是把这个酒忘得干干净净。我在家超市买了瓦斯炉（29美元），4罐瓦斯5美元，回家涮锅用的。当然了，中国超市和韩国超市毕竟属于少数族裔的商店，在美国最常去的还是美国本土的超市。

美国本土超市最有名的两家会员店是Costco和Sam's Club，都是很大的连锁会员制商场。这两家的关系就好像是国内的肯德基和麦当劳，在本行业里那是绝对的翘楚，真真的对头。9月10日，July带着我和叔叔阿姨一起去了Sam's Club，和北京当年红极一时的普尔斯马特有些类似，超大的面积，超多的商品，超大的购物车，就是没有超多的顾客。但实惠的价格终归是它的卖点，谁来这里都是满载而归。我们也不例外，整整一大车的商品从商场里推出来，看着都头疼。因为July的车是大众甲壳虫，这么小的车子里挤了四个人，我真怀疑有没有地方再装其他东西了。可是从Sam's Club里推出来的购物车可不是一般超市那种规格，推车的推杆到我的胸部下面一点，宽一米左右，长一米多，冒尖儿的一车商品看着比整个甲壳虫车都大。我们后座的人先坐到车里，打开车子的后盖儿，从后面往里面开始塞，先塞脚底下，脚底下满了再往人的腿上放，直到把后座上的两个人"埋"起来以后再开始"埋"副驾驶席上的人，都"埋"好以后剩下的一些小商品随便找个地方塞进去，就这样July拉着一车的人和一车的货就回家了。

Costco（好市多）起源于1976年加州圣迭戈成立的Price Club以及七年后华盛顿州西雅图成立的好市多，两家公司历经十余年的成功经营，在1993年10月合并成为普来胜（PRICECOSTCO）公司，并于1998年7月正式更名为好市多股份有限公司（COSTCO Wholesale）。目前Costco在全世界经营超过581家卖场，分布遍及8个国家，全年营业额超过779亿美元，为超过6200万的会员提供最好的服务，毋庸置疑Costco已是仓储批发卖场的领导者。在2009年是美国第三大、世界第九大零售商。我姐在洛杉矶去的都是Costco。甭管是Costco还是Sam's Club都有自己的加油站，油价肯定比街上的加油站要便宜一些。前两年美国按照每平方英尺的年销售额进行了一个排名，结果是：（Target）307美元，诺思绰姆（Nordstrom）369美元，家得宝（Home Depot）377美元，沃尔玛（Wal-Mart）438美元，BJ's 445美元，山姆俱乐部（Sam's Club）552美元，好市多（Costco）918美元，百思买（Best Buy）941美元。怎么样？排名第二。所有这些店现在能在中国生存的好像就是沃尔玛一家。

美国最大的超市连锁不用我说也都知道，就是赫赫有名的沃尔玛。就连

Memories of

▲ 森林中的住宅

Sam's Club 都是它的分支。但沃尔玛给我的印象很差,如果里面的商品码放不是超市的货架形式,而是一个个的柜台,那我就能确定无疑地认定自己来到了北京最著名的金五星。里面卖的商品都是从中国运来的廉价品,我姐除了给狗买东西是不会去沃尔玛的。2012 年 6 月 30 日洛杉矶华埠举行万人大游行,反对沃尔玛在华人区开店,主要就是怕把华人区原有的小商铺都挤压出去。

  July 还带我们去过一家叫 Goodwill 的商店,这家店的商品主要来源于富人的捐助,不用说这家店里肯定是不会有食品了,主要就是穿的、用的。价格极为便宜,而且种类齐全,从服装到家电;从瓷器到油画。阿姨在这家店给叔叔买的东西引起我极大的好奇心,是一双黑色的鞋,款式很怪,主要是大得惊人。我问这是什么?阿姨说这就是只有在西雅图才能见到的鞋套鞋。大概相当于国内的雨鞋,只不过这双雨鞋你得穿着鞋才能穿它,严格地说就是个雨鞋套。由于西雅图的雨季大概要半年的时间,所以雨衣、雨鞋套都是西雅图人的必备用品。穿

第一章　森林城市西雅图

▲ 西雅图最多的加油站——76

雨鞋套去上班很方便，到公司把雨鞋套一脱，甭管是内部会议还是会见客户都很方便，这要穿着雨鞋可就太不正规了。这家店的顾客原本就很多，随着这两年美国经济的滑坡，生意可谓日渐兴隆。我举双手赞成多开这样的商店，这些商品放在富人手上也都是垃圾，还不如这样实惠广大工薪阶层。不过我自己还真没有占富人便宜的资本，主要是我这个身材，在美国介于成人服装和儿童服装中间这个地带。别说等着富人捐出这样的衣服，就是自己花钱买都不容易买到。在这家店里我看到一条牛仔裤，那腰围！从我的腰一直到我的膝盖，也就是说这条裤子横着放都能给我当牛仔大裤衩了。真得顺便说一下美国人的身材，阿姨在国内一直觉得自己很胖，在北京的时候偶尔还转一转呼啦圈。来到美国后一看，才发现原来自己在美国苗条得是一塌糊涂，这个岁数还能有这样的身材，在美利坚大地上那简直就是好得天地不容。

只要中国能生产的东西，还是在国内买比较划算。就像手机壳，西雅图很

Memories of

普通的一般也要卖到 15 到 30 美元，我在国内给 July 带了两个，她很喜欢路易·威登那款，价格我估计跟美国一样，不过一个是美元一个是人民币。不能从国内带来的，像服务业，价格可都不低。随便举个例子，理发就很贵，July 发现 99 大华门口有一家越南人开的发廊，男头 12 美元，女头 14 美元。这个价格可算是最便宜的，但手艺就别提了，连女活都不给洗头，用喷壶把头发喷湿了，咔咔几下把头发剪短，只要你头发不像来的时候那么长就算理发了。

普吉特湾 ▶▶▶▶▶

西雅图是个靠海的城市，去美国之前想到西雅图旅游的话，我第一个就想到海，看一看西雅图这里的太平洋，看一看高纬度的太平洋。9 月 7 日到达西雅图的当天就在 July 家里休整，为了倒时差我们哪儿都没去。第二天中午 July 的男朋友大内和一个西雅图的警察来家里给我们接风。那个警察 2007 年一个人来

▼ 普吉特湾（一）

北京，我抽了几天时间陪他在北京玩了玩，这次也算是老朋友重逢。这个警察我们都直呼其名John，叔叔总是叫他"壮"。我们好几次纠正叔叔的发音，要叫人家"胀"，我还特意一边拍着肚子一边跟叔叔说："下回叫人家之前您就拍拍肚子，就好像刚吃完饭，肚子很胀的样子，这样您以后就不会叫错人家名字了。"20分钟以后叔叔找到我说："牟鹏，你下楼去跟那个撑说一声。"我莫名其妙地问："哪个'撑'啊？"叔叔一边拍着肚子一边说："就你说的那个'撑'啊，吃饱了撑的那个'撑'啊！"我赶紧打断："人家一大老远来的美国人，50多岁了，您这儿怎么给人起上外号来了。那不叫'撑'，那叫'胀'！"

中午吃饭时有个小插曲，阿姨早上把猪口条酱好，午饭前把口条都切成很薄的薄片放在盘子里，中午吃饭时就堂而皇之地摆上餐桌。大内和警察都是彻头彻尾地在西雅图长大的白人，他们死也想不到猪的舌头居然会和他们自己的舌头搅在一起，就着自己的唾液咀嚼着。阿姨还让我问他们味道如何，他们很礼貌地回答着"good"。阿姨就冲我说："吃着好就行，别告他们是什么东西就可以了。"我看着两个人的表情，没发觉他们对这种陌生的味道有什么不适应。中午大家一起喝五十六度的红星二锅头，这两个白人明显感觉是在喝火，他们的表情很明显地告诉我，这哪儿是喝酒啊，这简直就是给自己消毒呢。叔叔十分高兴地一边挑起拇指一边频繁地敬酒，别说人家还真有素质，抿一口good一句，喝一口冲桌子哈一口长气，配上猪口条的陌生味道，我敢说这是他俩这辈子最难忘的一顿午饭。二锅头过了三巡，猪口条过了五味，在酒精的催生下，每个人身体里都填满了欢乐的基因，谁都听不懂谁的话的前提下，我们四个居然还乐作了一团。

July提议吃完饭大家一起去海边转转，我是百分百地赞同，可算能实现我亲眼见高纬度太平洋的目的了。大内下午还有事自己先走了，我坐上John的凯迪拉克跟着July的车一起向海边驶去。还真别说，来美国这几天发现，美国甭管谁的汽车里都有一大包的CD盘，美国境内销售的汽车都没USB接口，必须听CD盘，可想而知里面的歌曲有多怀旧了。John在车里居然给我放了一盘中文歌曲的CD，我在西雅图一共和他吃了三次饭，今天是为我接风，那两次都是给我送行，一次是去洛杉矶，一次是回北京。吃了三次饭喝了两次酒，每次喝完都开车，

▲ 普吉特湾（二）

在北京可真见不到胆儿这么肥的人。20分钟以后我们就开到了海边，应该是个在本地很著名的景点。这里不但有海滩还有港口码头，豪华游轮就在我右前方不远处，白色的游轮配上蓝色的大海和天空真是对酒后发红的双眼的一种犒劳。西雅图晴天的天数一年大概是55天，今天能赶上这么一个好天真是万幸。我的左前方就是停放着无数私家游艇的码头，路边有许多美式大皮卡拖着一艘艘的游艇从身边驶过，美国人可真是会享受生活，好像他们一辈子最重要的工作就是玩，业余时间来上班以维持正经的工作——玩。

不远处的欢呼声打乱了我的胡思乱想，原来是埃德蒙斯市的钓大马哈鱼比赛，每个人都把银大马哈鱼称重，现在正在为夺得冠军的人而欢呼。我们走到海边，很壮观的一片大海。我看了看岸边，基本上没什么浪，不远处还有滑皮艇的人，这是太平洋吗？再太平也不能这样吧。我后来查了一下地图，我看到的这片大海其实就是普吉特湾。普吉特湾得通过胡安·德·富卡海峡才能到太平洋，西雅图距太平洋的直线距离得三四百公里呢。不过我觉得这里更适于水上运动，当然了，冲浪运动除外。这里海面平静，没有风浪，作为旅游胜地有它先天优越的条件。9月份其实是下海游泳的好时机，海水吸热比陆地慢，所以七八月份是陆地上最热的时候,但海水通常比陆地要晚,九十月份下海比在陆地上要暖一些。当天喝完酒就跟大家一起急匆匆地出来,也没带泳裤,真是可惜。顺便说一下,美国男人穿的泳裤一定是那种松松垮垮的到膝盖的泳裤,国内这种紧包着身体的泳裤,可没有男人敢在公共游泳场所穿。这次来美国之前我姐特意让我在国内买好带过来的,以防在美国海滨出丑。

也许是周六的原因,来这里的当地人可不少,有玩风筝的,有在沙滩上练习帆板的,还有带着狗在海边嬉戏的,也有在沙滩后面的草坪上自助烧烤的。周围离沙滩一百多米的地方就是一幢一幢的小楼,阳台都冲着大海,纯纯脆脆的海景房啊!我发现在美国甭管哪个城市,只要到了海边景区,那里的建筑到街道,树木到雕塑,都设计得极为用心,所有人文的装饰都极力与周边的自然风景融为一体,让人感受不到人为的修饰。每一处海滨都感觉这里的建筑就是当地的风景催生出来的,而不是设计师精心设计出来的,你看到的每一处风景都是那么的和谐。

绿湖半日游 ▶▶▶▶▶

9月10日早起,外面天空极为晴朗,可能是昨夜下了一整夜雨的缘故,温度也很低,在家里待着肯定更冷,必须得出去走走。吃完早饭以后July带着我们去一个西雅图很著名的景点——绿湖。

绿湖位于市中心的北部,和联合湖,市中心形成一条直线。它不像西雅图很多著名的湖一样有河流相连,像华盛顿湖就连着联合湖,联合湖又连着普吉特湾,普吉特湾通过胡安·德·富卡海峡与太平洋连在一起。这个淡水湖不与任何河流相连,据说也无地下河流补充水量,但一直湖水充沛。湖水平均深3米左右,最深处约12米。湖面面积大约1平方公里多一点,周长是2.8英里。西雅图市政府在格林湖边设置了一个公园——绿湖公园,附近居民经常到此休闲。与中国的城市公园相比,美国城市里的大部分公园非常简单,公园没有围墙,除两三间很简单的公园管理用房外,基本上没什么别的建筑物,只有一些简单的便民设施,长椅、亭子,另有数量不等的体育场地及儿童游乐设施,还有树林、

▲ 绿湖

草坪以及供散步或跑步的小径。这类公园遍布全美，大部分面积都很小，依据城市地形特点设置，说是公园其实更像街心广场。

我们把车停在离湖不远的一条路上，一起走到湖边。远处的草坪里有这么十几个带着婴儿车的妇女排成一排地走着，而且是走一步必定做出一个动作，有的人是踢一下腿，有的人是做一个下蹲，有的人做一个伸展。我问July这些人在干什么？她说这就是西雅图著名的一道风景，叫妈妈团。就是一些刚生完孩子的女人聚在一起，形成一个类似妈妈健身俱乐部的组织，甭管你哪天到绿湖来都会看到她们这种特殊的健身方式，一边带孩子一边做运动。孩子可以出来晒晒太阳，自己也能锻炼身体，使自己的身体尽快恢复到没生孩子之前的水平，July刚生完孩子的时候也曾加入过这个俱乐部。

我们四个人一起沿着环湖的步行道走着，这里每天都有众多的市民来此健身，是西雅图一个很著名的健身场所。环湖步行道上有距离的标记，有方向的标记，还有跑步、骑车推婴儿车的图案，向游客们明示这是一条健身走道。周边的草坪里有正在自助烧烤的人群，也有玩着航模的父子，当然还有妈妈团的

第一章 森林城市西雅图

成员。湖里有很多的野生动物，野鸭一家就在湖面上悠闲地划着水，身着专业服装，划皮艇的运动员就从野鸭一家身边擦身而过，动物和人很和谐地共享着这片自然美景。我看数量最多的野生动物就是巴西龟，美国好像盛产巴西龟，不光是西雅图，洛杉矶也是只要有水的地方就有巴西龟。

沿着绿湖快步走了一圈正好是2.8英里，周边的健身者的速度也都是介于走与跑之间，身上略微有出汗的感觉。绿湖上方的天空布满了仿佛棉花堆一般的积云，白白的特别蓬松。满天的云彩感觉和北京最大的不同就是高度，这里的云特别的低，低得好像都没有北京的风筝飞得高。一堆堆大棉花似的白云就在绿湖的上空紧压着湖面，清澈的湖面里也映衬着朵朵白云，视觉感受就是两大堆蓬松的棉花夹着绿湖在其中。一点风也没有，整个画面一动不动，就这么静静地在脑中曝光、定格。走下一圈后在附近转了转，周边的商店餐厅不少，看来这里也是周边居民聚会、娱乐的场所。July告诉我这里的房价比她住的区要贵出许多，虽不像默瑟岛那样是个富豪区，但说它是富人区那绝对是当之无愧。

▼ 西雅图的妈妈团

Memories of

July 买房子之前就租住在这个区，一套两居室的公寓里，每天学习累了都可以到绿湖来散步。我们还开着车到它原来租住的公寓看了看，地下一层是带天井的车库，整个建筑是三层的小楼，统一的落地玻璃门，窗户也比北京的公寓要大，感觉很精致。这种小型的公寓在北京肯定不会有生存空间，北京就得是几十层的塔楼和板楼在地上戳着，而且每个冲着马路的楼房的一层再有无数个底商，什么卖花圈、骨灰盒的，什么卖成人保健品的，什么卖房租房的，从给出生婴儿用的尿布，到给死人用的纸钱儿，再从擦屁股的卫生纸到擦嘴的餐巾纸一应俱全，那叫一个热闹。西雅图的公寓显得极为安静。也跟西雅图所有的住宅一样，建筑材料注定了楼板的隔音很差，刚从国内来的人肯定很难适应。

绿湖

◀◀◀◀◀ 第一章　森林城市西雅图

　　从公寓出来不远有个警局，是 John 工作的地方。路边一个衣衫褴褛的女人一动不动地坐在铁丝网前，铁丝网的下面就是警局的警车专用停车场，这个女人每天就这样眼睛一眨不眨地看着停车场和停车场里的警察。July 告诉我这个女人从 1987 年就这么坐在这里，无冬历夏、风雨无阻、死心塌地，就一个目的：看警局里的男警官。在精神医学领域里定义就是偏执型精神病，一辈子就干一件事。这个女人的家长如果哪天去世的话，真不知道她怎么生存下去，她这辈子什么都没干过，唯一的技能就是看男警官，如果花痴算是一种罪，那她已经到了罪不可赦的地步。

Memories of

西雅图 downtown 一日游 ▶▶▶▶▶

9月11日是"9·11"事件11年的纪念日,美国境内所有的国旗都降半旗以纪念在那场浩劫中逝去的死难者。July 今天要去 downtown 的政府部门办事,我主动要求和她同往,先陪她办事然后顺便让她给我当一回导游。

我们出来把车开到一个公交枢纽,找了个商场的免费停车场停车。因为市中心里停车的费用极高,所以西雅图当地人去市中心都是乘坐公共交通工具。我们停好车走到有十几路公交车的站台,在这里看到了我熟悉的16路公交车,从二里庄到动物园。西雅图有没有动物园我不知道,但肯定没有二里庄这个地名。美国的公交车很注重舒适性,座椅宽大舒适,乘客也不像北京那么多,所以到西雅图市中心最佳的方式就是坐公交。快到市中心的时候公交车进入地下,专门走公交系统车辆的地下隧道,这样既可以节省市中心的地面交通资源,还

▼ 市中心的地下交通

◀◀◀◀◀ 第一章　森林城市西雅图

能让公共运输系统提高效率。这个地下隧道很有意思，公交大巴和地铁都在隧道内运行，当时我看到我们的大巴司机开进隧道沿着地铁轨道前行，真以为司机走错路了，在我几十年的人生经历中还没有过这样的经验。而且市中心这个区域的公交系统都是免费的，就是要鼓励人们在市中心尽量乘坐公共交通。

▲ 西雅图的公交总站也就这几个人

到站以后从地下隧道走上地面，第一眼给我的感觉就是西雅图的坡很多，难怪它和重庆能成为姐妹城市，很多坡的斜度特别大，我在西雅图市政府大楼的办公室里，窗户外就是一条很普通的马路，这条路居然从窗户的左下角一直斜到窗户的右上角，而且这条路离窗户也就不到十米的距离。我估计西雅图这个城市没有罗锅儿，罗锅儿要走这么斜的坡绝对得辘轳下去，西雅图的路就没给罗锅儿留半点的生存空间。有人说西雅图的司机开车很野蛮，我真不敢急于同意这个观点。第一：因为在这个多陡峭坡路的城市里，必须经常使用大油门。第二：西雅图阴雨天一年差不多得有三百天左右，人们为了发泄心中的抑郁可能都是大脚油门地加速，让自己冲出这片阴霾的心情。以上这两点可能会让来西雅图的游客产生这里的司机都很野蛮的感觉。

出了地下隧道我先陪 July 去政府部门办事，就在市中心高楼大厦的丛林里，感觉不是一般地别扭。这种高楼大厦都应该是商业公司的办公场所，地价极高，从固定的每年的租赁费用到流动的每日的正常开销都不是小数目，咱就说在这里上一天班光停车费就得多少钱啊！网上就经常有外国某个市政厅的照片，很小很简单的建筑，用以告诉读者外国是多么的廉政。那真应该让他们来西雅图看看，去加州也行，帕萨迪纳（Pasadena）的市政厅也很气派的哦！

大楼下面有个类似街心公园的地方，就是铺满了草坪的一块很大面积的绿地。草坪上躺满了乞丐，铺着被子在草坪上四仰八叉地望着天空，眼中空无一

Memories of

物，没有希望、没有欢乐、没有痛苦，好像这个世界跟他们没有任何关系。一个个身材走形，这跟国内有很大差别，国内很少有胖子乞丐，美国乞丐我看胖子得占一半以上。在草坪上一仰，阳光热乎乎地晒着撩起衣服后露出的肚皮，什么姿势都有，远看就像圣迭戈拉荷亚海滩上一堆堆打盹儿的海豹。美国的各大城市里乞丐都不少，全都是这样带着铺盖找个有太阳的地方，一晒就是一天，居然有国内的人说这些人都是追求自由！实在理解不了怎么会出这种言论，乞讨的自由还用追求？我要是美国的乞丐巴不得让政府收到收容所里呢。

July 在大楼里办完事出来，说带我在市中心看看，然后再到派克市场转一转。我们俩也没车就靠双腿在市中心的高楼大厦中穿梭，坡确实太陡了，上坡很吃力，下坡又怕摔到。哥伦比亚中心是西雅图最高的建筑，我们走到底下的时候 July 告我说怀着小儿子的时候，挺着大肚子走在这里的坡路上，由于那天下雨，一下就滑倒在陡坡上，给周边的人都吓了一跳。

正走着，July 说快到图书馆了，顺便一起去看看。美国人口普查局公布的全美市民教育水平的排名，西雅图成为美国"最聪明"的城市，还被排在最有

▼ 西雅图图书馆内部

文化的城市之首。这个排名的评判标准除了居民受教育程度外，还包括图书馆和书店的数量以及报纸订户的数量等。应当说这个排名还是名符其实的。由荷兰建筑师雷姆·库哈斯 (Rem Koohas) 所设计的西雅图公共图书馆（The Seattle Public Library），不仅获选为《时代杂志》2004年的最佳建筑奖，2005年美国建筑师协会的杰出建筑设计奖（AIA Honor Awards），还赢得了《纽约客》杂志的高度赞誉，被称为"本时代修建的最重要的新型图书馆"。它外观看上去确实有点另类，玻璃和钢材搭制的建筑是目前建筑设计比较流行的方式，是不是都是受到贝聿铭卢浮宫里那个玻璃金字塔的影响？

北京的国家图书馆就是大玻璃的外表，整体呈一本书的样子，好像也是好评如潮。北京的国家图书馆和西雅图公共图书馆的外表咱们暂且放到一边，我对使用玻璃这种材质做外墙有点自己的想法。图书馆就是要有不受外界打扰的条件，甭管是视觉上的还是听觉上的，都应该有所屏蔽，能让读者远离外部世界的喧嚣，让心灵能安安静静地享受阅读的意境。玻璃外墙的隔音就不要说了，光从视觉感受来说就不过关，一会儿过一辆车，一会儿对面大楼反射过来的强光，一会儿街上城管抓无照小贩了，总之外部世界的一切浮躁都毫无保留地传到馆内。你要非说这样环保，能在白天节省照明用电，那我要说室内保温还就是它的死穴了。夏天必须得关上特质的纱帘，既得隔离火热的阳光又得让光线进入馆内，能实现吗？肯定不行，只能加大空调的功率降温。冬天可就更难受了，北京冬天的寒冷靠这么一层玻璃肯定是隔不开的，而且这种玻璃幕墙都是整体框架结构，室内空气流通靠内部通风管道肯定不现实，只能开启小窗，让冬季的寒流倒灌进阅读大厅。而且图书馆里的读者都是静静的看书，一动不动地坐几个小时，没有任何身体运动，更容易感觉寒冷，反正每年初冬去国家图书馆真不知道穿什么好，甭管怎么穿到那儿还是冷。

再说外表吧，西雅图公共图书馆被评为世界七大最酷图书馆的第一名。它的外表就是由几个几何图形拼凑而成，新奇怪异，很符合现在这种标新立异的文化潮流。但要说怪异，圣迭戈的盖泽尔图书馆一点不比它差，有点世博会中国馆那种上大下小的格局，但整体线条可比西雅图图书馆要和谐得多。目前的审美好像突出的是标新立异和与众不同，真正的设计诉求反倒让人捉摸不透。

就像当今世界流行的 SUV 汽车，明明是吉普车的变异，发动机的压缩比却能高达 10：1 甚至更高。首先你的发动机已经和你这个车不能搭配了，吉普车就得是那种低压缩比，低速扭矩大，对燃油品质要求很低的发动机配置。这样才可以摆脱城市的喧嚣，摆脱城市良好的路面，毫无顾忌地开进森林草原那种沟沟坎坎的道路，哪怕偏远农村加油站的劣质汽油照样能开着它劈荆斩棘。可现在的 SUV 离吉普的内涵越来越远，就光剩下一个吉普的外壳，没有吉普的灵魂与功能。开着这么笨重的车子在城市的道路堵堵停停，除了费油真没剩下什么了。难怪纽约市长布隆伯格说："买 SUV 的都是一群有钱的傻瓜！"

我和 July 进入图书馆内部，读者数量好像比国家图书馆少不少呢，其中不乏来这里图着免费上网的人。图书馆有 11 层，我不可能都逛到，但印象最为深刻的就是 red meeting floor，这一层从地面、天花板到墙壁和门全都用大红色包裹，读者一进入其中，立刻被铺天盖地的红色包围，而且这种红还极为的艳丽。July 今天正好穿的一身白色衣服，走在我前头视觉对比更加突兀，看她的身影好像是二维图像，都没立体感了。在这种完全单一的强烈的色彩下，我马上找出口逃跑，实在是享受不了这种极致的审美品味。

从图书馆出来我们就冲着派克市场走去，离海边很近的市场。派克市场是西雅图历史悠久的农贸市场，这里的鱼市更是世界闻名，成为游客必到的景点。倒不是因为出售的鱼价格便宜，而是鱼贩们快乐的工作态度极具感染力。据说早在 1907 年，西雅图的农民、渔民为了避免中间商的剥削，将自己捕获的渔产和栽种的蔬果运送到这里来出售，于是这个小集市逐渐发展成为交易市场。

第二次世界大战后，美国政府驱逐了大批的日裔美国人，派克市场也不得不停止营业，因为当时西雅图的农夫和渔夫有半数来自日本。1970 年，政府因为市场老旧有碍观瞻，下令将其拆除，但经过农民们的大力争取终于保留下来，并有了今天的规模和面貌。

一进入派克市场，远远地就可以看到簇拥的人群，不用问，那肯定是在欣赏著名的西雅图"飞鱼秀"。柜台前，一位身着工作服的年轻人向围观的人群展示手中的鱼，另一位则对游客吆喝着，鱼贩抓起鱼往后面柜台扔去，柜台那一端的小伙子伸出右手，以一个漂亮的弧线动作接住鱼，眨眼工夫，就将鱼过秤并包扎好，整个动作一气呵成，就像杂技表演一般，围观的人群一片欢呼。

鱼贩们快乐的工作气氛不仅娱乐了自己，也感染了前来买鱼的人们。在围观的人群中，有许多自世界各地慕名而来的游客。据说，这家鱼市的故

▲ 正在表演飞鱼秀的鱼贩

事已经被拍成教授"成功学"的录像带，并在网络上广泛流传，不过主题并不是教你如何卖鱼，而是怎样享受工作的快乐。

如今，派克市场已成为西雅图居民最爱逛的地方。这里的餐馆、咖啡馆、酒吧有超水准的演出。在好莱坞电影《西雅图不眠夜》中，男主角与友人倾吐心事的餐厅，就是品尝鲜美食物的好去处。此外，市场里曾被评为"全世界十大酿酒厂之一"的啤酒屋，每天提供自酿的招牌啤酒。那金黄色的啤酒带着细腻的白沫满溢在杯中，喝上一口，淡淡的，味道好极了。

我们还去了世界第一家星巴克，就在派克市场的街对面。门上写着1912，我觉得好像应该没这么长的历史吧，后来才明白这是这间咖啡厅的门牌号，而星巴克的成立时间是1971年。我本想既然到这里了，就改变一下不喝咖啡的习惯，也在世界第一家星巴克店里喝一杯纯正的星巴克咖啡。我想进入店里找个地方坐下，还没进去呢，刚到门口就被里面的人给挤出来了。我这个人去哪儿都最烦排队，除了去美国大使馆签证排队，这么多年我还真没排过队。看来我跟咖啡是没有缘分，连门都没进去就出来了。西雅图应该算是个咖啡之乡，星巴克咖啡，贝斯特咖啡，塔利咖啡都于此建立。离星巴克不远还有一家Cheese店，现做现卖，纯纯的一个手工工艺坊。店里靠左边是销售柜台，店里整个右半部就是生产奶酪的车间，而且是一通到底的大玻璃，让每一个顾客都能亲眼目睹整个操作程序。我对奶酪这种食品就像老外对中国的臭豆腐，感觉实在不可思议，这东西对我来说顶多就能算个调料，万万不能当做食品。

▲ 世界第一家星巴克咖啡店

　　离开派克市场我们向市中心走去，街道上的观光车装饰成游艇的样子，司机兼职导游，给来自世界各地的游客讲述着西雅图的昨天、今天与明天。市中心的街道除了纽约，美国各大城市都差不多，地方也都不大，二三十栋高楼中间穿插着街道商店，白天人来人往，夜晚空无一人。

　　我们在一块三角地的小广场停下脚步，旁边一个人面前摆着一副巨型的国际象棋，每个棋子都到他的膝盖以上。看样子好像是个高手，在这里孤独求败，我们在这儿半个多小时没一个人找他比试一盘。这个小广场最有意思的是，这里的树干全被漆成蓝紫色，和绿色的树叶很不搭配，怪怪的感觉，可能这也正是我到现在都没忘记这个小广场的原因吧。

　　这里的座椅是背靠背的两张靠背座椅挨在一起，我刚坐下July就赶紧叫我起来，我有些莫名其妙，她告我说："你没闻见啊？和你背靠背坐着的那个人刚吸完大麻。"我从来没接触过毒品，当然不知道它的味道，July原来有个台湾的朋友曾经吸过大麻，她对这种味道极为敏感，马上就让我走开躲得远远的。

　　后来我回洛杉矶以后，每次开车都听中文电台的广播，其中有一天的听众互动节目就整整谈了4个小时的要不要将吸大麻合法化。双方争辩得极为激烈，各自拿出相应的证据证明自己的观点。吵了4个小时不但没有个结论，反而牵涉出更多新的问题，包括家庭，社交，子女教育，社会伦理，道德底线，等等。这让来自

▲ 三角地

中国大陆的我是丈二和尚摸不着头脑，吸毒合法化能算是个问题吗？有讨论的必要吗？民主要靠吸毒合法化来体现吗？如果这个社会多数人吸毒还不将吸毒合法化就是独裁的体现？如果吸毒合法那这个法律是有益于社会还是有害于社会？世界上绝大多数国家还将戒烟当做目标去努力的时候，人家美国都谈上吸毒合法化的议题来了，高啊！实在是高！为了法律就得丢弃正义？为了法律就让所有的人失去基本的是非观？法律到底是伸张正义还是埋没正义的工具？这样下去，下个题目是不是该谈强奸合法化的问题了？如果这个议题通过了，那偷渡来美国的人绝对得比美国人都多了，到那个时候是不是又该谈偷渡合法化的议题了！真真的精神病人思路广！智障儿童欢乐多！不过人家美国自有一套说法，在美国大麻和毒品之间没有等号，现在大麻不属于毒品，2012年12月7日西雅图所在的华盛顿州已经成为美国第一个合法吸食大麻的州。照这样下去我不知道美国什么时候能成为世界第一个合法吸食大麻的国家，美国！努力！美国！加油！我相信你！你一定行！

July 要去华美银行把她很久以前存在这家银行里的钱取出来，因为华美银行在西雅图没有几家分支机构，不像在加州那么知名，作为储户很不方便。我们又回到地下公交隧道，坐公交去中国城，在市中心坐公交是免费的，确实让人感到很贴心，不过西雅图市政府由于经济压力正在商讨取消这项福利，看来我还挺有运气，没等他们出结果呢，我已经回国了。我们找到这家银行，确实是冷冷清清，就我们两个人来办业务。银行的保安兼门卫是一个又高又壮的白人，

Memories of

很乐意为我们开门、问好。好像自己一个人在这儿站了一整天没人理，可见来个人了，服务特贴心。真想不到全美排第 30 位的银行会是这个样子。

从银行出来已经是下午，旁边就是中国城，July 说有家中餐厅很有名，就在那里吃午饭吧。这顿午餐我觉得太一般了，以至于我现在都想不起来我们当天吃的是什么东西了。加州中国人比较聚集，中餐厅的水准自然要高出西雅图不少。可是当时我还没去过美国东部，等到了美国东部以后，我才知道西雅图的中餐太棒了，东部的华人要说能吃到西雅图的中国菜，思乡之情当时就得泛滥成灾，活活哭死在餐桌上。

西雅图对旅游者来说是个静心之地，你必须把心塌下来静静地感受它的一切。它没有纽约的喧嚣、没有怀俄明的空旷、没有圣迭戈的异域风情。但它的空气、它的森林、它的湖泊都有着自己鲜明的特色。夏季是西雅图旅游的黄金季节，如果有时间在这个城市安心地住上半个月，细细地品味它独有的风貌，真是个绝佳的选择。我把西雅图许多著名景点的地址都罗列出来，哪位有时间去西雅图就可以把这些地址输入 GPS，逐一地去参观游览。

Space Needle: 219 4th Ave, N. Seattle Center

Pike Place Market(parking): 1531 Western Ave. Seattle.WA98101

Boeing Tour : 8415 Paine Field Blve. Mukilteo. WA9827

Seattle Aquarium: 1483 Alaskan Way. Pier 59

University of Washington: 4311 11th Ave. NE#100. Seattle

Kerry Park: 211 w Highland Dr. Seattle

Museum of Fight: 9404 E. Marginal Way . Seattle

西雅图生活点滴 ▶▶▶▶▶

这次的美国之旅，我前前后后在西雅图差不多 10 天左右。既然是美国之旅，那不用说旅游应该是最重要和唯一的目的。其实现在回想起来，对美国记忆最深的还是生活过的城市，那些生活中的点点滴滴更有助于我了解美国文化，也

◀◀◀◀◀ 第一章 森林城市西雅图

是现在最值得品味的经历。看似平淡无奇的生活，现在回想起来反倒是这次旅程的闪光点，一点一滴都是那么让人回味无穷。

　　咱们首先从时差说起吧，任何一个来到美国大地的人第一个需要面对的就是时差问题。经过10多个小时的飞行，时光倒流，黑白颠倒，身体肯定会有不适的反应。我是在北京时间9月7日早上9点从北京起飞，经过10个半小时的飞行，到达西雅图的时间是9月7日早上4点半，天还没亮呢。我每次对抗时差反应的方法就是熬着，首先在飞机上不睡，如果到达目的地是白天那就接着熬，什么时候身体彻底向疲倦投降的时候再上床睡觉。这次也不例外，到达西雅图是凌晨，那我这一白天肯定就得熬下去，到晚上困得不行的时候再睡，那时的睡眠质量一分钟顶两分钟，那小觉都是攒一块儿睡的，质量别提多精了。事实也证明了我这种做法那是相当的正确，第二天就没感觉疲劳，第三天让我白天睡我都睡不着了。第一天起夜3次，睡了8小时，从晚上8点半睡到早上4点半，白天还是稍微有点困，但绝不会有身体劳累等不适的反应。第二天起夜5次，睡了9小时，从晚上8点睡到早上5点。第三天早上起来，整个西雅图都没我这么精神的人了，睡眠质量比在北京还好，活活气死无数的西雅图失眠者。而且每天晚上我还起夜这么多次，每次回来沾枕头马上进入深度睡眠，第二天夜里五次起夜我都嫌麻烦了，可就是不影响我的睡眠，奇怪啊！在北京都不可能这样。

　　聊完时差咱们聊气候，说实话夜里频繁起夜这个事困惑了好久，在西雅图这么多天只有一天我起夜一次，剩下都是3到6次。我在北京除了晚上喝酒以外可从来不起夜的，怎么来西雅图添这么一个毛病呢？我在洛杉矶就不会这样。July告我说9月的西雅图比北京冷很多，对你来说温度变化太大，再加上西雅图空气湿度极大，必然造成多尿的现象。我觉得分析得很合理，首先在北京深秋温度骤降的时候，人体出汗必然减少很多，体内的水分排出路径从汗腺改为尿液很正常。在西雅图的日子，除了第一天和最后一天，其他的时间都感觉很冷。我从北京带来的衣服不够穿的，冻得我够呛，结果July把自己的一件绒制套头衫给了我才勉强够用。9月14日下午6点多，我们从外面买东西回来，就叔叔一个人在家躺在沙发上看电视，我们进屋时看见叔叔穿着厚衣服厚裤子，还戴

▲ 西雅图的信报箱

着帽子，身上盖着毯子，就露一双眼睛盯着电视，真好像雪洞里的爱斯基摩人。

再就是西雅图的空气湿度，那我第二天就有深深的体会。来西雅图第一天气温很高，差不多30℃，不过你进屋里立马就能凉下来，尤其在这栋别墅的一层还会感到冷，隔一会儿就得到外面晒晒太阳。一看外面阳光高照，下午洗澡的时候顺便把袜子洗了，用手拧干搭在二层大晒台的晾衣绳上。没想到晚上把这个事忘得一干二净，第二天早起我再看这双袜子，搭在晾衣绳上直滴水。可想而知西雅图的空气湿度多大了吧！

除了气候，居家生活方式上也有很大差异。从硬件说起，美国住宅的电源插销就和国内不同。国内是220伏的，美国是110伏，三项插头国内是三个铁片，下面两个带有一定的斜度。美国插头是下面两个是铁片，而且是直的，上面是圆柱状的。国内这种两项插头能直接插在美国的插座上，因为插座的下面两个眼儿是直的，不像国内是斜的。July家的灶台也是用电的，上面有四个灶眼，灶眼的形状和国内的蚊香一模一样，不过就是铁制的，通上电以后一会儿就烧得通红。美国的电很便宜，用电灶很实惠，就一个时候需要注意，如果做着锅要扑了的时候，千万别关火，直接把锅拿走。关火没用，因为铁制的灶眼你给他断了电还是红红的，不可能像煤气灶说灭火就灭火。美国西部的住宅由于都是木质结构，所以家家都有烟感报警器。9月14日中午做饭时报警器就响了，而且声音极为刺耳，现在想起来耳朵都特别难受。卫生间里和国内不一样的是马桶圈和浴室喷淋的开关，美国的马桶圈前面有个豁口，不像国内是连在一起的一个整圈。喷淋开关比起国内的要差许多，都是一个圆柱形的头，你得使劲往外拉，而且得一边拧一边往外拉，十分的费力。尤其洗完澡以后，浴室地面很滑，你还得使劲地往里按，身体根本用不上劲儿，还总得担心滑倒，为什么不改进

第一章 森林城市西雅图

一下呢？应该是美国人夜郎自大惯了，认为自己的东西都是最完美的。我觉得最有意思的是西雅图的信报箱，它和洛杉矶有很大不同。洛杉矶都是金属材质的，有很多造型的信报箱，而且每家门口都有。西雅图是许多家的信报箱集中在一起，就是一堆铁桶或塑料桶搭在架子上，十分的简陋。每个塑料桶旁都有一个金属的小旗子，如果你有要发送出去的邮件，就把这个小旗子立起来，提示邮政公司的人把你的邮件收走。

美国这个国家就是这么特立独行，别人重量用公斤，它非得用磅；别人长度用公里，它非得用英里；别人身高用米，它非得用英尺；别人加油用升，它非得用加仑；别人温度用摄氏度，它非得用华氏度；别人面积用平方米和平方公里，它非得用平方英尺和英亩。

不光在硬件方面，软件也有很大的区别。国内哪个小区都有物业，美国别墅区基本上没有，即使有也都是豪宅区，而且只管小区的卫生、清理、保安一类的事情。家里遇到什么情况都得自行解决，水管崩啦，电线短路啦，房屋漏雨啦，没有暖气啦等都得自力更生。美国家家都配备了许多工具，从房子里的装修到屋

▼ 西雅图的湖景别墅

Memories of

外的植物修剪。去美国家庭的车库里一目了然，什么斧子、锯子、镐、耙子、榔头、铁锹、滚刷、剪草机，等等，数都数不过来。这些东西都是美国家庭必备的工具，不用说操作这些工具的就是房主自己，在美国请人干这些活不是一般人能请得起的。美国百姓活活地被勤劳了一把，实在是花不起这偷懒的钱。

July 这个房子买的时间不长，从一个白人老太太手里买的。这个老太太58岁卖房后重新开始新的生活，除去中介费和给前夫的赔款，自己在5号高速路186出口买了一套房，也就是说在20公里以外的地方又买了一套将近便宜一半的房，最后还剩下三四万。美国人要是能有三四万的存款那绝对是富人了，我估计她马上想着的就是周游世界，不把这几万折腾出去美国人根本没法塌下心来生活。当时老太太在这里一个人住着的时候，把一层的一个房间租给了一个白人小木匠。老太太走了以后小木匠也得搬家，讲好了的事情，免十天的房租干三件事，其实就是一些修修补补的杂事。但等到临走了开始耍赖，也不能说他一点没干，但还是直接管他要房租。小木匠搬家的时候我还看了一下，连剩下的半块肥皂，半小瓶洗发水，半瓶洗涤灵都不能落下，我真不能理解这美国人都是怎么过日子的？该省的不省，这些可要可不要的小东西却视作珍宝。

美国白人能省就省的作风也就对自己，别以为他们素质真就是那么高。在美国租房是不用交水费的，按照收入比例来说，美国的水费占家庭支出的比例要比国内高。这个小木匠每次洗车的时候就跟京剧里的宰相似的，踱着四方步不紧不慢地用水冲着车，慢条斯理地用刷子蹭着车，真是胜似闲庭信步。还时不时地停下来看看天气，水龙头开着和 July 聊一会儿天，从未有过的洒脱。July 看着水哗哗地流淌着，能跟他聊的内容差不多就剩一个了，生死问题！

搬家的时候还有个小插曲，由于车库门开着，July 也在帮小木匠搬东西，附近的一只野猫就顺着车库直接跑到 July 的床上去了。它被人看见了也不着急跑掉，你一轰它就慢条斯理地下床出屋，没有一点逃跑的意思。这只野猫就在附近活动，所有的居民都知道它的名字，时不时地还出来喂喂它。所以这里的野猫见到人都不怕了，这不都直接上床了吗！它见到我们这些生人也是过来和你套近乎，在你腿边来回地蹭，我们都怕它身上有虱子，躲得远远的。这只野猫倒也长记性，下次见到我们就不理我们了，直接去取悦周边邻居家的人了。

▲ 西雅图民宅

　　周边的邻居见到我们这些生人也是极为的热情，我和叔叔还到邻居家看了看他自己修建的后花园，语言也不通，就是靠手势相互夸赞着彼此。别说，这个老头快八十岁了，但干劲十足。整个后花园的花花草草都是他自己一个人干出来的，西雅图的地里面全是石头，想种花种草得把这些石头清理干净，再自己买来土，一共是三种，有腐化土、营养土、表层土。一车的土卸到家门口，这个老头就自己一个人一点一点地往院子里搬。佩服，真是佩服！就因为躲这家门前的土堆，叔叔骑自行车还摔了出去，胳膊一个多月都没完全抬起来。

　　July 家一出来就是个很陡的大斜坡，叔叔就是骑车下这个大斜坡，前面有辆汽车要倒出来，叔叔躲这辆汽车就压到土堆上摔了出去。我也骑车往下冲过这个大斜坡，特别地过瘾。July 的男朋友送 July 两辆山地车，还有配套的头盔，我看着稀奇，就戴上头盔骑上山地车。第一次戴头盔连正反都分不出来，顺着这个大斜坡俯冲而下，感觉十分地刺激。风声呼呼地穿过耳边，两边的大树好像纷纷地倒下，肾上腺素急速地分泌，给整个身体带来超刺激的快感。而且下这个坡后就是一个五十多度的转弯，对自己的驾车技术要求很高，让人挑战的欲望十足。开始我在西雅图很喜欢骑车到处走走，真就像骑着山地车在森林里的感觉，大煞风景的是街头林立的电线杆和扯得眼花缭乱的电线。没骑两次就放弃了，主要是西雅图的坡太多了，而且很陡。我骑着车在西雅图的道路上，那可是上坡像便秘下坡像蹿稀啊，两次后就彻底向西雅图的道路投降，再也不敢在西雅图骑着车瞎转了。

11月13日我回到西雅图，叔叔的胳膊还没完全好，甭管去哪儿都是带着我走过去，再不提骑车这事儿了。叔叔带我走了一条他每天必去的森林走道，就在76街和104公路交叉口的东南角。这个城市森林里长满了苍松翠柏，树龄都应该在百年左右，高耸入云遮天蔽日，地面都是常年不见阳光的苔藓。我在干燥的北京生活了四十多年，从没见过城市里会有这么一片长着苔藓的森林，而且森林里还有许多住户和公路，不会让你感到恐怖和无助。让我记忆最深的是缠绕着苍松翠柏的藤，小时候听说藤可以把参天大树活活地给缠死，当时实在是不理解。因为藤在我的印象中就是大型的爬山虎一类的植物，那参天大树多粗壮，怎么能让一个藤缠死呢？什么叫耳濡目染？光听说没有亲眼见到就不能叫耳濡目染，必须像这样眼睁睁地看到参天的苍松就这么活活地死于藤的缠绕之下，才能真正知道藤的厉害。眼前的景象让我想起了一副对子的上联：藤缠树，树缠藤，藤缠树死缠到死，藤死缠树死都缠。眼前许多大树就这么被藤死死地缠绕，而且还真有不少死去的大树。可能是当地的管理部门迫于压力开始整治藤缠树，在树的下方用电锯把围绕树的一圈藤割断一两米的距离，上面的藤一下就没了根，慢慢地枯死在大树上，即使已经干枯发黄但还是死死地缠着大树，死都得死在你身上。

走出这片森林就到了July小儿子上学的地方，一个叫回音湖的小学。这个学校很有意思，每天早上都是孩子们先来到学校，在教室外面等着老师来开门，老师也基本都是九点准时到达学校。老师比学生来得晚这在中国好像并不常见，每天看着这么多孩子和家长在门口等着她，难道就一点不难受吗？这所学校每年都有这么一天，在一个大垃圾桶里装满了带有菜汤的面条，有点类似于中国饭馆里的泔水。知道干什么吗？说出来可能都没人相信，让学生们用碗舀出来倒在老师的身上。你想啊，这得多少学生啊！老师还不能站着，就在前面坐着，生怕学生们够不着。学生们就这样欢天喜地地从垃圾桶里舀出糟面条子，连汤带水地从老师头上浇下来，这一个学校的孩子都浇完了以后，老师是什么形象可想而知了。尊师重道在美国没有生存的土壤，人家重视的是平等，自由。算了，我不发表什么感慨了，个人有个人的价值观，每一个价值观能不能符合社会的发展，只有历史才能给出答案。

　　July 的小儿子很聪明，有次我问他喜不喜欢妈妈的男朋友大内，他回答得很轻松："妈妈喜欢。"很智慧的答案，而且出自一个只有 8 岁的孩子口中，我 38 岁能不能有这个水平我都不敢确定。美国的孩子们和中国有很大不同，美国的孩子在一起的时间基本上就是在学校的那点时间。不像中国的孩子，放学以后大家也可以凑在一起在小区里玩耍。美国地广人稀，同学之间住得都不近，而且美国只要出门就得开车，所以孩子放学以后一般都是待在家里。美国的生活环境比较枯燥，不像在国内，大街小巷哪里都是孩子们的天堂，游戏厅、书店、小吃摊等，孩子们放学后巴不得不回家呢。美国的孩子放学回家后一般都是上电脑玩游戏，双休日两天时间如果家长不带着出去玩，那这两天可就都和电脑泡在一起。西雅图进入冬季后迎来了长达半年阴雨连绵的季节，那孩子们就更得待在家里了。July 的小儿子现在已经戴上了小眼镜，如果说和电脑没一点关系我还真不信。

　　学校中午要管孩子们的午餐，午餐的饭菜应该都是大同小异没什么差别。但如果你在富人区的学校上学，那每个月交的午餐费就要比穷学区的孩子要多。这让我想起了法国公司的内部餐厅，明明一样的饭菜但卖给高级管理人员就要贵，普通员工用便宜的价格就能买到和领导一样的饭菜。

　　说到吃，我还真得说一说在西雅图买的海带。9 月 10 号我到 99 大华买了一些海带、腐竹、黑木耳，晚上 8 点多临睡时用水泡上。第二天早上 4 点半就起床，而且是自然醒，整整 8 个小时的睡眠。起来后我先炖了一锅的牛肉，炖好后用牛肉汤炖海带木耳腐竹。我在北京炖海带时都把海带切成很细的丝儿，可到了西雅图就办不到了，主要是这里的海带质量太好的缘故。泡了一夜以后，海带表面有一层很厚的胶质和黏液，你用手根本压不住它，所以只能凑合着切成很粗的条，吃着虽然费点劲，但口感确实比在北京买的要好多了。我在北京的时候就很重视早餐，到了西雅图也不例外，就拿我 9 月 9 号的早餐来说吧，炸馒头片、

Memories of

疙瘩汤、醋烹土豆丝、炒鸡蛋、西兰花炒魔芋、香肠、核桃仁，两天过后又加上了炖牛肉，炖海带木耳腐竹。这要一般条件的家庭让我去做客还不得给吃穷了？每天吃完早餐都陪叔叔一起出去走走，呼吸一下西雅图湿润干净的空气。有时就到一街之隔的 Ballinger 湖转一转。

在西雅图的这些日子我发现一个现象，就是西雅图的飞机特别的多，尤其是我们早起散步这段时间，我指的不单是飞机的数量，更重要的是飞机的种类。在洛杉矶每天头顶上也要飞过无数架飞机，大多是直升机和大型客机。但在西雅图，什么样的飞机都有可能从你头顶上飞过。在西雅图那些日子除了军用的战斗机没从我头顶飞过，其他各种类型的飞机我差不多都见过，大多数都是私人飞机。有双翼的

▲ 和我合影的小乞丐

老式飞机，有底部带滑板的水上飞机，而且显得都很老旧，飞行的高度也不是很高，我都怀疑这些飞机是不是真的就是参加过二战的那些老飞机。有的飞机我看都是古董级的，应该是以娱乐为目的，不像执行任务的飞机。如果住在这个湖边的水景豪宅里，自己码头上再停着自己的水上飞机和游艇，那可真是有钱人的专利，看来人的欲望真是没有尽头，这儿还没解决温饱呢，又看着人家私人飞机眼馋了，用贾宝玉的话说就是真真该死！

每天除了早餐后出去走走，我有时一个人也到处遛一遛。离 July 家不远有一个 Shopping plaza，里面有美国的大型连锁超市 Safeway，还有廉价商店 TJ-maxx，我要没事就走到那里转转。9月10日那天我正在往这个 Shopping plaza 走，后面有个白人叫我，我停下来问他什么事，得到的答案我都没敢相信。居然管我要50美分，说是坐公交车。这个白人穿着不敢说多体面，但最起码是干净得体，怎么也比我穿得正规些，如果要钱也应该我管他要啊。他看我有些迟疑就又问了我一遍，我身上还真没零钱，就是有我想我也不会给他的。我告诉他我没零钱，他很体贴地告诉我没事的，就一个人走向公交车站等下一个乞

讨目标去了。我自己过了马路，边走还边想呢，这西雅图怎么民风那么荒唐呢？

到了超市给July的小儿子买了一点糖果，出来的时候看到停车场的入口处有个年轻人举着个牌子，告诉人们他无家可归，需要帮助，就是乞讨。小伙子脸上挺脏，身上的衣服也挺脏，有点专业的意思。就是嘛，干什么吆喝什么，怎么也得有点敬业精神，最起码这个小伙子这身行头配当乞丐，不像刚才那个人，根本就没个乞讨样。当然了，那个人根本就不是个乞丐，可能就是没有零钱，找我要点零钱而已。刚从超市出来兜儿里有了点零钱，正好我身上还带着相机，看到这个乞丐想跟他合一张影。我给了他一美元，问他能不能合张影。他很爽快地答应了，我俩互相搭着肩，我拿相机咔嚓咔嚓地照了七八张。最后他还指着我的相机反复重复着cool！等在电脑上看了照片，可能是光线的原因。嘿！我的脸怎么看着比那个乞丐还脏啊？应该他给我一美元才对。在这么干净的空气下，怎么能把我的脸照脏了呢？我这水平也太高了吧。

西雅图湿润的空气使整个城市一年四季都没有灰尘，July的汽车就很久才洗一次。那天给草坪浇水，顺便就把July的车给冲了一下。冲完后根本就不用像在北京那样必须把水擦干，就让水珠挂在车上，显得玲珑剔透，不可能像北京的车那样留下水迹。冲完车水龙头还关不上了，幸亏John当时在这里，美国人都会处理这种家庭琐事。我就亲眼见过John帮July修过马桶和百叶窗，绝对的专业水准。我去洛杉矶的前一天，John还买了他认为最好喝的泰国Singha啤酒来给我送行，而且是开着一辆皮卡车来的，一看就是来家里帮着干活的，真是实实在在的大好人，在西雅图能有这么一个美国朋友真是不错。

11月15日早餐过后，自己一个人去周围走了走，回来的时候在街口遇到John开着他那辆卡迪拉克，他看见我马上停下来，让我搭车和他一起回去。我当天下午我要赶飞机回国，July没有时间送我，就让John送我去机场。没想到他早上10点就来了，家里会说一点英文的只有我一个人，也就是说我得从上午10点一直陪他聊到下午4点去机场的时候。我对自己的英文水平那可是充满了鄙视，就这种水平怎么和人家共同度过这漫长的6小时呢？

回到屋里首先拿了一张美国地图，跟他聊起了这两个多月我去过的美国的31个州，他也及其感兴趣地和我互动。对某一个州的看法，对某个景点的回忆，

▲ 西雅图街头的反战游行

　　从"水门事件"聊到"桑迪飓风"，从黑人的抢劫聊到美国的经济。实在没有想到这6个小时不但没有冷场，反而越聊越投机，转眼就到了午饭时间。中午，阿姨给我们包的饺子，叔叔也把伏特加酒拿了出来，来了一顿饺子酒为我送行。我最怕坐长途飞机，索性中午就喝多点，这样能让前几个小时过得快一些。前两次和John吃饭他都喝了酒，而且酒后都开了车。今天他婉言谢绝了我们的邀请，没有加入我们的喝酒阵营。酒一喝多了话也随着多了起来，John也极为投入地和我聊起对美国社会的不安，对美国经济的失望，对总统大选的嘲笑，若干个话题就像酒菜一样，将半斤的伏特加送进我的身体，这时候的我是聊什么都兴奋，看什么都高兴，要不是阿姨提醒我，早把赶飞机的事情抛到九霄云外去了。4点钟拿着行李和叔叔阿姨告别，进了John的卡迪拉克，车一颠一颠地直接把我送进梦乡。等我被John叫醒的时候，已经到了西雅图国际机场的航站楼前，草草地和John告别，告诉他来北京随时可以给我打电话，也不知道他会不会相信一个醉鬼的话。

　　回到北京也有一段时间了，我现在打开Google地图输入西雅图，马上就能找到绿湖、默瑟岛、回音湖小学、99大华超市，包括我在西雅图去过的所有地方。真的感谢叔叔阿姨和July的招待，没有他们，我不可能在这个城市逗留这么长的时间，感受西雅图的空气，西雅图的风景，西雅图的陡坡，西雅图的超好睡眠。所有这些都留在我的脑海，为我留下人生如此美好的经历，发自内心地感谢。

第二章
狂野美国西部游

离开洛杉矶 ▶▶▶▶▶

  2012 年 9 月 28 日，我结束了圣迭戈的自驾游之旅回到家中。进家门以后把车子在后院洗了一遍，然后开始我的紧张繁忙的整理工作。因为第二天我就要参加洛杉矶当地华人旅行社的 7 日美国中西部之旅，体会真正狂野的西部牛仔文化，感受美国西部的旷野。洛杉矶处于美国南部，9 月底的温度和北京夏天的温度一样，完全是一身夏季短打的装束。而我这次要去的 8 个州基本上都处于美国中部和北部，气温和洛杉矶相差很多，尤其是黄石公园，看天气预报最低气温要到零下 5℃，这和洛杉矶要有 30 多度的温差。为此我姐还特意在 costco 给我买了冬季穿的棉服，我也把所有的厚衣服翻了出来，着实忙了一个多小时才把行李准备好。

  这次准备工作的重中之重是把我的护照、签证、I-94 卡都复印了，也扫描了，也发到邮箱里备份了。因为我上次来美国因为把护照丢了，而且护照里的东西都没有复印，这给我带来了极大的麻烦。本来都订好纽约往返机票的美国东部之旅彻底泡汤，和姐夫去迈阿密旅游的计划也搁浅，临回国时最后的一站，夏威夷之旅也随之取消。最可气的是我在美国还不能开车了，一个人在洛杉矶基本不能动窝。那一次丢失护照的经历使我损失巨大，真正明白了护照对于一个身在国外的游客有多么的重要。这次我是做好了一切丢护照的准备，如果再丢护照，我可以拿着这些准备好的文件去大使馆重新补办一本，那样就不会耽误我后面在美国的行程。但让我没想到和感到气愤的是，这趟 7 日之旅结束后

▲ 贝弗利山庄街道

我的护照居然没丢,这么多地精心准备全都白做了,你说气人不气人!

9月29日早上,我姐开车把我送到罗兰岗三家村的Shopping plaza,旅行团集合的地点。由于来的时间太早,我和我姐就近在一家中餐厅吃早点,顺便给孩子买豆浆、油条带回家。我姐在洛杉矶住的是白人区,这种中式早点可没处去买,这次来到被中国人戏称为二奶村的罗兰岗,正好可以买些中式早点带回家。我姐的一个同事挺有钱的,完全有条件买一个高档白人社区的别墅。但他在洛杉矶一定要住华人区,原因就是每个星期休息的那两个早晨,能踏踏实实地坐在中餐厅里,看着中文报纸吃着最爱的豆浆、油条,这是他在美国感觉最享受的时光,也是他怎么也割舍不了的故乡之情。我也来了一碗豆浆泡油条,味道实在是不好。如果在北京的大街上吃到这个口味的豆浆油条,一定会让我想起在洛杉矶度过的时光。

吃完早餐我让我姐赶快回家,我一个人拿了份免费的中文报纸坐在原地,接着等待旅行团的大轿车。Shopping plaza的停车场人越聚越多,不到半个小时已经有几百人在这里翘首以盼,大多都是和我一样的英文不怎么过关的旅游者。

第二章　狂野美国西部游

看着停车场上乌压压一片的人群，想到一个极为关键的问题：上厕所。美国不像中国那样满大街的公共厕所，行人要去厕所只能到街边商家的厕所。但现在美国越来越多的地方也学习起了欧洲，必须在商家消费才能上人家的厕所，前一天我在圣迭戈的餐饮连锁店Taco Bell吃午餐的时候就是这种情况。这样下去对我们这样的游客可是太不方便了，还好这种商家在美国的比例很低。

我赶紧收起报纸到旁边的香港超市门口排队，离营业时间还有不到20分钟，在门口排队的人已经有几十米长，而且还是三行，看来我上这趟厕所没有半个钟头是别想了。你想啊，真正来购物的人谁会排队啊，那么大的超市随便进，只有厕所是"紧缺资源"。在美国像这种大型超市男厕所只有一个马桶两个小便池，想应付几百个需求者可不是件容易的事。9点钟超市准时开门营业，排得好好的队伍瞬时大乱，人们争先恐后地跑向厕所，等我到那里时厕所外面又排起了几十米的队伍，还好没像超市门口那样排成三行。在厕所门口一站就是半个小时，我姐来电话问我在什么地方？告诉我导游正在满大街地找我呢。我告诉我姐什么事儿都不会有，光我看到的厕所排队的人就100多人，肯定不止找不到我一个人。

美国的华人旅行社收费相对白人的旅行社来说便宜很多，所以生意都很好。集合的时候都是好几百人的超大场面，甭管是在出发的地点还是结束的地点，都乌压压的一大片华人。这个时候想上厕所那可是难于上青天，自从有了这次经历以后，我都是提前上好厕所再来集合。这点小事儿看着不起眼，其实相当关键，不信你到美国的华人旅行社门口去看看，排在厕所门口的人，那是一个个摩拳擦掌，统一地大腿紧闭，小腿岔开，双脚以内八字儿的姿势在地上来回磨蹭着。我真有点不忍心看这些人的脸，那眼神！格外地炯炯有神，真是憋急了眼啦！

上完厕所回到广场找到我报的团，一个香港导游给我安排了旅行车的座位。上到车上找到座位，挨着我坐的是一位菲律宾华裔，就住在离我姐家不远的阿凯迪亚（Arcadia）。可惜的是他不会中文，但人很开朗，基本上还能聊得下去。不过心里还是很别扭，这次旅游是7天的行程，如果让我用英文和人聊这么长时间，那可是得要了我半条命。

Memories of

　　快10点的时候导游告知我们启程,这次旅游总共要走3000多英里的路线,每天都得500英里左右。我算了一下差不多800多公里,也就是说我每天最起码有8个小时的时间是在大巴车上度过的。幸好我把我写的上本书的样书带在身边,在车上可以查找一下书中的错误,以打发在大巴车上漫长的无聊时间。导游必须用三种语言导游,英语、中文、粤语,因为车上有香港人、大陆人、在美国出生不会说中文的华人和几个纯美国人。美国人报我们这个华人旅行团肯定是图价格便宜,在美国经济萧条的大环境之下,白人也开始和我们这些黄皮肤的中国人一同领略美国的大好河山了。

　　这次行程除了我们的出发地加州,总共要经过8个州,分别是内华达州、亚利桑那州、犹他州、科罗拉多州、怀俄明州、爱达荷州、蒙大拿州、南达科他州。导游给我们讲起了洛杉矶,加州的第一大城市,有9个旧金山大。主要是由圣盖博盆地和洛杉矶盆地构成,华人都集中在圣盖博盆地。由洛杉矶县划定的圣盖博谷经济地理区域包括了180万居民,30个大小城市,占地面积400平方英里。在这个区域之中,西起洛杉矶市,东至圣伯纳蒂诺(San Bernardino),是南加州华裔人士居住及就业最集中的地方。这个区域许多城市人口比例之中华裔人士均超过了半数。而这些城市的经济表现也明显地优于其他的城市,从房地产的平均价格来分析就可以证明这一点。目前,华裔聚居的蒙特利公园市、阿罕布拉市、阿凯迪亚市及东区的罗兰岗、钻石岗等地房价高于西裔聚居的附近城市30%以上。根据洛杉矶县的统计,这个地区华人开办的各种中小企业的比例也相当高。

　　华裔人士在圣盖博谷这块热土地上辛勤劳动,他们开办餐馆、洗衣房、旅馆、旅游公司、超级市场及各种专业服务公司,开创出一片特有的华人经济生活圈,一些一句英文也不懂的人士也可以在这里工作,生活并无困难。而且现在洛杉矶有个很特殊的现象,只要哪个地方新开了一家华人连锁的大型超市,当地的房产价格就会飞速上升。如果有想到美国投资置业的朋友不了解洛杉矶当地情况,就按照这一条挑选房产,基本上可以说是买到了原始股,唯一要做的事情就是等待你的房产升值吧。1885年11月11日,巴顿将军就在加州洛杉矶圣盖博市出生,二战时横扫欧洲战场的巴顿将军怎么也想象不到,几十年以后他的老家居然被华人不费一枪一弹地占领了。

进入内华达 ▶▶▶▶▶

　　导游在车上不停地讲解着，其实内容并不是很多，主要原因就是甭管他说什么，景点介绍、集合时间、住宿安排、自费项目、注意事项等每次都得用三种语言说三遍，我听着都觉得累。车开了两个小时就到了午饭时间，大巴车找了个出口开出高速路。美国的高速路没有像中国那样的专属服务站，基本上90%以上的出口都是一个大型的服务站，加油、购物、餐饮等设施一应俱全。我们来到的地方有一个大型的服务中心，里面甚至还有小型的赌场。服务中心里有一个餐饮广场，各国的美食应有尽有，我当然得挑选中式快餐。找了一家在美国西部很有名气的Panda Express，在加州我对这家中国快餐比较熟悉。看到展示柜里炒面的英文是Chow Mein，发出的音好像应该是广东话。Panda Express里全是老外当服务员，以前在洛杉矶的这家店里遇到华人服务员也不会说中文。这家店是中国人开的，卖的也是中餐，我说的这句话好像是一句完整的废话。其实不然，这里卖的中餐都是按照西方人的口味做了相应的调整，和国内的中餐比口味有很大的差别，只有外国人才会把它当做是中餐。像我这样的来自中国的游客，顶多也就是凑合把肚子填饱而已。除了像麦当劳这样的纯西式快餐，整个广场里就属这家店人多，我前面就有几十个人在排队，而且有一多半是白人。看人家点菜那个量，真是佩服得五体投地，跟人家的饭量比起来我是角马，人家是河马，我就是吃死也吃不了人家那个分量。

　　在美国的中餐馆吃完饭后，服务生常都会送上一个幸运饼干，金黄的外表，呈菱角状，脆脆的有一点点甜甜的味道，很多去中餐馆吃饭的人都很喜欢，幸运饼干在美国很受欢迎。这种幸运饼干里面是空心的，外皮和蛋卷类似，吃的时候掰开，会有一张带字的纸条。有时会有个预测命运的签文，有时是一句祝福语，有时是一组随意的彩票号码，有时是人生格言，有时是运势预言，内容不外乎事业、学业顺利之类。全世界每年生产30多亿个幸运饼干，而几乎所有的幸运饼都来自美国，幸运饼内的中文签语传遍世界各地，除美国以外，英国、墨西哥、意大利、法国等地方的中餐馆内均可见到它的身影。惊人的是，2004

Memories of

年巴西全国乐透的彩券中奖者表示,他所选的号码是来自一家名叫"中国城"餐馆内赠送的幸运饼签条。不过,也有的华人很懂创新,我就见过一种,掰开后纸条上是教美国人说中文,背面则是买彩票的幸运数字。

自己出来旅游英文水平立马就不一样,在美国不和我姐一家人在一起的时候,所有的事情都得靠自己解决。前几天自己开车去圣迭戈玩,开始渐渐地习惯用我这种半吊子英语和美国人交流,发现也没那么困难。反正我是外国旅游者,不会你们的语言那是天经地义的事情,有什么我听不懂的问题,应该你们着急才对,想办法用更加简单明了的方式让我明白你的意思。有了这个心态,自己一个人在美国闯荡,反而英语水平会有很快的提高。几天下来那效果是立竿见影,虽然该听不懂的还是听不懂,但该听懂的差不多都能明白了。

午饭过后接着回到大巴车里忍受长途旅行的煎熬。加州和内华达的交界处有几个酒店,远处看有一大片水,水中还有那些酒店的倒影,等开近了就什么都没有了。这样的景象在北京盛夏的公路上也偶尔会看到,是由于高温产生的热浪所致。不过这种景象绝不会有这么大的面积,导游也说在美国的其他地方也不会见到这样的景象。这个地点离拉斯维加斯70公里左右,谁有时间可以亲自去看看,是不是像我说得那样夸张。

我们已经进入到内华达州境内,这个州给我最深的印象并不是驰名世界的赌城——拉斯维加斯,而是它的神秘,"51区"的神秘、"绿屋"的神秘、军方核试验的神秘。内华达州又称北美艾灌木丛州,以其发达的赌博业而著称。"内华达"来源于西班牙语,意思是"被雪覆盖",原本是用来形容该州西部的内华达山的寒冷。该州是美国最干燥的一个州,全州大部分地区都是白雪覆盖的高山、峡谷和沙漠。

内华达州的"51区"是美国政府最高机密,是一个充满神秘色彩的秘密空军基地,离拉斯维加斯130公里。美军于20世纪50年代和60年代在该地区研制核子弹和U-2间谍机,好莱坞的一些惊恐大片如《独立日》以及《X档案》更使"51区"蒙上了神秘的面纱。传说中"绿屋"就处于这个军事基地。所谓的"绿屋",里面是国家首脑观看外星人冰冻尸体的地方,每一位新当选的美国总统都会前去参观。1950年当美国政府在内华达州建立核武器试验地时,"51

区"也在其中。在军事地图上，试验地被分区编号，"51区"因此得名，整个地区的面积为144平方英里，是一块位于内华达州沙漠地带的干涸河床。直到1994年以前，美国军方都对外否认存在这个连军事飞机也不准进入其上空的禁区，现在也不愿透露任何有关它的情况。

内华达是全美唯一一个允许性交易的州，性交易在全州大部分地方都是合法的，但有趣的是，作为旅游热门目的地的拉斯维加斯，性产业却是非法的。内华达州观光客众多，全年接待旅客超过5千万以上，旅游业收入占政府收入的60%。2010年生产总值为1256.5亿美元，失业率为14.9%。但这里的气候较为极端，夏季白天温度可超过华氏122（50℃），冬季夜间温度可低于零下华氏40（零下40℃）。加上众多的荒山和沙漠，内华达并不是一个适合居住的地方。

说到居住，拉斯维加斯的房产可是害苦了不少美国投资客。2008年之前赌城的房产可谓是红得发紫，来自美国各地的投资客疯狂地在赌城购屋置业。我们的导游当年也曾经来到这里做投资考察，当时他看到一个黑人妇女坐在街口，这里的房产中介人员告诉他，这一整条街的十几栋别墅都是那个黑人妇女的。导游一听当时就觉得不对头，感觉到了赌城的房产泡沫即将破裂的苗头，果断地打消在此购屋投资的计划。果不其然，2008年的金融风暴使赌城的房产价格调了个，原来四五十万美元的房子现在也就值个十四五万美元。那个当年在街口看着自己房产的黑人妇女，申请十次破产都不为过。

话说回来，房价跌到了极致就该迎来抄底的热潮。今年赌城的房产开始回暖，不少中国投资客来到了赌城，选择赌城的房产进行投资。咱们暂且把赌城房产的升值空间放在一边。首先拉斯维加斯的房屋出租市场热络，年租金投资回报率高达10%—12%。也就是说赌城房产的租售比很低，比值在1比100至120之间，8至10年的租金就可以收回投资。对比北京动辄1比700至800，甚至1比1000的比值来说，那简直是超级合算的房产投资项目。并且赌城所在的内华达州不征收"州所得税"（相较于加州的9%"州所得税"）。内华达州的法律倾向保护房东，对于驱赶未缴房租的房客作业简便快速，约20天就可以，不像加州可能需要3个月，因为加州法律倾向保护房客。还有就是赌城有一点对老年人来说有一定的吸引力，因为天气干燥，许多关节有问题的老人来这里居住可以免受很多病痛折磨，风湿及气喘到此可不药而愈。遍布赌城的大小赌场里，我就经常看到许多老年人拿着一盒烟一瓶酒，在一分钱玩一次的老虎机前面一玩儿就是一夜，花不了几个钱还能打发老年人的孤独。赌城还是美国大城市里面污染最小的城市（没有污染型工业），有益于老年人的健康。拉斯维加斯华人社区具有一定的规模，到中国城交通便利，购物和就餐都很方便。再一个就是据美国媒体上的报道，连接洛杉矶和赌城的高铁已经在筹建中，未来从洛杉矶到拉斯维加斯需要80分钟。高铁一旦建成，势必会带动房价再一轮的上升。不过说实话，我对这条报道持怀疑的态度。美国政府的办事效率实在难以让人恭维，筹建多久？项目能不能上马？工程期限的长短？资金的筹备？追加资金问题？还有若干想象不到的问题政府能不能解决？

下午两点多我们来到了赌城——拉斯维加斯，来这里的唯一目的就是让这一车的乘客上个厕所。美国没有公共厕所，所以我们随便找了个酒店停下车。赌城所有酒店的一层和二层都是赌场，任何人都可以自由地在里面穿梭。由于每个赌场的规模都是超大的，所以里面的厕所也是超级多，正好适于像我们这样游客团队。这是我第四次来到赌城，早已经没了什么新鲜的感觉。尤其是在白天，整个赌城就像个破落户，街上人迹稀少，冷冷清清。赌城只有在夜晚才能恢复它的真面目，那种灯红酒绿、那种醉生梦死、那种霓虹闪烁必须在夜色中才能看到。白天的赌城和夜晚的赌城在我看来就是完完全全的两个城市。

犹他州枪店 ▶▶▶▶▶

团里的游客在赌城上了趟厕所，有许多第一次来赌城的游客还没来得及看清赌城的面貌，我们的大巴车就顺着维京河谷开往科罗拉多高原，进入了原来被称为铜矿州的亚利桑那州。刚到州的边界，看到前方的检查口排起了很长的车队。在美国跨州的商业车辆都得缴费，私家车则没有这个限制。进入亚利桑那州后没多久，我手机的时间显示自动改变，意味着我们已经跨时区进入了美国山区时间。亚利桑那州有个在美国特立独行的法律,除了那瓦荷族自治区外,整个亚利桑那州没有夏季时,这和其他49个州的"安分守己"形成强烈的反差。

这个州最著名的就是由科罗拉多河经数百万年切割科罗拉多高原而形成的举世闻名的大峡谷,现在亚利桑那州的别名就叫大峡谷州。我上次到美国的时候曾经开车去过大峡谷,那可绝对是寸草不生、满目疮痍的不毛之地,举目望去满眼的衰草寒烟、千沟万壑,可能是丑到了极致就是美的缘故吧,所有这些景象反倒造就了举世无双的大峡谷。以至于亚利桑那这个名字的西班牙语含义都是"干燥的不毛之地"由此可以想见当地的景色了。

我们这次旅游的行程里没有亚利桑那州的景点,只是路过这个州而已。我们今天的目的地是犹他州,就是那个70%的人口都是摩门教徒的州。周六、周日的犹他州十分安静,人们都去了教堂。摩门教周六、周日不让别人为自己服务,换个说法就是摩门教周六、周日也不给别人服务。摩门教的教规十分严格,教徒不能喝咖啡、可乐、酒、茶这些带有刺激性的饮料。所以在这个州想享受那种花天酒地的生活可不现实,犹他州与夏威夷州是美国两个立法禁止各种形式赌博的州。不过原来的摩门教徒实行的是一夫多妻制,杨百翰就有55个老婆。当年我听说有一个人居然有55个老婆的时候,就对这个人感到十分好奇,后来

▼ 挑选枪支的顾客

知道他叫杨百翰，进而通过杨百翰知道了摩门教。所以说我知道摩门这个宗教派别与其说是通过杨百翰，不如说是通过他的 55 个老婆。与其说是通过他的 55 个老婆，不如说是通过我对一夫多妻制的那种发自骨髓里的向往。在 1896 年犹他州

▲ 售货员放在我手里的枪

加入联邦时的第一条就是取消一夫多妻，当时还迫使 4 万多摩门教徒脱离摩门教会，所以现在的摩门教徒可没有他们前辈的那种福气了。不过话说回来，摩门教如果还是坚持当年一夫多妻的教义，我估计今天全美国没几个人再入别的教了，非得让摩门教一统天下不可。

我们的大巴车傍晚停在了一个大型的 Shopping plaza 里面，我们的晚饭就是在这里吃自助餐。我平时晚上不吃饭，所以也没进餐厅，就在这个 Shopping plaza 里闲逛。看见不远处有一个大型的超市，正好想买一顶帽子，就走了进去。进了超市给我最大的惊喜是这里居然有一家枪店，这可是我今生第一次进枪店。

美国允许私人拥有枪支已经有两百多年的历史。1796 年，美国宪法第一修正案（即著名的《权利法案》）规定："人民有持有和携带武器的权利，不得予以侵犯。"这样看来枪店的存在也有着很深的历史背景。根据精确统计数字表明：平均每个美国家庭有 1.8 支枪。目前美国私人枪支的保有量在 2.35 亿支到 2.75 亿支之间，按照每个家庭 3 个人计算，这个统计数字还算靠谱。既然法律保障了私人拥有枪支的权利，自然而然地美国的法律也就一直允许枪店的存在。一般美国枪店的门敞开地对着大街，而且门面装潢也相当考究。枪店里基本上都是用原木板材来装潢墙面，店主把一支支大小不等的枪挂在墙上。据说美国的枪支年销售量在 500 万支左右，而且大批的交易发生在国与国之间，有的国家民间团体直接和枪店发生交易。美国的邻居墨西哥治安很差，贩毒团体直接从美国枪店购买大量武器武装自己，装备甚至超过了墨西哥的警察部队。新闻媒体调侃说，下一届墨西哥总统应该是贩毒集团头目了。另外美国国内保

安公司也是枪店的大买主,保安在工作当中是可以佩戴枪支的,我曾在洛杉矶的体育馆门口见到配枪的保安。其实美国民众买枪只占百分之五,是个小数目。

在美国购买枪很方便,就像在商店买一件衣服,不需要持枪证。但法律也对买枪作了限制,只有合法的美国公民和绿卡持有者才可以买枪。约束条款有:历史上没有一至三级犯罪记录;非法使用违禁药物者;被定性为精神有问题的人;被开除出军队的人;年龄低于18岁(长枪)21岁(手枪);受法院的限制;有家庭暴力历史的人;正在受法院的通缉和执法机构的犯罪调查,等等。买枪要出示身份证件,登记社会安全号码,建立弹道档案。如果用这支枪打了人,根据子弹头的痕迹就可以找到这支枪的主人。枪支不能转让,更不能买卖渔利,枪支丢失或者被别人拿去利用,枪支的主人是有法律责任的。

买枪虽然很便利,但美国的枪支管理法规却很复杂,如果不懂法律最好是把枪放在家里,许多公共场所禁止携枪。州与州的法规也不同,携枪跨州可能触法坐牢。除了警察以外,保安可以把枪佩戴在腰上亮在外面,亮枪要有执照。普通民众不能亮枪招摇过市,必须把枪藏起来。如果在家里,把枪乱放,让小孩拿到了也犯法。射击只能去靶场,不能在家里开枪玩,否则警察会找上门来。

美国之所以允许私人拥有枪支,其目的在于"使私人有足够力量对抗政府,避免政府这头猛兽的权利滥用"。但是在美国200多年的历史中,并没有什么人能够用自己手中的枪来给政府什么约束,倒是滥杀平民、学生的犯罪分子对枪支用的得心应手。

这个枪店里有的手枪价格很便宜,180美元就能买到,其中不乏世界名枪,像美式柯尔特、史密斯和勃朗宁。还有卖专门别枪的内衣,防弹衣我倒是真没见到,不过我觉得在这里肯定能买到。说起来好笑,在国内气枪属于严格控制的武器,而在美国你要想买气枪或铅弹只能在钓鱼用具和手套、刀具的柜台,那里有一些气枪铅弹。气枪铅弹在美国就不属于弹药,只是普通的零杂用具!我傻傻地站在柜台前面看着琳琅满目的枪械,一般的手枪大概都在四五百美元左右,真想把这些枪攥在手里亲身体验一下有枪族的感觉。旁边一个矮胖矮胖的中年妇女看着我满脸的羡慕,主动把她手里的枪递给我。说实话,我都不知道怎么去迎合她这个举动。是双手高举做出投降的姿势,还是直接从她手里把那把足以能杀死一头牛的手枪接过来？店里的男服务员看出了我的心思，从货架上拿出一把更高级点的手枪直接递到我手里，还示意我把相机给他，让我举着枪留影。我有点受宠若惊，这辈子头一回拿枪啊。

看完枪又到超市别处看了看，里面的商品明显和洛杉矶的超市不同。山区和沙漠里的用具、衣物占据了绝大部分，我买了一顶帽子 14.99+0.94 美元，0.94 美元是税。犹他州的税率低，只有 6%。这个帽子如果在洛杉矶买，税就得 1.3 美元左右了。这要是买汽车呢？买房子呢？中间的税差那可是很大的一笔钱啊！

等其他团友吃完晚饭，我们重新回到车上。晚上在车上放的乌比哥德堡的电影，放映的影片居然是 VCD 的，这在国内想找都找不到了。我望着车窗外的美国旷野那是一片寂静，只有间或看到的汽车旅馆闪烁着霓虹灯。汽车旅馆以前是指没有房间的旅馆，可以停车，而人就在汽车内睡，只不过比停在外面多了层保护而已。但这样的旅馆明显不能满足驾车旅客的需求。1923 年，美国加州一位名叫哈利·埃利奥特的商人，因生意繁忙而经常驱车来往于圣迭戈和旧金山之间的公路。发现公路上奔波着大量与自己相同的旅客，而沿途却没有真正能停车休息的舒适场所。埃利奥特发现了这个商机，1924 年春，他请建筑设计师阿萨·海因曼设计了一幢具有西班牙古典式的汽车旅客客栈。海因曼还把汽车（Motor）和旅馆（Hotel）两个单词合二为一，给他设计的汽车旅客客栈起了一个崭新的名字——Motel。1925 年冬，旅馆在奥比斯竣工并挂牌营业，汽车旅馆从此诞生在了美国大陆。

80 多年以后的今天，汽车旅馆早已遍布美国的每一个城市及乡村，各个品牌的汽车旅馆如雨后春笋般地不断发展壮大。比如王子汽车旅馆（Prince Motel Inns）、六元汽车旅馆（Motel 6）、特佳 8 号汽车旅馆（Super 8 Motel，Inc.）。其中 Motel 6 应该算是最经济实惠的，Motel 6 最早在 1962 年创建，第一家在加利福尼亚州圣塔巴巴拉市。这是一家价格最便宜、适合于讲求实际的旅客的旅馆。在建立的时候，Motel 6 的房价是每人每夜仅 6 美元，因而起名"六元汽车旅馆"(Motel 6)。我在美国自驾车游历了二十几个州，大部分住的都是 Motel 6。不过现在 6 美元想住一晚上那是不可能啦，我在迈阿密住的那家 Motel 6 价格已经 60 多美元了，比最初的价格贵了 10 倍不止。

▲ 落基山脉

  我们晚上入住的是 Super 8 酒店，是一家两层的没电梯的酒店。我被安排和导游住一间房，我这次是遇到最有职业精神的导游，其他的游客都安排在一层，他把自己安排在二层。我只能提着很重的行李箱费力地爬上二层的客房，进房一看，房间里就一张床，还不是拉斯维加斯那种大床。美国的酒店不能加床，即使三个人住一间客房也不能加床，据说是防火的法律规定。难道说我们两个大男人今晚要滚到一张窄床上过夜吗？要不说人家最有职业精神呢，导游直接找服务员要了被褥和枕头，直接铺在地毯上，一句话不说地钻了进去，都没给我留下个跟他假客气的机会。我十分不好意思地望着整洁舒适的双人床，幻想着这时候导游从包里拿出几瓶啤酒，哭着喊着请我喝的场面。

  我在美国也曾参加过几个旅行团，我自己的感觉是台湾导游比香港导游敬业。不能说香港导游的服务不周到，但在职业操守上好像是有点区别。台湾导游每次都是主动给游客自己的电话号码，一天 24 小时都处于服务状态，还能主动帮助游客解决问题，服务也周到。香港导游不爱和游客交流，但在服务过程中也能尽职尽责，就是缺少了那么点人情味，少一些主动。这次 7 天的旅程我基本上都和导游住在一个房间，我们俩还真是挺聊得来，对彼此的感觉都很不错。

  美国饭店的窗帘在外面，纱帘在里面。每次睡醒的时候看到纱帘都是很黑，好像离天亮还早着呢，往往这个时候你得注意一些，千万别睡过了头。因为随

Memories of

▲ 天然风化而成的石拱桥

团旅游最痛苦的莫过于每天起早，没有一天能睡到自然醒，都是被叫早电话吵醒的。9月30日早起叫早电话响了起来，导游居然赖着不起，反正我是游客，你不起我也不起，看谁耗得过谁。10分钟以后我投降认输，最终饭店的叫早电话还是我接的。赶紧自己起来下楼吃早餐，半个小时后回到房间导游还没把衣服穿好。

拱门国家公园 ▶▶▶▶▶

今天不错，导游把大巴车里的座位重新安排，给我安排到一个中国人旁边，把我旁边那个不会说中文的安排到说英语的游客坐在一起。这下我可轻松了许多，不然每天8个小时在车上的行程，和一个只讲英文的人聊天很累。

今天我们第一个目的地是拱门国家公园，就是经常在电视里、明信片上出现的在一片旷野中自然形成的天然石桥。我们这趟旅行的线路没离开过落基山脉，它是贯穿整个美国西部的最著名的山脉。中文"落基"一词是从英文"Rocky"

音译而来的,因为这里的山像石头一样光秃秃的没有植被,而且很多山还都发红,远处看去就是一片巨型的红色石头。落基山一般定义为从加拿大的里阿德河到新墨西哥州的格兰德河,南北两端再延伸只能是属于美洲山地的一部分,不再属于落基山脉。

这个国家公园根本就没门,在一片旷野之中,散落着大大小小的红色山石,向四面瞭望,能看到大大小小、形形色色的拱门。所谓拱门,就是砂岩经过风化后自然形成的像是拱门一样的景观。公园内一条来回约40英里的主要道路范围内,有2000多个大小不同的拱门,从最短的3英尺宽度的拱门,到跨距306英尺的Landscape Arch大拱门,这里是世界上最大的自然砂岩拱门集中地。根据专家分析,3亿年前这里曾是一片汪洋,海水消失以后又经过了很多年,盐床和其他碎片挤压成岩石并且越来越厚。之后,盐床底部不敌上方的压力而破碎,复经地壳隆起变动,加上风化侵蚀,一个个拱形石头就这样形成了。水、冰、极端的温度变化和地下盐的运动是形成拱门国家公园特殊岩石景观的主要原因。直到今天,新的拱门仍持续制造出来;反之,老拱门也在慢慢坍塌走向毁灭。这是一种地质奇观,有人称之为"上帝的艺术"。

精致拱门是拱门国家公园的镇园之宝,也是犹他州的标志,犹他州的车牌上都印着它的形象,2002年冬季奥林匹克运动会圣火传递时,专门安排在精致拱门下通过。精致拱门高达20米,其下可建一栋6层楼,可见其雄伟高大。它又的确很精致,一侧的拱柱稳健有力地踏在一块平展展的石面上,拱的另一侧优雅地下垂,和下面一块升起的石块轻轻相吻。从远处看,这个雅致的拱门又像是一条巨大的裤子,因此它又获得"女学究长裤"、"老处女灯笼裤"以及"牛仔皮套裤"等雅号。拱门斜斜地立在崖边,日复一日,年复一年,宁静而安详,凸显这片红土地的美。石拱门公园有2000多个石拱门,平均每年坏掉一个。幸好还不断有新的拱门补充,但我奇怪的是这里的标准,3英尺长就算石拱门,不到一米的距离怎么能叫"门"呢?

美国有几个世界知名的旅游景点都建立在广漠的荒野之上,就像我原来死都想不到的光怪陆离、灯红酒绿的繁华都市拉斯维加斯,居然是建在一望无际的大荒漠之中。今天来的这个拱门国家公园也是在荒漠之中,植物十分低矮,

Memories of

完全都是沙漠植物，显得十分凄凉。最知名的要数大峡谷，那更是荒无人烟的旷野，纯属一个鸟不拉屎的地方。把这些荒漠变为世界知名的旅游景点，我想大概只有美国人才能做到。什么时候中国荒凉的大西北也能建起几个世界知名的旅游景点，那可真是造福后代的大功德啊。

中午，导游把我们带到一个 shopping plaza，我选在一个知名的墨西哥餐连锁店 Taco Bell 吃的午餐，进到餐厅里一看全都是白人。犹他州的白人比例很高，达到 85.3%，而且其中还没有西班牙裔的祖先，可想而知这些白人那可是十分的白啊！这可是建在一片荒野之中的餐厅，吧台前还排起了长长的队伍，我望了一眼窗外，视力所及的地方别说人了，连个建筑物都没有，不知是不是从地缝里窜出来这么些顾客。轮到我点菜的时候，我看灯箱上 Grand Meal 的照片不错，直接点了一个。服务员看了看我瘦壮瘦壮的身材，告我这个套餐有 10 个 Taco，怕我吃不了，我听她的点了一个墨西哥披萨。坐在高凳上的我显得极为扎眼，满屋子里就我一个黄皮肤的人，哪怕这时再进来几个黑人、墨西哥人都不会让我看着这么孤立。旁边吃饭的孩子也直勾勾地看着与众不同的我，就像我小时候在北京的大街上见到皮肤白皙的外国人一样稀奇。

餐厅里还坐着一对白人夫妻，男的差不多得我这个岁数，女的也就 20 多岁，十分的漂亮，怀中抱着刚出生几个月的宝宝。如果不看这对夫妻卿卿我我的样子，真想象不到他们是一对夫妻。男人很胖很丑，穿的衣服也是有些邋遢的蓝领工作服，真是想象不到他俩怎么会成两口子的。除了他俩穿的衣服，简直找不出任何相配的地方。可惜了这么漂亮的金发美女，怎么找了一个这样的男人。难道你就没看到坐在旁边的我吗？怎么也比你那位老公漂亮啊！跟他比起来我简直可以称作"雄西施"了！这应该是犹他州地广人稀的原因，这里的人都比较朴实，没有纽约、洛杉矶、旧金山这种大城市里的浮躁以及物欲横流。我后来开车纵贯横穿美国大陆本土旅游的时候，在缅因州一个加油站的超市里看到一个身材高挑、貌若天仙的白人金发美女，居然只是一个售货员。这要是在大城市根本就没有这个可能，我在世界知名的富豪区贝弗利山著名的奢侈品街——罗迪欧大街的品牌店里，都没见过这么漂亮的美女。

第二章 狂野美国西部游

科罗拉多州丹佛市 ▶▶▶▶▶

  我们下午的行程是去往科罗拉多州的丹佛，20世纪80年代的香港动作女星李赛凤现在定居的地方。科罗拉多是美国最高的州，1876年美国成立百年时加入联邦，所以叫百年大州，这个州的座右铭是"没有上帝就没有一切"(Nothing Without Providence)。全州平均高度海拔2072米，为50个州中地势最高的一个州。在地图上看，科罗拉多州也是美国最方的一个州。1911年10月10日武昌起义，辛亥革命爆发之时，孙中山正在科罗拉多州的唐人街餐馆打工，得到革命发生的消息，才辗转经欧洲回中国出任中华民国临时大总统。

  大巴车行驶在科罗拉多高原之上，举目望去除了大山什么都看不到。科罗拉多高原是落基山脉的一部分，地跨美国犹他、科罗拉多、新墨西哥和亚利桑那州。面积337000平方公里，高600米—3870米。经科罗拉多水系冲蚀形成深邃的、色彩斑斓的峡谷，其中著名的大峡谷地貌和景色蔚为奇观。科罗拉多河贯穿整个高原，经科罗拉多河及其支流的冲蚀，科罗拉多高原形成多条深邃的

▼ 科罗拉多州的山

峡谷。这里以前是海洋，现在都是盐碱地。科罗拉多是红色的意思，科罗拉多河的意思就是红色的河。

科罗拉多州有美国最大的温泉——格伦伍德温泉，地下涌出的泉水流速为每秒143公升。您可以泡在40℃左右的富含盐类矿物的治疗池中舒缓工作的疲惫，或在水温为36℃的游泳池中畅游一番，都会有不错的感受。说得这么好，只可惜我们的行程中没有这一站。这要是自驾车来科罗拉多州，这个地方一定得亲自尝试一下。古代文人骚客所向往的读万卷书行万里路，我这一趟就万里路。读万卷书就算了，一个字一卷还差不多。

科罗拉多高原的山上树很多，不像加州和内华达都是秃山。公路两边都是险峻的大山，两旁没有铁网保护，这要滚下一块石头，我们的大轿车还不得像玩具一样脆弱。车窗外科罗拉多的山顶已是白雪皑皑，这里是美国的滑雪胜地，在北京的美国使馆签证时，就看到美国旅游的广告册子，其中很显眼的位置就是科罗拉多冬季滑雪的广告。

我们的大巴车旁边驶过一辆小车，汽车门被撞得合不上，门缝儿那里撅起来有十几公分的大缝子。这个车的司机可真有办法，愣是用泡沫胶，就是那种封空调口的那种泡沫胶活活给糊上了。在美国中部的贫穷地区，经常能看到类似的场面，也不知道警察都干什么呢？这样的车上路就没人管一管吗？

导游把车停在了一个山区的休息点里，让我们下车上厕所，顺便在山谷里的河流边舒展一下筋骨。这个山谷里长满了树，不像一路上看到的那些秃山。科罗拉多秋天的气温明显比加州要低许多，树叶的颜色也开始发生改变，有的变成红色，有的变成黄色，有的则是把原有的绿色加深。漫山遍野红黄绿相间的色彩彻底铺满你的视野，配合着山区清新的空气，潺潺流动的溪水，给你的听觉、嗅觉、视觉带来极大的享受。小溪边站着一个白人少女，典型的另类装束，染着红发、穿着鼻环，牛仔裤的腰低得都快到屁股下面了。

我们今晚的目的地是丹佛，美国的著名歌星约翰·丹佛常住于此，唱的都是科罗拉多的人和事。后来出名以后，钱多得不行，就在旧金山十七里湾买了房，1997年10月12日自驾飞机回旧金山中途坠海死亡。看来约翰·丹佛一离开丹佛就什么都没有了！丹佛在历史上曾被称为草原上的女王城（Queen City of the Plains），表示丹佛对洛基山脉东边平原上农业的重要性。美国海军也曾把数艘军舰命名为丹佛号（USS Denver）。1975 年这里开采出石油和天然气，一时间各地富商巨贾，蜂拥而至。丹佛市内，云集了上千家石油公司，一座座摩天大楼拔地而起，城外井架林立。丹佛从此身价百倍，发展迅猛，一跃而成为美国中西部著名城市。不过丹佛让国人印象最为深刻的还是发生在 2012 年 7 月 20 日晚上，在电影院里的那场致 12 人死亡 58 人受伤的枪击案。

丹佛的天气好像正和西雅图相反，每年的晴天数在 300 天以上。晚上 7 点多天才开始有点黑，这里和犹他州都是山地时区啊，怎么犹他州天黑得比这里早那么多呢？说起美国本土的时区，一共分为 4 个，基本上时区的分界线和州的分界线是一致的。可恰恰就是这个山地时区偏偏占据了北达科他州、南达科他州、内布拉斯加州、堪萨斯州的一部分，使得四个州出现了一个州两个时间的怪现象。

我们今晚住在红狮酒店，一个很棒的酒店。这次旅行中除了赌城的酒店就属这家最好，美国的小酒店服务都很好，既然我们住进了这么好的酒店，那服务自然差了许多，所以第二天早起没早餐。办完入住手续把行李放进房间，看到窗外丹佛的黄昏，是我从没见到过的景象。天和云彩都是青灰色的，只有一

▼ 丹佛市中心 16 街

Memories of

个即将掉到地平线上的红日，这种色彩的搭配确实很诱惑我。拿起相机直接冲出酒店，趁着太阳掉到地平线下之前的这十几分钟，尽量能把这从没见过的景象留下来。

酒店在丹佛的一个叫"九英里"的地方，是不是离 Downtown 9 英里我不知道，反正坐轻轨得 12 站。我在轻轨站附近没照几张相天就开始下雨，赶紧跑进轻轨站里面。看它的自动售票机，打折往返票是 4 美元，给什么人打折呢？什么时间能买打折票呢？我也没管那么多，直接就按下打折票的按钮，拿着票上了站台，这里和洛杉矶一样也是没人查。刚走上站台雨就开始大了起来，站台的棚子根本就挡不住这么大的雨，加上突来的狂风，甭管站在哪里都被浇得一身湿。丹佛的轻轨分 A、B、C、D、F、H 线，我坐的轻轨是 H 线的起点站 Nine Mile。在雨中的站台上等了半个小时，一辆轻轨才慢慢悠悠地开进站台。车门一开我就冲进车厢，被雨淋了半个小时的我总算找到避雨的地方了。丹佛的轻轨和北京不同，这里轻轨的每节车厢都是独立的，整个轻轨不是北京那种贯通式的。我这一节车厢就我一个乘客，前面和后面车厢的情况我也看不见，好像我自己包下了整个轻轨列车一样。在北京从来没享受过这种待遇，自己一个人在车厢里前后左右地溜达，想坐哪个椅子就坐哪个椅子，想站就站想躺就躺，绝对地没有王法了。在北京活了半辈子也没享受过这样的待遇啊！

坐 12 站到 16 街，丹佛市中心最热闹的地方。16 大街位于丹佛市中心的零售商业区，邻近城市主要的金融和就业中心，是一条兼顾步行和公共交通的商业街。步行街从联合车站到市民中心车站全长 2 公里，横跨 16 个街区。自从 19 世纪 90 年代，丹佛第一条横贯市区的电车线路沿第 16 大街运行后，城市增长的通勤阶层吸引了零售商随之进入该区。同时第 17 大街因临近联合车站也开始发展。这两条平行的街道成

▼ 街头执勤的警察

为城市中心商业轴，也影响着市区其他地区的发展。在20世纪60年代，如同美国大多数城市一样，小汽车的广泛使用而带来的城市郊区化蔓延，第16大街和市中心的其他商业也面临着来自快速扩张的郊区商业公园和购物中心的竞争。1977年8月，为了缓解市中心交通拥堵和提供公共交通更有效的服务，丹佛地区公共交通运输署选中了贝聿铭事务所提出的规划设计方案，把市中心加以改造，成为现在的闹市区模样。在这条市中心的商业步行街中，免费接驳车、轻轨电车穿梭而行，花岗岩石材街道、植物景观与街灯交错配置，商场、咖啡屋、名品店、露天餐厅、Pub，星罗棋布。座椅、喷泉、路标、交通标志、电话亭、邮箱、垃圾桶、花盆、旗架等街道家具，都经过精心设计，错落有致，呈现丰富而具变化的美感。

我感到最为新奇的是街头的钢琴，固定在地上，任由街边的行人来弹奏。整条街这样的钢琴不在少数，弹奏的游人尽情地演奏着古典乐曲，水平也是我想象不到的高超，在夜色阑珊的16街街头，真是一道诱人的风景旋律。还有就是街头的国际象棋，这里不像西雅图街头的国际象棋，西雅图是那种每个棋子都到膝盖部位的巨型国际象棋，而这里则是一张固定在地上的小桌，桌面就是棋盘。行人可以随意坐下来在这里杀上一盘，周边还都围着一群看客，就像北京夏天随处可见的大树底下的下棋场景。身边不时地有仿古的游览马车擦身而过，好像回到了100多年前的丹佛，让人回味无穷。与之形成强烈反差的是遍地的乞丐，那种在美国任何大城市中心闲逛的乞丐。一个个衣衫褴褛、蓬头垢面、大呼小叫地遍布整个市区，街头的警察见怪不怪地在他们身边站立，好像这两者之间已经形成了长久的默契。我拿起相机对准站在警车旁全副武装的两个警察，其中一个警察看到我的动作，马上扭过身去，另一个警察则友好地冲我摆了一个pose。

街道边的酒吧里传来震耳欲聋的音乐，里面的顾客推杯换盏、觥筹交错，一片歌舞升平的景象。繁华、落寞、喧闹、颓废，我不知道哪个词才是对雨夜中的丹佛最正确的描述。街头有回荡着的悠扬琴声，马蹄踩在石板路的清脆回声，酒吧里人声鼎沸的噪声，街头冒着热气的井盖发出的兹兹声，小雨打在树叶上的淅沥沥的声音，所有这一切共同缔造着夜色中的丹佛。对我们华人来说，在这里唯一具有历史纪念意义的是当年孙中山先生所住的酒店 Brown Palace，现在，这家酒店依然保存着中山先生当年的会议室，是我们华人值得骄傲的地方。

时间不早了，我走回轻轨车站，站台上有发车时间，9 点 34 分准时上车。上轻轨有几层台阶，也有专供自行车上下的站台。回程的轻轨人多了起来，我坐在第一节车厢，车厢的最前方是一个小门，小门的前面就是司机的驾驶室。车厢里张贴着提示，上面用文字和图案标明：禁止把脚蹬在对面的座椅上。丹佛的轻轨里都是火车座，两两相对。我看了一下车厢内的座椅，全都是布面的，干干净净。怎么会有这样的提示呢？谁会把脚蹬在这么干净的布面座椅上呢？看来管理部门的担心真是多余，因为你担心了也没用，好多乘客就是把脚蹬到对面的座椅上。这可是雨夜啊，每个人的鞋都是湿漉漉的，但仍旧没心没肺地蹬在布面的座椅上。难道丹佛人就这个素质吗？刚下过雨就这么蹬着别人还怎么坐？

我正在没心没肺地想着座椅的事，坐在我身后的一个推自行车的白人小伙子吹着口琴，突然嚎叫一声，吓了我一大跳，车里的其他人则见怪不怪。小伙子继续制造奇怪的噪音，而且声音越来越大，越来越怪。我们所有的乘客都不时回头看一眼这个极品，但人家回看我们的眼神还带有些许的骄傲、些许的自豪，就像我们很沉迷于他所制造的怪音之中。

难道你真就觉得自己发出的声音很迷人吗？凡事都得有个底线，就在我实在忍受不了准备换个座位的时候，一个双脚蹬在对面布面座椅正在看书的女孩，冲那个小伙子就是一番义正辞严地训斥，有点丹佛刘胡兰的劲头，吐沫星子和鞋底上的雨水彻底将她对面的布面座椅浸湿。绝对超级女声的范儿，扛到最后的一定是纯爷们儿的那种风采。小伙子有点理亏，不敢直视那个"丹佛刘"，车一到站，立马搬起自行车下去了。那个"丹佛刘"好像还意犹未尽，自己一个人仍然坐在原地自言自语着。由于我坐的是头一节车厢，那个白人小伙子下车后，司机居然打开驾驶室的门，扭过身来冲着车厢里和那个"丹佛刘"聊了起来。车还在向前行驶着，司机就像是车里的乘客一样，开车的事儿根本与自己无关，就这么和"丹佛刘"你来我往地诉说着内心的心声。俩人越聊越投机，都把自己当成了道德的代言人和正义的楷模，你一言我一语地发表着自己的言

第二章　狂野美国西部游

▲ 看书的女孩我管她叫"丹佛刘"

论,我看着眼前这俩人真有种"猩猩相嬉"的感觉。"丹佛刘"聊天的时候还依然用鞋底踹着对面的布面座椅,司机也是不顾行驶中的车辆,声情并茂地发表着自己的观点。天堂再好,我估摸整个丹佛市也没一个人想活着进去,您这么开车把我们这一车厢的乘客置于何地啊?我在一旁真有点看傻了眼,当时我想现在就缺在车头挂个大红喜字,车厢里再插上两根大红蜡烛,直接让这俩在车厢里把堂给拜了得啦!我们这一车厢的证婚人都在见证着你们的幸福和失控的轻轨,俩人当着我们大家的面再亲个大嘴,嘿!这下大家都满意了吧!玩笑开大啦,当场就结婚那是不可能,不过"丹佛刘"趁着这次偶遇认个干丈夫还是很靠谱的。

　　回到酒店导游还没睡,于是我又开始了这两天每晚必做的功课和导游聊天。导游是个香港人,我和他聊天想了解一下香港人眼中过去的大陆、现在的大陆以及对美国的看法。他上个世纪 90 年代来到美国旅游,回到香港以后可能是由于自己的工作不好,也可能是想逃离即将"九七回归"的香港,甭管怎么样,反正重新回到美国,开始了在美国的定居生活。能感觉出他十分抵触谈论初到

Memories of

　　纽约的生活，那段日子对他来说应该是一段极为痛苦的经历。目前在洛杉矶的生活多少让他稳定下来，但从聊天中能感觉到他对现状的强烈不满。平常除了工作不怎么讲话的他，到晚上这段和我聊天的时间就口若悬河，我根本来不及问他什么问题，他只要一张嘴不到睡觉的时间根本不会停下来，真佩服他的声带是怎么承受这长达数小时的震动。所有的话都是强调自己的能力、展示自己的想法、回忆以往的殊荣，有种急于得到别人认可的需求。可能是受生活、经济、家庭压迫的时间太久了，终于可以找到一个倾诉的对象。借着几听啤酒的浸泡，所有不满的情绪被啤酒不断炸开的泡沫，以及从胃里顶出的没有完结的打嗝声宣泄到体外。听着他那满腔的愤怒，感受着这个世界给他带来的不公，体会着所有人对他的摧残，我感觉眼前的他好像是一匹踏死了无数伯乐的千里马，时时刻刻都等待着下一个来找死的伯乐。

　　他聊天的地域范围严格控制在香港和美国，有关大陆的唯一话题就是他在美国娶了一个广州的女人，而且充满了抱怨。抱怨归抱怨，媳妇的气该受还是一点不能耽误的，这也是他自认为没能出人头地的原因之一，剩下的原因就是美国政府的无能。不过最后总算说出了一条自己的原因，那就是他这个人太善良了、太义气了、太正人君子了，不然不会受那么多的骗、吃那么多的亏！他低着头坐在床上一个劲儿地纠结着、困惑着、迷茫着、叹息着，不一会儿十个手指痛苦地从枯黄杂乱的头发中窜了出来，一下就让我想起了那首罗大佑的著名歌曲《穿过了你的黑发的鬼的手》。他实在是搞不明白自己这么聪明、这么能干怎么会落到今天的下场呢？看着距离我两米不到的他，我就像看到一头整日辛勤工作的奶牛，明明天天吃的是草，但每天拉出来的却都是屎。

　　导游对美国目前的经济十分不满，举起例子来那是滔滔不绝，每一个例子都有活生生的真人版演绎，而且每个真人版演绎的男主角都是他自己。当年他把自家的储蓄都买了房地美和房利美的股票，十几美元一股，剩下的事情就是和媳妇商量一年以后是先买私家游艇呢？还是在圣芭芭拉海边买套豪宅呢？还是在 Newport Beach 的 Balboa Island 上买套带私家码头的水岸别墅呢？就在夫妻俩为此事愁得快掉了一半头发的时候，2008 年的金融危机轰然而至，急得两口子在已经没有毛囊的头皮上活活又长出了头发。手里的股票飞速贬值，眼看着股票还没有两人手里时刻攥着的手纸值钱,所有的梦想、所有的计划、所有的准备都化为泡影。夫妻俩坐在自己在老华人区的老房里,应了那句广告语:"还是原来的配方","还是熟悉的味道"!这要是还像以前还好,问题是人活着呢,钱儿没了!原来一股花十几美元买的股票,现在还剩下两毛钱,最可气的是政府还不让你卖,大伤元气啊!

过往惨痛的经历让身处科罗拉多州丹佛市红狮酒店的导游在大夜里开始义愤填膺,大骂美国政府的无能,大骂由于它的无能导致自己悲惨的家庭悲剧。具体怎么悲了我也不知道,咱也不能问,反正这个差点住上豪宅的家庭到现在依然没有破碎,真是不幸之中的万幸。不过话说回来,他的心情我能理解,但这都赖在政府身上确实有些不靠谱。导游说1997年的时候,移民美国要200万美元,加拿大是50万美元。当时很多中国人就都移民加拿大了,美国白白地丢下这么一大笔的财富,现在也开始学加拿大50万美元就可移民到美国。他突然又想起了奥巴马,大骂奥巴马整天都去管世界上的事情,不去关心国内的经济,无疑这又成了一条造成自己悲惨命运的原因。美国不管世界上的事情就不能维持唯我独大的霸权国家的现状,就不能维持赖以生存的美元经济,美国还能生产什么?就剩下生产美元了。导游真是冤枉奥巴马了,看来不光中国国内有愤青,原来美国国内也有啊。这不,就坐在我对面。

南达科他州总统山 ▶▶▶▶▶

10月1日早上5点起床,想起来这是我这辈子第一次在美国过中国国庆节。用饭店里的咖啡壶做了一杯开水,拿出行李箱里的香肠、水果开始"大快朵颐",算是欢度国庆了。今天的路程可不算近,所以出发时间很早,5点半全体团员都已经坐在我们大巴车上的座位里继续打着瞌睡。我们沿着25号州际高速路向着怀俄明州的方向驶去。天还没有亮,但高速路上已经开始有点堵车,这可太出乎我的意料了。美国人什么时候开始比中国人勤快了?这么一大早就赶去上班?我这次来美国71天的旅行,在美国高速公路上总共行驶了两万多公里,看到美国人如此勤奋只有今天的这一次。我是越想越糊涂，大巴车也是越走越慢，最后索性就是一步一步地往前挪着走。

　　天已经亮了起来，随着拥堵的车流不断向前挪动，一幕惨烈的场景进入我的眼帘。对面行驶的车道里发生了极为严重的车祸，一辆双门小跑车被一辆重型运输车撞到，发生连环追尾事故。现场极为混乱，单向5车道的高速路被封了4条车道，只留最外侧的车道通行。救援车、救护车堆了一堆，破拆的、起吊的、维持秩序的、抢救伤者的、打扫现场的全都忙做一团。地面有没有血我就不说了，那辆出事的双门小跑车已经被碾成了一堆铁片趴在地上，肯定有重型运输车发生过侧翻压在上面，不然一辆跑车决不能被撞成薄薄的一层铁皮。

　　这幅场景让我想起了2007年12月30日晚7点04分，发生在北京顺义高丽营的那场车祸，一辆中华骏捷车在毫无刹车痕迹的情况下钻进了垂直方向行驶的大货车的底盘之下，骏捷车的底盘当时已经砸进路面，整个车被卡在大货车底盘和路面之间窄小的空间中不能动弹。现场一片死寂，完全没有任何生命迹象，周边的人都没有敢上来看一眼的。就在大家等待医务人员前来收尸的时候，这场车祸的男主角——我，中文名：牟鹏，英文名：Mu Peng，连蹦带跳地从车祸废墟中窜了出来。5年过去了，今天又在丹佛看到如此惨烈的场景，祈祷老天让这场车祸的伤亡降到最小吧！小跑车的司机不会有我当年的运气了，钢筋铁骨的汽车都被碾压成了铁片，更别说里面的人了。

　　一过车祸地点交通开始顺畅，没有多久我们就进入了怀俄明州的境内。我们今早出发的丹佛市有300多万人，而现在来到的怀俄明州，面积是加州的三分之二，整个州却只有50万人，这个州居然有50个人的小镇，最大的城市也是人口最多的城市就是它的首府夏延市，只有区区5万的人口，想想自己家街道还得多少人呢？使我不能不相信怀俄明州是全美人口最少的州。别看这个州人口不多，但却常常开风气之先。早在1869年，这里的妇女就获得了选举权，给其他各州做出了榜样。1925年，这里又选出美国历史上第一位女州长。为了表示男女平等，州徽正中底座上画着一位妇女，左边站一个牛仔，右边立一位矿工。州座右铭也用"平等权利"的字样。因此，怀俄明州有着"平权之州"的别称。怀俄明州的名字来自印第安语，意即"大草原之地"或"高山与深谷

第二章 狂野美国西部游

相间之地"。怀州面积超过25万平方公里,风景如画,著名的景点包括黄石国家公园、大狄顿国家公园及魔鬼塔国家自然保护区等。天然气和煤的产量也是全美第一。

最让怀俄明享誉世界的就是那部由李安导演的火爆国际影坛的电影《断背山》,这部片子讲述了上世纪60年代发生在美国西部怀俄明牧场一对男同性恋长达20年的爱情故事。《断背山》原著中描写的故事发生在怀俄明州,而且影片中不断出现怀俄明的字样,这不能不让观众把影片拍摄地与怀俄明州联系起来。有不少人希望去怀俄明州寻找断背山。但是,在美国地质勘探局的数据库中,美国境内

▲ 空旷的怀俄明州

只有两处地点被称为"断背山",一处位于田纳西州,一处在弗吉尼亚州。怀俄明东部有很多含有"断背"称谓的地名,如断背路、断背溪、断背牧场、断背县等,甚至有"断脖子山",但就是没有"断背山"。不过影片中出现的"薄荷酒吧"

等则是"真名实姓",据说那是当年怀州牛仔、农场主及花花公子消遣的地方。怀州旅游局曾经每天要接到几百个电话,询问电影到底是在哪儿拍的。怀州旅游局局长戴安尼说:"尽管我们告诉他们是在加拿大,但他们就是不相信。"

　　一进入怀俄明就看到路边的北美羚羊,这是美洲奔跑速度最快的动物,视野是人的8倍,犄角也不是尖的,没有搏斗能力,遇到危险只能跑,能以50英里(80公里)的速度跑半个小时。怀俄明都是牧场草原,视野开阔,陪伴我们一路的枫叶林一下子都没了。怀州有300多万头牛,牛口是人口的6倍,所以连怀俄明州旗都是牛,这里自然而然地成为美国西部的"牛仔州"。怀州的牛仔节在全美是颇负盛名的,据说规模很大、持续时间很长,每年的6月至9月间,几乎天天都有精彩节目上演。

　　行驶在怀州的高速路上,视力所及的地方就是看不到头的牧场、草原、旷野。这里不像洛杉矶,自家买房都想挑一个前后院的面积能相对大一些的宅子。这里的房子则不然,地大好像没什么意义,因为这里除了地基本上什么都没有了。大巴车在高速路得开上20多分钟才能看到一栋住宅,这里的家庭每家都得有几百亩甚至几千亩的地,就是见不到人。2011年怀州被评为退休以后最佳居住州,我真不知道评判标准是什么,老年人本来就怕孤独,您给老年人扔到这么一个天苍苍野茫茫的旷野里,你就是包吃包住也得把人家给闷死。怀俄明希望有更多的人口移民过来,为此州政府还免去收入税以及很低的消费税来吸引新移民。怀州人口少,零福利的人就少,做生意不用交营业税,有个房子注册了200多家公司,用以逃税。

　　但这里夏天又热又干燥,冬天风大寒冷,所以人的皮肤都很差。我从车窗向外望去,一排排高大的木栅栏立在路边的牧场里,导游告诉我们这是为了用于冬季挡雪,不会让雪吹到公路上。冬季怀俄明的雪很大,大风把雪吹得到处都是,如果高速路边不用这些栅栏挡一下,那时候整个大地将被大雪覆盖,根本就看不出哪儿是牧场,哪儿是路。反正让我移民到这个州那肯定是死也不干,夏季、冬季的气候不提,就说气候最好的春秋,让我找个邻居聊天都得开车半小时,买个盐也得跑几十英里找个镇子,孩子上学每天接送的路程得多远,万一家里哪里需要修理了我上哪儿找人去啊?除非我想不吃不喝地入道成仙,否则绝不会来此定居。

离开怀俄明的大草原东行，今天我们第一个目的地是疯马酋长纪念馆。进入南达科他州的黑山地区(Black Hills)，这是一个长80公里，宽32公里的结晶岩块区域，平均高度比附近的平原高出约1300米。山石灰黑，有大片松林，从远处看，仿佛黑压压一片，黑山由此得名。在黑山山脉中，有两座巨大的山体雕像傲立于蓝天之下。一座是举世闻名的拉什莫尔山（Mount Rushmore）上的美国总统巨像，另一个就是疯马酋长纪念馆。

这一地区曾经是印第安人的地盘，但是在美国西进的运动中，白人占据了这里，印度安人被圈化在很小的保留区了，当地的拉科塔人与白人结下的历史梁子从没有根本解除过。传说中疯马原名 Tashunca Uitco，1842年出生在黑山 Rapid Creek 的一个印第安人苏族部落（Sioux），15岁时便成为部落里一名骁勇善战的猎手。因在一次与阿拉巴霍人争夺土地的战斗中英勇作战，就像一匹疯狂的战马一样，在庆功会上被父亲改名为 Crazy Horse——疯马。

▲ 疯马酋长雕塑

疯马是一个绅士般的武士，是苏族最伟大的理想的代表。1868年，美国政府把印第安人苏族部落赶到了南达科他的黑山区，并答应永不侵犯。1874年，美国政府在黑山区发现大量的金矿，于是，成千上万的矿工和工人涌向了这个对印第安人来说神圣不可侵犯的土地。疯马等部族领袖忍无可忍，战争再次爆发，1877年9月6日，疯马35岁，被美军刺死。

1927年，美国国会批准在南达科他州的 Keystone 附近的一座 Rushmore 山上雕刻美国总统头像。当拉什莫尔山的4位总统雕像如火如荼的施工的时候，当时的印第安拉科达酋长贝尔想："你们不但抢了我们的土地，还在我们的土地上歌颂你们的总统，太过分了吧！"1939年，贝尔酋长就请来了当时在纽约举办的雕刻比赛的冠军齐奥尔·科夫斯基先生，对他说："他们白人有英雄，我们也有自己的英雄——疯马酋长。疯马酋长雕像完成的时候，将会是4位总统雕像总和的4倍。"这位齐奥尔·科夫斯基先生当时孤身一人来到这个地方，身上只有174美元。这位先生很可爱，一毛钱的报酬都没要。在1948年6月3日，一钉一锤的开始他"疯马酋长"的伟大梦想。现在，这个工程属于印第安拉科达部族在管理。美国政府曾经提出过资助他们，但是他们拒绝了，因为"白人还能再信任一次吗？"到20世纪70年代后期，齐奥尔·科夫斯基已是一个须发皆白的古稀老人，仍带着妻子和10个儿女每天挖山不止。其间，他两次拒绝了美国政府1000万美元的拨款，只接受私人捐款和参观者的捐助。他不愿让"疯马"被政府招安，变成一个装门面的多元文化象征。1982年，齐奥尔·科夫斯基先生过世后，他的10个孩子，其中有7个和他的妻子鲁斯继续这个工程。

倘若是一个国家工程或是集体团结的工程，这个景点不过是一个历史的"博物馆"，但是当你看到一座花岗岩的山变成一个神奇的雕像的时候，而这仅靠个人的努力，靠一个个家庭的成员去完成的时候，那种震惊会悄然盘踞你的头脑。现在，这座巨大的花岗岩的山体在这家人多年的坚持下，已经变成了具体的可视的雕像，那种微小的个人靠坚持获得奇迹的结果足以打动观众。疯马雕像完工后将成为世界上最大的雕塑，大金字塔和自由女神像与之相比也要黯然失色，事实上，拉什莫尔山的四总统石像完全可以放入"疯马"26米高的头像内。疯马雕像纪念的并不是美国文明的荣光，而是美国文明的疮疤。所以，疯马雕像是一件非主流的艺术品，政府从未对此做过任何宣传，没有到过南达科他州的人，基本上对这件雕像一无所知。这个未完成的雕像有着特别的精神传承，那就是敢于对美国说不，不向美国强权低头，一切全靠自己的奋斗精神。

一个家族！65年的坚持！紧靠门票收入以及参观者的募捐来支撑这项事业的继续，不得不说这是我这辈子见到的最让我震撼的工程。愚公移山只是在我儿时的课本中，而疯马雕像此时却真真地矗立在我的眼前。而且愚公移山并不是愚公和他的子孙移完的，故事里清清楚楚地写着是愚公感动了天帝，天帝把那座山移走的。而我眼前这个雕像可是到今天还是"齐家"人在劳作着，虽然此时的雕像还只完成了整个工程的一小部分而已，在我看来这个工程顶多也就算完成了一个草稿，但齐奥尔·科夫斯基家族的努力足以让世界上每一个人为之感到骄傲。其实我这里可以出一个主意给当地的印第安酋长，只要把工程费攒够，找一家中国的建筑队，五年绝对把工程给你做完。要照目前的进度这样下去，可能再有 100 年才能完工，时间就是金钱，效率就是生命啊！酋长！

▲ 总统山

从疯马酋长纪念馆出来，我们的大巴车向着一处更加有名的景点驶去，那就是闻名全美的总统山。这两个景点的距离并不远，也就 30 公里左右，途中所见的都是山区的地貌。南达科他州可分为三大地理区域：东红河草原平原区、西河大平原区以及黑山山区，我们所处的就是位于西南角的黑山山区。这个州和怀俄明都属于地广人稀的州，南达科他有 78 万人，也是急于想通过优惠的政策吸引更多的人移民来此。美国这些人口稀少的州在税收方面都有一定的优势，像南达科他州没遗产税，内华达、怀俄明没收入税，阿拉斯加买东西不超过 2000 美元就可以不交税。但我个人严重怀疑这些税政能否吸引移民来到这片荒郊野岭，反正事实确实证明了我的怀疑绝非多余，这么多年这里的人口的确没有什么大的增长。

1803 年，美国第三任总统杰斐逊从拿破仑手里花 1500 万美元买下密西西比到落基山这片土地，是当时的美国13个州4年的税收。这笔买卖使美国的领土增长了差不多一倍，以后又从西班牙人手中买到了佛罗里达州、关岛等地，从沙皇俄国手里买到了阿拉斯加，通过战争以便宜的价格买到了美国西南部的土地，不得不说美国的领土大部分都是以及其优惠的价格买来的。

我们的大巴车进入南达科他州的总统山，拉什莫尔山位于南达科他州的西部，花岗岩的一面山体上雕有4位美国总统的头像，从左至右分别是华盛顿（1732—1799，第一任总统）、杰斐逊（1743—1826，第三任总统）、西奥多·罗斯福（1858—1919，第二十六任总统）和林肯（1809—1865，第十六任总统）。其中只有华盛顿肖像是胸像，其余3人只雕出了头部形象。石像的面孔高18米，鼻子有6米长。4个巨像如同从山中长出来似的，山即是像，像即是山，巨像与周围的湖光山色融为一体，形成了著名的旅游胜地，每年有200多万来自世界各地的观光者到此来领略巨像的风采。

拉什莫尔山的巨像可以说是20世纪人类雕刻艺术的杰作，它是由美国著名的艺术家夏兹昂·波格隆创作的。1927年，柯立芝总统宣布将拉什莫尔山辟为国家纪念场，雕刻工程也同时开始。当时，波格隆已经年过六旬，但是他把自己的全部心血和精力都倾注在这项空前的艺术巨制上，整个工程由于资金和天气等原因时断时开。1941年，当工程临近完成的时候，波格隆这位艺术大师与世长辞了，他的儿子林肯继承父业，终于在1941年底完成了这项令世界瞩目的工程。两代人花了14年的时间，这确实让人钦佩。这座总统山据美国公布的数据是整个工程共耗资989992.32美元。我真不知道他们是如何精确到小数点后面两位数的，感觉是听着很不靠谱。

公园的正门处立着许多方形柱子，每个柱子都插着4面旗子，仔细一看是美国各州的州旗，方形柱子的四个面分别刻着这四个州加入美国联邦的时间。这座拉什莫尔山因为有四位总统的头像，所以像我们这样的游客是禁止攀爬的，这里给我的感觉有点像八达岭长城，不来是一辈子后悔，来是后悔一辈子。大家来到正对着总统头像的一个专供游人拍照留念的平台，团里的一位老年人让我帮他和四位总统的头像合个影，帮他照完以后他把我叫到身边，让我看着他相机上的显示屏告诉我应该怎么构图，以什么样的角度去拍摄，人和景所占画面的比例等拍摄技巧。老人家曾被小布什政府邀请进入专管中国事物的智囊团队，被他婉拒。他现在是专业摄影师，这么大的年纪依然还带着几个研究生，专业水平绝对不是我这样的人所能企及的，能得到他的指点真是我从未想到过的幸事。老人家和我说完后我按照他的指导重新给他拍了一张，我一看效果，真是和我第一次照出来的有天壤之别。什么也别说了，我赶紧趁热打铁地主动帮其他团友照相，就这几分钟的时间，我不但得到了摄影知识，还在团里赢得了超好的人缘。

公园里修了一条弯曲的环形森林栈道，让游客能在不同的角度去欣赏这座宏伟的雕塑。我们几个团友在总统头像的下面边走边仰望着这座雄伟的雕塑，一个福建的团友由衷感叹着美国的强大，不由得浮想联翩，滔滔不绝地赞扬着美国。从美国的军事到美国的高科技，从美国的"世界警察"称号到美国的经济，简直把美国说成了人类文明的楷模，人类发展的指路灯。典型的被美国式忽悠迷惑的人，现实的例子都明摆着，可有的人就是选择性地记忆、选择性地失忆。美国军事强大分对谁，对付个伊拉克、阿富汗这样的国家还行，你动朝鲜一下我看看，除了六方会谈你还能干什么？你怎么不像打伊拉克那样不通过联合国裁定就去打朝鲜？抓个拉登抓了10年，它这么强大，对付不了塔利班游击队。它这么强大，从伊拉克灰溜溜的撤军。它这么强大，强大到美国人都是那悲惨的99%。美国的高科技强大多少有点当年"星球大战"的嫌疑，你的高科技为你的经济做出多少贡献？你的GDP为什么接近80%是靠服务业？支撑现在美国经济的金融业有多少高科技的成分？遍及美国的废弃工厂能看到美国工业的没落，农业也看到了转基因的危机，未来能源科技的水平美国也不占优。所谓的世界警察称号那更是个超级大忽悠，美国就是个世界不安定的因素，世界上的战争有几个美国能脱离干系，如果没有美国，中东国家和以色列的纷争能持续几十年？美国必须不断地在世界各地挑事，然后再去平事，这样才能体现自己的价值，才能维持它的霸权国家地位，才能使它继续用美元白条换取世界财富。真是坟圈子里的狐狸遇上铁拐李，你他妈还跟我玩聊斋？我能被你忽悠的几率比买彩票中头奖还低。随着话题的展开我的声音也越来越大，旁边的一个白人老头很善意地给我一个提醒，我这才从话题纷争中清醒过来。我这个人说着说着就爱激动，岁数不小了还是像孩子一样控制不住自己的情绪，非哪天得个高血压什么的就老实了。

从总统山出来我们下一个景点是熊园，这里其实是一个野生动物园，动物园里不止有熊。在公园里游客只能坐在车里观赏放养着的各种动物，公园里分为若干个区域来把各种动物分开，以便使各种动物能在各自规划的野生环境中自由自在地奔跑。最先看到的是马鹿，如果当年赵高指的是这种鹿的话，那个指鹿为马的成语还真有商榷的余地。在这种野生状态下看到的马鹿和在电视上有很大的区别，电视里的马鹿就是一个处于生物链下层的动物，整天生活在大型食肉动物的窥探之下，和别的草食动物没什么区别。当眼前真出现一片健硕的马鹿时，视觉冲击力还是很震撼的。一个个步伐矫健、生龙活虎，蹄子踏在地面的声音都是那么的强悍，充满了力量感。我们这些坐在车里的人类

▲ 黑颜色的北美棕熊

显得极为脆弱，那种大自然赋予的生命力在我们身上找不出任何痕迹。真羡慕那些生活在非洲的马赛人，能在非洲原始的大草原上生存着，而且仅凭手里的原始长矛就能雄霸整个非洲草原。我曾在电视里看到三个拿着长矛的马赛人，不费吹灰之力就从可怕的狮群中抢得它们口中的猎物。而且狮群不敢有一丝的反抗，见到那三个马赛人，丢下刚刚猎获的动物，逃命般地四散奔逃。三个马赛人用刀割下一条腿留给狮群，拿着抢来的动物大摇大摆地回到自己的部落。那种强悍的生命力给我留下很深的印象，像我这样的放到马赛人的部落中，人家还拿不拿我当男人看？甚至人家还拿不拿我当人看？我身上这点雄性激素估计还不如人家的尿浓呢！

熊园里的主角是北美棕熊，和加州黑熊有很大的区别。这两种熊的区别可不是像他们之间的名字，一个黑色，一个棕色。其实黑熊和棕熊都有几种颜色，

主要区别是体态和重量。黑熊走路肩膀是平的，棕熊肩膀有凸起，凸起处有棕灰色的鬃毛。棕熊有1000多磅，而且好像是越靠北体重越重，其中阿拉斯加的棕熊能到800公斤，基本上和北极熊一个级别。棕熊的攻击性较强，会主动攻击人类。黑熊只有三四百磅，攻击性较小。我在洛杉矶时，我姐家的附近就时常有黑熊出没，住在我姐家后面的邻居家里前年夏天就有黑熊到访。大夜里的可能是感到暑热难耐，人家老先生居然跑到院子的游泳池里游上泳了，游够了上来把垃圾箱翻了个底儿掉，把能吃的东西吃完了才回到山上。不过我姐告诉我，黑熊一般不会攻击人类，除非你把它逼到角落里。也不知道谁那么胆儿大敢把熊逼到这个地步，反正让我喝下一斤二锅头也没这个勇气。还有就是黑熊带着自己的小熊以及在发情期的时候，黑熊的脾气就不好说了，这个时候遇到它的话只能怪自己命不好了。

我们的大巴车就在棕熊的身边缓缓驶过，人家根本不在乎我们这么多好奇的目光，四仰八叉地躺在地上享受着阳光。看着一个个慵懒的棕熊，觉得"大笨熊"的称号对它们来说再适合不过了。其实熊可比人敏捷得多，你看每年三文鱼回流产卵的季节，这些棕熊仅凭着一张嘴就能逮到无数的鱼，像我这样的连手带嘴估计一条都没戏。熊不仅敏捷、强壮，速度还是出奇的快。棕熊的速度能达到将近60公里每小时，人类的百米赛跑冠军在短短的100米的距离内还到不了40公里每小时。可见跟熊比起来，应该叫咱们"大笨人"才对。曾经看到过一个笑话：两个野外露营者看到远处一只熊向他们跑来，一个人扭身就跑，但另一个人却在系鞋带。那个人说："这时候你还系什么鞋带？难道你还能比熊跑得快吗？"另一个回答说："我压根就没想跑过熊，我只想跑过你！"笑话归笑话，其实真要这么做的话，第一个被熊吃的人一定是那个系鞋带的。因为以人类的奔跑速度对熊而言，如果你跑得快反而会激起熊的猎捕本能，先把你抓到再抓那个慢的人。还有流言说见到熊的最好逃生方式是装死，这可是天大的错误。生活在冰箱冷冻室温度下的北极熊我不知道它们是否吃腐肉，但甭管是黑熊、棕熊都是吃腐肉的，所以遇到熊装死是最愚蠢的行为，它巴不得你早就死了呢。还有一种说法，熊的身上有个死穴，那就是它的鼻子。只要你能给熊鼻子一拳的话，熊立马就会昏厥。想出这招的人我都怀疑他是不是姓"死"。

熊比人灵敏强壮不说，单就是它的个头，站起来的话姚明在它身边都跟潘长江似的。就咱们这个身高、体重、捕猎水平、搏斗技巧，想让熊鼻子挨咱们一拳是几乎不可能完成的任务。那咱们人类不带着武器遇到熊就只有等死了吗，其实也没那么悲观。遇到熊的时候，你最好站在原地拿一个大杆子来回摇晃，让熊对你的身材产生错觉，误认为你很高大，然后别出声，慢慢地向后退。说好了，这招可是我们导游告我的，如果不好使千万别跑北京来找我后账！再有就是黑熊、棕熊都是用右掌，北极熊是用左掌。如果哪位猛士想与熊一试身手的话，千万记住这一条，在搏斗的瞬间这条信息完全能帮助你确认：自己到底是让熊的左掌拍死的呢？还是被熊的右掌拍死的。

　　晚上回到饭店，想起明天早餐得自行准备，赶紧到饭店后面的沃尔玛买了苹果、面包、香肠、啤酒。回到房间和导游聊天，请他喝啤酒。导游是我印象中典型的香港人，头发有些干枯、眼窝深陷、身材清瘦。我不知道为什么我对香港人会有这种根深蒂固的印象，但这个导游把我对香港人的印象放大100倍地反馈给我。他的头发干枯都谈不上，简直就像粘上去的假发一样，每根都不挨着，杂乱地在头皮上飘着。眼窝不仅是深陷，他要平躺在床上，眼窝放俩带壳儿的整栗子那是一点问题都没有。身材那个瘦啊！如果他晚上把头埋在被子里睡觉，你都看不出床上有人。其实他比我大不了几岁，但看外表我应该叫他叔叔。我是那种典型的"苂"字脸，脑门上都是抬头纹，看着就显老。他是那种典型的"蠿"字脸，哪儿哪儿都是褶子，看着就乱。我的身材在北方属于"卜"字形身材，很瘦的那类人。但导游比我还要瘦下去一半多，找不到汉字来形容了，勉强来一个的话，那他就属于"丿"字形身材，不但瘦而且还是飘在地面上。导游整天咳嗽声不断，并且还是那种蜷起身来的咳嗽。光听我说，你只能感觉到他这些天一直在带病坚持工作，但作为认认真真瞻仰过这么些天他真人的我来说，我敢说他绝对是带命坚持工作。我总有种他的胳膊根不得比我头发都细的错觉，每天晚上临睡前，在黑暗中我都是固定地冲着他的床三鞠躬以后再上自己的床睡觉。

　　随着桌上的空啤酒瓶越来越多，导游的聊兴也越来越高，比我俩前一天的聊天要深入得多，他很痛快地讲起了他昨天还不想回忆的那一段纽约生活。

导游原来在香港是做酒楼服务的,在餐饮业打拼若干年之后,感到一点也看不到希望,没有任何的前途。于是在一次到美国旅游之后决定破釜沉舟,扔下香港的一切,义无反顾地投入到了美国的人生第二次创业之中。他最先来到的是美国的第一大城市纽约,在经历了一番励精图治的拼搏后,导游惊奇地发现自己的境遇是一天不如一天,整日为了温饱而煞费脑筋。痛苦、犹豫、徘徊、后悔、迷惑、踌躇、祈祷、愤怒等,这些单词一遍又一遍地用英文和中文在头脑中反复纠结着、想象着、困惑着、思考着、恶心着。To be, or not to be? That is a question. 坐在纽约的街头,满脑子都是英国的名言,满眼都是没有希望的画面,满嘴都是美国的冰镇啤酒。导游在他的人生低谷期坐在马路边,身边放着一箱啤酒,周边的黑人邻居过来,他主动地请人家喝啤酒。黑人问他叫什么名字,他说:"阿清,清朝的清。"我原来以为20个世纪八九十年代来美国的中国人只有大陆人才会有这样的际遇,合着从香港来的导游也是和大陆人一样在美国苦苦挣扎。我姐是1996年到美国的,那时香港人、台湾人给她的印象就是特别有钱,当然了,只是相对于大陆人而言。不过风水轮流转,在美国打拼十年以后,身边的大陆人逐渐后发制人,生活有了根本性地变化。而那些香港人、台湾人倒是原地打转儿,没有什么进步。目前在美国的香港移民都是做导游啊、开超市啊等一些很基础的工作,搞研究、做大生意的往往都是来自大陆的移民。当然了,那些老华人区的连英文都不过关的大陆人还从事着一些诸如搬家、餐馆、洗衣等基础工作。

黄石公园 ▶▶▶▶▶

10月2日早起有些头疼,可能是适应不了美国啤酒。在北京喝惯了清爽型的淡啤酒,来到美国突然改成味道很浓的啤酒,口感确实很好,但酒量却是下降很多。在北京大瓶的啤酒5瓶还可以,第二天不会觉得难受。在美国喝5小瓶啤酒,第二天就感觉有些头疼了。昨天晚上都买好了早餐,没想到这里的酒店倒给安排了早餐。有热水,中式饼,花生酱,酸奶,居然还挺齐全。

吃完早餐带着行李进入大巴车，大巴车带我们离开了南卡罗来纳州进入蒙大拿州，眼前是一片旷野。蒙大拿州是美国第4大州，和加州差不多大，人口120万。蒙大拿在西班牙语中的意思是山的尽头。该州别名叫做"财富之州"（Treasure State）或"长空之乡"（The Big Sky Country）。该州箴言："金和银"（Gold and Silver）。这里也是个地广人稀的州，最大的城市人口才10万，也是没有遗产税和消费税，就是希望能留住人。我们这次旅游途经的几个州大多都是白人的天下，南达科他88%的白人，蒙大拿89.5%的白人，怀俄明88.9%的白人，科罗拉多82.8%的白人，内华达89.6%的白人，犹他州85.3%的白人，爱达荷88%的白人，基本上都是接近于九成的白人。美国号称是世界民族大熔炉，只要是世界上存在的民族美国都会有。美国的北方相对来讲白人居多，南方黑人居多，西南方的加州墨西哥人居多，华裔在美国的大城市生活的人很多，例如纽约、洛杉矶。

我们的大巴车行驶在90号高速路，由于90号公路位于美国北部，人口稀少，所以在没车没人的90号公路以前都没有限速，这几年才刚刚插上限速牌。透过车窗看到远处美国的火车运载着各种不同的货物，上百节的车厢一眼望不到头。一点没有夸张，我曾经好几次数过运货的车厢数，没有一次能数完。

我们今天的目的地是黄石国家公园（Yellowstone National Park），简称黄石公园，成立于1872年。自从黄石公园创办以来，已有六千多万人来此观光。黄石公园位于美国中西部怀俄明州的西北角，并向西北方向延伸到爱达荷州和蒙大拿州，面积达8956平方公里。这片地区原本是印地安人的圣地，但因美国探险家路易斯与克拉克的发掘，而成为世界上最早的国家公园，也被很多人认为是最大的国家公园。其实美国最大的国家公园是位于阿拉斯加（Alaska）的Wrangell-St. Elias，而即使光看北美大陆的国家公园，黄石的面积也比加州的Death Valley国家公园来得小。而美国的第一个国家公园，以客观事实来说，应该是阿肯色州（Arkansas）的温泉国家公园（Hot Springs National Park）。它是最早被国会通过受国家保护的地区，成立于1832年，远早于黄石的1872年。不过温泉国家公园的成立只是为了保护当时流行的温泉地热资源不被商人独占，它的规模与现代观念的国家公园相去甚远，所以很多人在感情上认为黄石才是第一个国家公园，也是世界国家公园的代表。它被美国人自豪地称为"地球上最独一无二的神奇乐园"，园内交通方便，环山公路长达500多公里，将各景区的主要景点连在一起，徒步路径达1500多公里。

黄石公园给我印象最深的是美国科学家散布的黄石火山爆发的推断。黄石火山是世界上最大的超级活火山之一，按照科学家推算，黄石超级火山附近地壳非常薄，并且火山口东向超过15英里，南北超过50英里，是一个巨大的火山口。如果黄石火山大面积喷发，美国的北部几个州都将被火山熔岩所侵袭，而超过美国三分之二的面积都将覆盖上厚厚的火山灰。与此同时，漂浮的火山灰还将超过2010年冰岛火山1000倍的容量扩散到高空，伴随着气压带和风带的携带，这些火山灰将逐渐侵袭北半球的欧洲和亚洲，届时北半球的绝大多数地方都将难以幸免进入火山灰冬天。想象一下冰岛火山灰的威力就知道黄石火山灰的影响。如果黄石火山大爆发，东亚地区包括中国都会受到严重影响，大部分东亚地区将覆盖很厚的一层火山灰。英国有科学家用计算机做过模拟试验，如果黄石超级火山爆发，三四天后，火山灰就会跨过大西洋来到欧洲。美国的四分之三国土将受到影响。方圆1000公里的地区内，90%的人口无法幸免于难，其中大部分是因为吸入火山灰使肺固化而死亡。2012年的末日已经安然过去了，不知道黄石火山的推断还能有多少人相信呢？

我们进入黄石公园后眼前的景象确实看着有些可怕，到处都是烧焦的大树，横七竖八地铺满了地面。导游告诉我们那是1988年因伐木工人丢弃的烟头引发了黄石公园的特大森林大火，波及面积达79万英亩和36%的公园面积，烧毁面积超过41万英亩。这100天的山林大火，从6月到9月，政府投入大量人力物力进行灭火，但由于公园的面积太大而收效甚微，最后是大雪扑灭了这场大火。公园里到处都是被烧毁的树木，躺了一山，就像已经遭遇过世界劫难一般。不光有大火的灾难，至今黄石公园每天都有地震，其中20世纪60年代曾经造成山崩，压死了几十个露营者。看来这里真是个多灾多难的地方。不过据说森林火给整个生态系统带来的好处很多，其中最重要的一条，是营养物的再循环。如果没有森林火，这里的许多物种有可能会慢慢"饿死"。一场大火过后，把土地裸露在阳光之下，成为催发种子的最好温床。火舌在烧毁野草和灌木的同时，

▲ 黄石国家公园

也吞噬了妨碍植物生长的病虫害以及有碍植物发芽生长的化学物质。浓烟覆盖在临近的地区，也可以杀死森林中的一些病原体，因此间接保护了没有着火的森林。炽热的大火还烤裂了岩石，又为一些喜爱阳光的拓荒树种开辟了道路。火所烧毁的一切，从生态学的观点来看，并非浪费，只是物质和能量转换的一种形式。

　　黄石公园里路的两边每隔一段距离都有很高的荧光杆子，这是因为黄石冬季下雪有将近1米，厚厚的大雪漫山遍野，滑雪车想在公园内行驶都得靠这些荧光杆子做路标防止事故。黄石公园夏天都是学生来打零工，9月后学生回学校，公园里的小木屋，厕所都用木板钉起来。要是夏季旅游高峰时来到这里就可以住在这种小木屋旅店里，不过价格相对较高。在公园里最便宜的要数人工规划的野营点，价格是20美元，旅客得自带帐篷。只可惜我这次没有这个福气了，一是时间的原因，二是报团来旅游的。如果自驾车来这里住上几天，公园里的门票是一辆车25美元，不限人数，可以在7天之内随意进出公园，那才能真正感受黄石公园原始野性的味道。公园除了门票收入，每年国家补贴2000多万美元。

黄石公园丰富的地下水及地表水资源形成了众多的湖泊、河流、小溪。其中的黄石河、黄石湖为黄石公园带来通灵之气。黄石湖，面积352平方公里，是黄石活火山口的中心。黄石河由南至北，穿过黄石湖，贯穿黄石公园。黄石河在海拔2350米处积聚成黄石湖，平均水深24米，最深处达110米，形成高山湖泊。在黄石湖的北端，河水突然倾泻而下，汹涌澎湃的激流从一块訇然中开的峰峦上一泻而出，像一条巨大无比的白龙，浩浩荡荡地穿越黄色、棕红色、白色的岩石群，奔腾不息地滚滚向前，形成黄石瀑布的雄阔绝伦。黄石河冲出若干瀑布，有上瀑布、下瀑布、高塔瀑布、火洞瀑布、彩虹瀑布等，其中最著名的是下瀑布，落差94米，比尼亚加拉瀑布高一倍。其实给我印象最深的并不是黄石瀑布的气势，而是瀑布、群山、森林、天空的色彩，瀑布形成的彩虹，瀑布本身的白色，森林的深绿、墨绿，岩石的灰白、橙黄，天空的蔚蓝、云彩的青灰，夕阳的橙红，被烧毁树木的焦黑。所有这些色彩被瀑布砸起的水雾笼罩，更让这些色彩平添了一幅神秘的纱幔。瀑布砸出的龙吟熊咆似的声响回荡在山谷中，好像是大自然这个音响师特意为这幅美景创作出的交响乐。身处其中不可能感觉不到自然的伟大，人类的渺小。是人定胜天还是融入自然？这种哲学性的问题永远不会有正确答案，但以我40几年的人生经历看到的是人类活动对自然的损害以及自然界回馈给人类的结果。全球变暖、极端气候、自然灾害，人是自然进化来的产物，自然可不是人类进化而来的产物，哪个为本哪个是末，我想科技发达的日本在海啸面前的无助已经给人类一个答案了。人类再也不要干那种你出六毛我出六毛，然后咱俩一块二的事了。

公园里拥有大量的野生动物。其中，大型动物中以野牛（bison）和麋鹿（elk）最为常见。我们的大巴车在公园里总是时走时停，我当时还在奇怪，难道公园里还能发生交通堵塞？其实都是顾及这些野生动物的原因，他们在这种野生环境下自由生长，它们才是这里的主人。这些动物整天胜似闲庭信步地在公园里游荡，管你哪里是景区哪里是公路，他们才不会因为游客的行程而改变自己的生活状况。每当看到有野生动物走到公路上来，来往的车辆都自觉地停下车原地等待，"客随主便"在公园里是千古不变的真理。不过话说回来，这要一头野牛横在车的前方，我想没人敢去按喇叭轰走它，那个块头，那个脾气，顶翻

Memories of

一辆汽车绝不在话下。而且事实也正是如此，每年都有野牛撞伤游客的记录。一路上，不时地看到有黑熊、棕熊、牛驼、鹿群在路旁密林丛中或荒原上觅食。上个世纪由于黄石自然保护区的环境太适于这些动物生存，大部分动物都患上了高血脂病，公园投入很大的精力想去改变这种状况，不但收效甚微，而且简直是一点儿效果没有。最后动物学家给出建议，让公园引进野生狼群。没想到这一招从根儿上改变了这种状况，而且还是一劳永逸。狼一来了我看你们谁还敢好吃懒做？谁还敢好逸恶劳？想活命你就得增强体质，就得加强逃生本领。什么是和谐？这就是最高级的和谐！和谐不是让每个人都整日泡在享乐之中，和谐是达到整体的相对平衡，这种平衡只有在不断地付出中才会有相应的收获。

今天的游览时间就是半天，天色将晚时我们坐上大巴车开始回驻地。一路上看到许多养马的，主要是为了玩，因为在美国只有德国人吃马肉。马在美国很便宜，也就是几百块人民币一匹。20世纪初的时候，美国养马还是一个很赚钱的事业，但随着2008年经济危机的到来，养马业受到严重的冲击，主人不要的马只有一个去处——屠马场。屠马场每年要屠宰大约6.5万匹马，主要用于欧洲和日本的肉食消费。然而，迫于动物保护组织的压力，美国最后三家这样的屠马场也都关闭。现在，一些主人不要的美国马被送到墨西哥和加拿大的屠马场，另一些则流浪挨饿，或被收容站接收。

我们当晚的住宿地位于西黄石小镇，这真是一个小镇，一个小得不能再小的镇子了，常住人口仅有600人。镇上的街道笔直，横着三条、竖着三条，转上半个小时就全逛遍了。这好像是一个不食人间烟火的小镇，没有平民百姓的房子，全都是旅馆、餐馆、酒吧、加油站。镇上的旅馆有七八家，被一个摩门教徒全部买下，所有房间立马涨价，连我们住的Motel 8这样的汽车旅馆一晚都是100多美元。我后来驾车横穿纵贯了美国大陆本土，住的酒店大多都是这个档次，最贵的也就60多美元，最便宜的30美元出头，像这样100多美元价格的汽车旅馆，除了在黄石公园其他的地方真没见过。而且黄石公园位于美国中西部地区，属于消费档次很低的地域，没想到却比消费档次最高的东部地域波士顿的相同档次酒店还要高出50%。

把行李放到酒店的房间，赶紧拿着相机出来。这里的晚霞确实十分的诱人，

第二章 狂野美国西部游

众多的浮云都簇拥到即将沉入地平线的落日周围,仿佛要用夕阳的霞光把自己吸饱。金色的霞光犹如一只神奇的巨手,徐徐拉开了柔软的帷幕,整个大地豁然开朗了。天空、落日、云彩、山峦特意聚在一起给我们这些远来的游客组成一幅此生记忆最深的画面,而且它们各自的色彩搭配起来是那么的和谐,让我们不仅能看到傍晚光线的柔和,更让我们看到了几种色彩交接处的锐利。夕阳只能趁着一点点空隙,迸射一条条绛色霞彩,宛如沉沉大海中的游鱼,偶然翻滚着金色的鳞光。黄昏收起缠满忧伤的长线,睁着黑色的瞳仁注视着大地,黄石公园傍晚的气温也很配合这幅壮丽的景色,不知不觉中让游人已感到深深的凉意,真让我切实体会了黄石傍晚和白天的气温的落差。天空、落日、云彩、山峦、空气、色彩、温度、光线包裹着傻傻站立在西黄石小镇上的我,在这一刻我发出深深的感叹:原来美不是单纯修饰出来的,是大自然毫不吝啬地把一切都展现给你,让它们自己相互衬托、搭配、呼应、组合出来。

落日下山以后,小镇恢复了它本来的面貌,那种经典的美国西部枪战片的场景。这个小镇最出名的是黄石公园的野牛肉,好像每家餐厅都打着野牛肉的

▼ 黄石小镇的晚霞

旗号，但奇怪的是他们管野牛肉叫水牛肉（buffalo）。我开始还以为是我的英语水平问题，当看到餐厅张贴的大广告上的照片，才百分百地确定这里的水牛就是黄石公园里我亲眼见到的野牛。小镇上有两家中餐厅，红莲与华城。导游告诉我们红莲餐厅主要的顾客群是美国人，菜品的口味也针对美国人做了相应的调整，价格也随之水涨船高，不适合我们这样的中国游客。我只能向着华城餐厅走去，餐厅门口聚满了中国游客，生意好得一塌糊涂。在门口等位的时候，团里的团友也纷纷聚到这里，我们一看这种情况马上很明智地达成约定，大家一起拼一张桌子。十分钟以后我们进入餐厅，落座以后大家开始点自己的菜，奇怪的是除了我一个人，他们没一个人点野牛肉，好像这里的特色并不能吸引他们。我平时晚饭都是不吃的，今天就因为这个野牛肉才破例吃这顿晚饭，绝对不能错过这道菜，不然还不如像往常一样接着在大街上瞎溜。我只点了一盘野牛肉和两碗米饭，准备细嚼慢咽地品味它与众不同的味道，不嚼出个野人味儿来绝不罢休。

在美国旅游点的中国商家完整地继承了在中国旅游点商家宰客的传统，我这一道菜加上两碗米饭居然收了我35美元。我这次来美国旅游总共跑了差不多两万公里，我一个人除了吃海鲜真没遇到过这么贵的一顿饭。旁边的团友两个人不过也就20美元左右，看到我的账单，大家都投来同情的目光。我这人从没当过明星，遇到这么多目光同时聚在我的身上，我是说句"I love you"呢？还是给他们几个飞吻？正在我百思不得其解的时候，身体替我做出了答案，当着满餐厅粉丝的面，我着着实实地打了个闷响的野牛嗝，要不是椅子有靠背我绝对翻到地上了。

挨完宰就别傻坐在原地了，我被野牛嗝直接把我推出餐厅大门。夜色下的西黄石小镇很有西部风味，街道冷清、干干净净、空空旷旷，街边店铺里的人和街上的行人都是一身正经的牛仔装束。最有特色和用途最多的是牛仔的印花大方巾。印花大方巾是在单一的底色上印着一些色彩鲜艳的小图案，最常见的底色是红色，也有蓝色和黑色。大方巾的材料分棉布和丝绸两种，丝绸的更为牛仔所喜爱。对牛仔来说，印花大方巾的用途实在太广泛了。他们清晨去水塘边洗脸可用来擦脸；套马时可用来当马的蒙眼布；为小牛烙标记时可用来拴小牛的双腿；入夏可以遮挡阳光；冬季可以防止冻伤；骑马奔跑时，可以用来遮住口鼻，遮挡尘土；饮水时，可以把大方巾盖在水面上，隔而饮之，起过滤作用。牛仔们还把大方巾用作接杯盘的毛巾、互相联络的信号以及受伤时的绷带。他们习惯于每到一个水塘总要把大方巾洗干净，然后拿在手中或顶在头上，骑马走着，让风吹干。遇到天气炎热，他们还把湿方巾围在帽子下解暑。早期德克萨斯州南部布腊索斯河边的爱尔兰人认为，大方巾还能帮助人们找到淹死的牛仔。他们把方巾丢入牛仔淹死的河里，认为方巾沉下去的地方就是尸体所在的地方。许多牛仔死后，脸上都盖着一块干净的大方巾，长眠在西部的旷野中，难怪有人把牛仔的印花大方巾称为西部牧区的旗帜。

当然了，现在这里的人都不能算是真正的牛仔。不过他们把前辈的着装确实沿袭下来了，基本上每个男人都带着牛仔帽，有呢制的、皮制的、牛仔布的、也有卷边的，样式很多。方巾也都是系在脖子上，只是强调它的装饰作用，实用性已经大打折扣。衣服也是传统的牛仔衣、皮衣和棉布的上衣，里面都是很有西部特色的花格衬衫。在美国其他地方我见到的最为普及的鞋是旅游鞋，可在这个小镇上基本都穿牛仔靴，很有骑士风范。其实这些着装倒在其次，给我印象最深的是这里男人的胡子，太有上个世纪初美国西部枪战片的画面感了。这里的人很少有络腮胡须，都是那种很古老的八字胡，而且很厚很长，能把整个上嘴唇盖住。在这种环境下走着走着好像就入戏了，我仿佛进入了西部枪战片的拍摄现场，身边的每一个人都是演员，我看他们随时都可能从腰间拔出左轮手枪，随便冲着一个人就开上几枪。

别说，正想到这里的时候我还真路过一家枪店，里面还能打靶射击。我进去看了看，各种枪械琳琅满目，价格也都和我前天去的那家枪店差不多。但这里你不但可以买枪，还可以租枪。店面的后面就是靶场，在柜台租完枪到后面就可以大开杀戒。我看了一下价格，25.75 美元打 20 发，租枪另算。当然了，你要租重型枪械肯定就不是这个价了。

回到酒店，导游正在屋里上网，看到我回来了精神为之一振。前两天晚上可能觉着和我聊美了，从嘴唇到牙齿，从舌头到嗓子，反正你要一直往下捋，到前列腺、直肠都是舒服的。我告诉导游："你白天已经说了不少了，晚上再这

Memories of

么说下去，明天你肯定嗓子发炎，能早睡就早睡吧。"没想到导游很执著，非要延续前两天的话题继续聊下去，决定再一次大摆龙门阵。主题是"义气"，香港人最为崇拜的气节。香港从黑社会影片到吴宇森的好莱坞大片，都明显带有这个元素。可香港人现在干出来的事，可真值得思考。英国人给你委派官员管着你，派来的军队得你养着，你就是个奴才的角色。现在让你当家做主，军队也是不用你花一分钱，而且大陆给你那么多的优惠政策，结果怎么样？令人寒心啊！

▲ 黄石公园可以租枪射击的枪店

导游跟我讲起了他90年代初一个朋友找他到自己的餐厅帮忙，当时导游的工资每月在4000多港币，可这个朋友说头一年每月只能给他开800多港币，大家都得做好吃一年苦的准备，目的是为了开创一个无限美好的未来。导游二话不说就把原来月薪4000多港币的工作给辞了，毅然决然地挑起了月薪800多港币的重任。导游在回忆这段20多年前的经历时，满眼的庄严，一脸的肃穆，浑身的僵硬，就等着我向他投去钦佩的目光。屋里的空气都凝固住了，我还是呆呆地望着他那木乃伊一般的体态，没有半句的赞美。气氛有些尴尬，我就追问了一句:"一年以后怎么样了?""我就来美国了啊!""那家餐厅呢?""关门了啊。""你为之舍生取义的那个朋友呢?""不知道啊,一直到现在都没联系。"我靠!这是个故事吗?讲一晚上就这么个结局?故事的六要素虽然是一个不少,但我怎么听晕了呢?这导游有点希区柯克的风范,故事的结局绝对超出全人类的想象。幸亏他在叙述中还没有加入蒙太奇式的手法,要不然我非得吐他一身不可。我由衷地发出内心的感慨:"导游,你今晚上耍得我比你那个朋友20年前耍你耍得还要狠!"导游也顾不得我说什么了,越讲越投入、越讲越兴奋,手舞足蹈地盘在床上口若悬河地说着,简直都控制不住自己情绪上的变化、心理上的变化、身体上的变化。由于过度地投入,今儿晚上导游好像变成了瑜伽大师,身子拧成花儿了地在床上来回挪着,粤语、普通话和不计其数的口水脱口而出,这一晚上我就没停过,一直在做眼保健操的第五节——干洗脸!彻底把他的口水在我脸上抹匀了!

10月3日早上,天还没亮,叫早的电话就把我们从梦中吵醒。今天还要在黄石公园游览,也不知道黄石公园这一大早上的给我们安排了什么欢迎仪式,非得天不亮就起床。睡眼惺忪地开始刷牙洗脸、整理衣物,导游也是摇摇晃晃地跟我做着同样的事情。现在我俩看对方直恶心,昨晚跟谁啊?非得聊到那么晚才睡?除了现在亲身感到的痛苦,昨晚聊的内容半个字都没记住。美国旅馆的房间内不像国内有许多张贴的提示,我积极建议美国的旅馆以后都得贴警告提示:防火、防盗、防导游!

外面的天还很黑,我和导游提着行李走出房间,随着"咣"的一声房门关闭,我突然想起我的相机还在床头柜上呢。我赶紧让导游把房门打开,导游惊诧地看着我说:"钥匙锁在房间里了。""为什么锁在屋里呢?""咱们今天出发得太早,前台还没人上班呢,所以钥匙都锁在房间里。"得!这下我接连得到两个最终答案,第一个是钥匙锁屋里了,我们没钥匙打开这门;第二个是即使找到前台也没用,前台没人上班。导游赶紧把团里其他的房间钥匙都收了过来,让我拿着这些钥匙去开我们房间的锁,这简直就是活马当死马医嘛,万一撞大运能撞上的概率可太小了。我拿着20多把别的房间的钥匙跑回二楼我的房门前,一把一把地挨个试了一遍。当时还想呢,这要是万一哪把钥匙能打开我的房门,

Memories of

明天回到拉斯维加斯我非得大赌特赌，不赢个千八百万的美元绝不罢休。看来我这人天生没赌命，20多把钥匙没有一把能开我的房间。下楼跑回停车场，黄石今天早上的气温是零下5℃，一早上给我折腾出一身大汗。导游看着跑过来的我，就像顶着个刚出锅的又暄又烫的大馒头，在零下5℃的停车场上，我的脑袋呼呼地直冒热气。导游了解情况后，明知道前台没人还是去了一趟，结果可想而知，果然没人上班。我就奇怪了，旅店怎么会没人上班呢？今天早上我要是在出房间的时候把你的电视机偷走了怎么办？等你来上班的时候，我早就开着车到别的州了。没办法，这就是美国。办法都想过了，既然没用只能上旅行车。导游说他会给旅店打电话联系，让他们把相机及时寄回洛杉矶。导游说到做到，整整打了一天的电话才把这件事搞定了。

由于黄石早上的气温和洛杉矶相差能有30℃，所以临出门的时候把所有厚衣服都穿了出来。团里一位台湾来的团友就穿一件T恤，让我们每一个人都大惊失色，这位团友也确实享受这种万众瞩目的感觉。这不由得让我想起自己年轻的时候，我从26岁到37岁这十几年，也是和他一样。每天都坚持洗冷水澡，

▼ 黄石公园熔岩

▲ 黄石公园

不分冬夏坚持了十几年。在北京每年穿T恤的时间是3月底到11月初，就是要挑战自己的极限。我还清晰地记得2008年4月12日是我最后一次洗冷水浴，从那天起开始了我正常的生活。十几年挑战自然的经历让我体内聚集了寒气，身体开始慢慢地产生了不良的感觉，现在可不干那种自毁长城的事情了。

　　今天旅行团这么早出来的目的就是看黄石公园的温泉，在这种温度下温泉的景象，自然比白天气温升高以后要有震撼力。黄石公园中有温泉1万多个，有相当多的温泉水温超过沸水温度。这些泉水汇集在地表低洼处积水成池成潭。由于不同的泉水所含矿物质不同和藻类的多少，使这些池潭水在阳光照耀下各呈异色，十分迷人。温泉中以巨象温泉最为壮观，这里远望去如座座冰雕，近观则像圆形玉石台阶。泉水从岩层渗出，沿着五级台阶逐级流淌，堆金积玉，晶莹剔透。台阶上有红、棕、蓝、绿的彩条，台阶四角被泉水冲洗成莲花瓣状，这些温泉让黄石公园显得珠光宝气。在黄石河与峡谷村之间的山谷里，还能看见泥火山，人们称之为泥泉或泥潭。泥火山喷出来的是泥浆，且潭内泥浆也五颜六色，实为一大奇景。黄石公园的喷泉种类大致分为间歇泉（geyser）、温泉（hotspring），温泉一般会不断沸腾，水也会不断外溢。此外，还有一种就是泥喷泉（mudpot），水量低，热水跟地上的火山灰混在一起，并被地底的热源加热，然后从表面不断冒出。泥喷泉的重要特点就是灰头土脸的，没有前面那些温泉迷人的色彩，但有其自己独特的朴素魅力。温泉自然会冒着很多的热气，而且颜色也是千差万别。温泉之所以会呈现这五彩缤纷的颜色，是因为这些地下涌上来的水温度都很高，而且含有丰富的硫化氢，每一处温泉都会闻到一股浓浓的硫黄味，富含硫的地热水吸引了几种能在这里生活的细菌，这些细菌各有不同的鲜艳色彩，将热气地带的温泉染成各种绚丽的颜色。黄石的地热泉PH值一般呈碱性或中性，地热泉的颜色取决于生活在它里面的生物特征，当池水呈现清澈或蓝色的时候，这时的水温是相当高的，甚至超过了沸点（黄石海拔2000多米，沸点一般在93℃）。当水温低于73℃的时候，这种水温开始有微生物大量存在，在62℃—73℃这个范围大量存在是蓝藻细菌，使得池水呈现黄色。当水温低于62℃，大量藻类、真菌开始繁衍生息，使得池水呈现绿色。当水温低于56℃时，大量微小的原生动物把水染成了棕色，当水温低于50℃以后，大量的苔藓、小甲壳虫类的生物使得池水的边缘呈现出深褐色。

由于今早相机被落在旅店的床头柜上，这么美的景象我却没办法把它们珍藏下来。不过我和团友们的关系都相当不错，团友们也都积极帮我照相。我拿着相机的时候都是在照景，基本上自己都不在旅游点留影，这下团友给我照相可就不一样了，一个个拿着相机都是在照我，让我浑身不自在。但我也不能辜负人家的好心，很自觉地站在景点前面留影。等我回国以后整理照片时才发现，在美国整个71天的旅行中，数我在黄石留影最多。

今天最重要的景点是老忠实喷泉，老忠实喷泉是美国黄石公园中最负盛名的景观。其实黄石公园里大大小小有很多间歇泉，小的一天24小时中10个小时都在喷，大的可能2—3年才喷一次，无规律可寻。黄石最著名的间歇泉是老忠实喷泉，它不像其他喷泉那样爆发没有规律，是世界上唯一可以被准确预测的间歇泉，非常著名。它有规律地喷发至少已有200年了，始终给人以深刻的印象。隔33—93分钟喷发一次，每次喷发约4分钟，从不间断。喷得最高最美之时是前20秒，每次共喷出热水约1万加仑，高度达40米—50米，水温93℃。经冬历夏，老忠实喷泉都这样按照一定的规律不停地喷着，遂得"老忠实"

这样的美名。但有人说随着黄石地区的地质结构的不断变化,老忠实泉的喷发间隔不再那么守时,喷发高度也大不如以前了。

我们到达老忠实喷泉的时候离它喷发的时间还早,而且那天黄石的气温确实低了一些,大家都到一个大型的售卖纪念品的商场里闲逛。导游不断跟大家说不用着急,踏踏实实地在商场里,等时间快到了时候自然会通知我们。但大家好像商量好了一样,没人能塌下心来在这里闲逛,都早早地走出商场跑到喷泉旁边占据一个好的观赏位置。公园在老忠实喷泉处建了一个半圆形的看台将喷泉围住,好让游客能安下心坐等喷泉的喷发。当天在这里等待的游客有500人左右,大多都是来自中国大陆的游客。放眼望去我都怀疑是不是来到了湖北省的黄石,这还哪儿像在美国黄石啊?我估计湖北黄石的白人游客都比这里的白人游客多。我正胡思乱想着,一鼓巨大的水流喷薄而出的声音惊醒了我,老忠实喷泉喷了!现场游客发出的尖叫声立马盖住了喷泉的声音,不仅因为它的壮丽,还因为它喷出的泉水。由于老忠实喷泉的高度有50多米,在今天的寒风下形成大面积的水雾,一下就把几百名游客罩在其中。说是温泉,但水雾打在身上已经是冷水了,而且水雾是持续不断地打在游客身上,一会儿所有游客的头发全被浸湿了。再加上被寒风一吹,所有的游客都是浑身打颤,就像刚被从海里打到甲板上的鱼,蹦做了一团。冰冷的水和游客快乐的心情,加上喷泉喷出彩虹,使围绕老忠实喷泉的看台就像狂欢节一样热闹,以至于我姐给我打来电话我都没有听到。

1904年,美国年轻建筑师Robert Reamer在老忠泉旁设计建造了著名的老忠泉旅馆(Old Faithful Inn),这座完全由黄石的原木和岩石构建而成的建筑是现今世界上最大的原木结构旅馆。我们刚才进的那个购物中心就在这家旅馆里。在美国建筑家协会进行的调查中,老忠泉旅馆与帝国大厦、国会山、华盛顿纪念碑等建筑一起成为美国人最喜欢的建筑。

与众多历史建筑一样,走过了百年辉煌的老忠泉旅馆也经历了许多劫难,甚至是灭顶之灾。1988年,一根丢弃的烟头点燃了黄石公园外干旱少雨的树林,这场突如其来的大火烧光了黄石国家公园五分之二的森林,肆无忌惮的大火蔓延到了老忠泉,浓烟包裹了整个老忠泉地区,木质结构的老忠泉旅馆此时可谓是四面楚歌。火花飞溅，点燃了老忠泉旅馆的屋顶，眼看着熊熊的火苗即将吞噬这个伟大的建筑杰作，二百名消防员冒死往整个建筑喷水，最终从大火贪婪的嘴里抢回了希望。

由于气候寒冷，老忠泉旅馆每年只从5月开放至10月，旅馆别具一格的设计风格，加上位于世界最著名的自然名胜之一，老忠泉旅馆的客房相当难预定，但旅馆的价格还算公道，绝不漫天要价。这也算是顺应了当年建造旅馆时的初衷：让人类近距离欣赏大自然的美。老忠泉旅馆遵循把人类活动对野生动物的影响降低到最低的理念，这里没有灯火辉煌的大灯，没有遨游信息时代的网络，没有我们日常生活里的电视，仅有微弱的手机信号。旅馆的房间以美国西部风情为主题，没有豪华的装饰。

看完老忠实喷泉后我们就要离开黄石公园，这个世界知名的旅游胜地给我留下印象最深的是它的"色"，大自然赋予它的"色"。天空随着时间和天气的变化会在我们面前呈现出不同的色谱，草地按照不同的地域也都有属于自己的颜色，温泉根据自身的温度孕育出不同的微生物种群，而变换出五彩缤纷的画面，大山也由着山上岩石的年代和构成而展现给我们不同的色彩。仅仅两天的游览，就让我有种身离黄石多近，心离自然就有多近的感觉。

我们的大巴车驶出了黄石公园，向着下一个目的地——杰克逊湖驶去。这个湖位于怀俄明州，展现在游客面前的就是青山、天空、雾气和碧蓝的湖水。远远地望去，视野中的景象仿佛凝固住一般，空旷、安静的环境就像一张明信片一样展现在你的眼前。山顶被云雾笼罩着，只能看到大山的下半部分和平静的湖水相接，景象的清晰度甚至让我怀疑我们所处的这个空间还有没有空气的存在。这种高透明度的环境让眼前的景色瞬间直射到心里，在头脑中刻下牢固的印象，当时我没有相机，但我想这里的美景即使几十年以后也不会忘记。

中午我们在杰克逊湖岸边的一家酒店里吃的午饭，我在餐厅里要了一个野牛肉（Mountain Buffalo）汉堡，拿着汉堡走到酒店外的平台上，坐在花岗岩围栏边上的小桌旁，一边欣赏着杰克逊湖的美丽景色，一边大嚼着野牛汉堡。安静、祥和、空旷，这就是我当时的感觉。什么时候中国的旅游点能像这样该有多好啊！听不到喧闹嘈杂的吆喝声，看不到摩肩接踵的拥挤人潮，遇不到恨人不死的黑心商家，13亿多人的国家想要达到3亿多人的国家的水平看来真不是一朝一夕就能解决的。

上午我姐打来的电话没接到，下午回拨过去。由于我前些天让自家的狗把手给咬了，我姐让我回洛杉矶以后赶紧去打狂犬疫苗，打一次管10年还不要钱，一听这个我立马问我姐能不能多打几针？我这人就是这样：只要白来的，砒霜都是酸甜儿的。

怀俄明杰克逊小镇 ▶▶▶▶▶

下午我们要去的景点是杰克逊小镇，一个具有典型美国西部乡镇风情的著名小镇。早年的美国总统杰克逊花了1500美元，从法国人手中买下了怀俄明州。1890年，成了美国的第44个州，拣了个大便宜。这座山间小镇取名"杰克逊"，大概就是为了纪念这位已故总统的功德吧！杰弗逊总统从拿破仑手里以每英亩4分钱的价格购买，现在的价格可是100万美元，这里已经是怀俄明州里最"物欲横流"的一个小镇。作为进入黄石公园和大提顿国家公园的主要门户，这里被称之为"怀俄明州一颗璀璨的明珠"。身为明珠就要干明珠的事情，例如说吸引很多明星、名人在这里置业安家，那个著名的好莱坞巨星哈里森·福特就住在这里。美国前副总统切尼也住在这里，使得小镇就更出名了。把当地的房价拉到天上去那么高，据说这里的一座木头小别墅最高要卖1600万美元。当然如果你见过它们在春天的鲜花、夏天的大树、秋天的彩叶、冬天的积雪之下的美态，也许只能轻叹一口气说："唉，认了……"

小镇虽然不大，人口也不多，可机场却不小哦。为了能使空军2号能降落，小镇的机场经过扩建，所以，现在交通非常方便。让这个小镇出名的还有美联储（Fed）一年一度的杰克逊·霍尔年，各国央行行长、经济学家汇聚一堂，探讨加税减税、经济复苏等问题。杰克逊小镇的另一特色是滑雪，克林顿在位期间每年都会到这里滑雪。

镇上的商店和民居风格各异，都很有特色，符合美国人张扬的个性，置身

▲ 深秋的爱达荷州小镇

其中，感觉到整个小镇都充满了美国乡村风情和人文气息。整个小镇的房子全都是木制建筑，牛仔风格显而易见，小镇最吸引眼球的是十字街中央的"鹿角公园"——它得名于公园四角的四座拱门，你绝对想不到，它们不是用木头、石头或砖砌成的，而是用一只只大角鹿的鹿角所搭建而成的。杰克逊小镇哪来那么多鹿角呢？因为小镇以前正好在麋鹿迁徙的路线上，大批的麋鹿，羚羊秋天要从北方迁徙到南方过冬，春天返回。自从修了高速公路以后，高速公路把鹿群迁徙的路阻断了。美国政府为了保护野生动物，就在杰克逊小镇附近建立了一个麋鹿保护区，让麋鹿不用再越过高速公路就能在此过冬。所以，每年冬天，会有约7500头麋鹿从山里躲入这个山坳之间的平原。春天一到，它们的鹿角就会脱落，然后长出一副新的来。1961年，小镇上的年轻人组成童子军搜集鹿角，并把卖鹿角的钱用于小镇建设。现在这四个鹿角门就是纪念当年童子军之举，也是为什么可以阔绰地用这么多鹿角建个大门的原因。不过，随便拿走鹿角还是要面对高达750美金的罚款。如能偷得浮生半日闲，静坐在杰克逊镇中心的鹿角公园，观看周边牛仔街道上的人来人往，感受浓厚的美国乡村风情，定会流连忘返。

第二章　狂野美国西部游

来美国这段时间，由于开车我一直都是戴着墨镜，这次报团旅游不用开车，我想就不用戴墨镜了。但美国西部地广人稀，空气极为清新，阳光的穿透力也十分强劲。戴墨镜习惯了，这下突然让我不戴了，满大街地遛还真不适应。街道两旁的木屋店铺卖的都是有着强烈牛仔风范的纪念品，走进屋里皮裤、皮鞭挂了一墙，看着像情趣用品店。当然了，还有鹿角、牛仔帽、马鞍、甚至是野生动物标本，充满了美国西域风情。出了商店抬头看见了排列成人字形的大雁，这是我只有在小的时候才能在北京看到的画面，现在北京的天空能排成人字形的也只有屁联儿风筝了。

离开杰克逊小镇，我们踏上了驶往爱达荷州的公路。爱达荷州面积21.64万平方公里，相当于美国东部新英格兰地区6个州总面积的一倍。爱达荷州的名称来自印第安人一个部落的名字，也有人说，它的意义是"山地之宝"。它是农业州，土豆很出名，产量居全美第一，所以也有"土豆州"的别称，该州的车牌标志就是FAMOUS POTATOES。这里民风淳朴，被评为最适合养小孩的州。爱达荷州也是美国的新硅谷，这里的房价在2012年的提升速度居全美第一。不过作为一个生活在2000多万人口城市的我来说，实在是不习惯在这种人迹稀少的地方生活。爱达荷州2012年5月公布了一条新道路法规，允许民众将被车辆撞死或辗毙的野生动物捡回、持有、贩卖或食用。我想其中的原因是爱达荷州的人口数量，由于这个州人烟稀少，政府不会、也没能力雇佣那么多的道路维护人员。路上被撞死的野生动物如果一直闲置在路边肯定会发霉变臭，想要及时清理这些尸体的最好方法那就是发动群众，但万一吃这些动物生病，州政府可是一概不负责任的。

说到公路，爱达荷州有一条出名的州立公路。在离因支姆·麦克蒙14.5公里的路段上，经常出现恐怖的翻车事件，司机们都称它是"爱达荷魔鬼三角地"。正常行驶的车辆一走进这个地带，不知道什么时候就会突然被一股人们看不见的神秘力量扔到天上去，然后又被这股神秘的力量重重地摔到地面上，造成车毁人亡的惨痛事件。据统计，在"爱达荷魔鬼三角地"这个地方，已经有十几个人断送了性命。事实上，这段公路跟其他路段的公路没有什么区别，全都是又平坦又宽阔的康庄大道。那么，为什么造成很多车毁人亡的事故呢？为什么车辆到了这里就会被一股神秘的力量扔出去呢？有人说这股神秘的力量就是吸引力。"爱达荷魔鬼三角地"的吸引力很大，有人亲眼看到一只鸟飞过"爱达荷魔鬼三角地"，却被吸了下来。那什么力量能把重达上吨的汽车抛向天空呢？难道也是吸引力？听着瘆人吧。

爱达荷州还有一点特别奇怪，它是个内陆州，就像中国的山西省。虽不临海，但却有一个海港。这个海港位于刘易斯顿城（Lewiston），该港口可利用哥伦比亚河（Columbia River）直通波特兰港及太平洋。真想不明白这个人口稀少的地方会兴建一个海港，算不算是资源配置严重不合理？现实给了我否定的答案，爱达荷州目前经济发展蒸蒸日上，被称为"新硅谷"，房价的上升速度在美国也是排名第一，就连我们导游都在这里投资房产，据他说回报率高得都出乎他的意料。

因为我们的行程里只是路过爱达荷州，并没有真正进入腹地，所以感觉不到真实的爱达荷。我们的大巴车在爱达荷休息了一站，我下车去了一趟大型超市，物价比洛杉矶便宜很多，买了"百利"的三个国家口味的咖啡，才3美元一瓶，奶昔味的苏打水1.39美元6听。这个价格甭管是在洛杉矶还是在国内可是想都不敢想的。

一下午我都是在行进中的大巴车上度过的，一望无际的美国西部丘陵，着实考验每个游客的耐心。导游在车上给我们放美国经典音乐的MV，以打发漫长无聊的旅途，我写的上一本美国游记的样书也被团友们抢去争相阅读，自己只能看着电视发呆。别说，一个厦门大学英语老师对我的书产生浓厚的兴趣，非要买我这本书。我说这本样书已经被我改得面目全非，实在没法给你。她倒是很执著，塞给我10美元，让我改好了以后回国寄给她一本新书就行。这是我这辈子第一次卖出自己的书，回国以后给她寄去一本，加上运费总共亏了10元人民币，以亏本的结局完成了我第一次卖书的经历。

重返犹他州 ▶▶▶▶▶

10月4日早上，我们的旅游团开往摩门教的"根据地"——犹他州的州府盐湖城。犹他州的名字源于印第安人某一部落的名称，意思是"山地人"（Hill Dwellers），犹他州最早的称号是"蜜蜂窝的州"（Beehive State），原因是这里有许多冰蚀地形，看起来像蜜蜂窝，如今都成了国家公园保护区。说到犹他州，想起一件趣事，2013年3月犹他州赫尔珀市前任市长因酒驾入狱，迫切需要选出一位新市长，但市政厅在新任市长人选方面发生了分歧，而两名候选人又在选举中打成平手，无奈之下，市政厅内部只得达成妥协，采用抓阄的方式来选出新市长。两名候选人各自在纸上写好名字，扔进了一个柳条筐中，由该市律师吉恩抓出了新市长的名字。听起来不可思议，但在美国就能实实在在地发生。比这更离奇的是阿拉斯加州塔尔基特纳市，在1997年的市长选举中选民们对几个候选人很不满意，于是开玩笑自发推选刚出生的一只名叫"斯塔布斯"的猫为候选人，最终它竟真的当选为市长。令人没想到的是，由于有一个"猫市长"，塔尔基特纳市的旅游业开始蓬勃发展。当地人表示很高兴这位"猫市长"能促进旅游业发展。多民主！畜生领导着美国公民！开玩笑也不能这么开吧？犹他州还有一项创举曾经轰动全美，就是政府部门一周四天工作制。据说是前任驻华大使洪博培2008年担任犹他州州长时实行的。

在通往盐湖城的高速路上又很不幸地看到两起车祸，其中第二起小车撞瘪了，就像在出丹佛市的那个早晨发生的车祸一样，十分惨烈。高速路双向的所有车辆都停驶，等待着执法人员清理现场。我4天之内看到了3场车祸，幸亏当时还没有自驾车横穿纵贯美国大陆的想法，不然的话肯定让这几起惨烈的车祸毁掉我的计划。

我们进入盐湖城的时候时间很早，大街上冷冷清清。导游告诉我们这个市有18万的人口，当时真吓了我一跳。这么些天了，总是在人烟稀少的州旅游，碰到的人口最多的城市也就是10万。今天突然听到我们来的这个城市居然有18万人，当时的感觉就是这个城市比北京都得大不少呢！犹他州有280万人口，其中80%住在盐湖城大区里。这里的摩门教徒占人口总数的70%，是全美单一宗教所占比率最高的一州。

摩门教的第一任教主是约瑟·史蒂夫，被暴徒杀死的时候才30多岁。被杀后杨百翰带着教徒逃跑，选择犹他州，在西部建了300多个市。盐湖城是1847年由杨百翰率领的摩门教信徒（耶稣基督后期圣徒教会）在此拓荒所建成的一座城市。此后，该教会的总会一直位于盐湖城。摩门教徒只占美国总人口的1.7%，但他们之中出了很多名人。在美国发现黄金的人就是摩门教徒，总统巨石的雕刻家也是摩门教，曾经的美国总统大选的竞选人罗姆尼以及他的表亲——前驻华大使洪博培，全球畅销书《暮光之城》的作者——史蒂芬妮·梅尔，NBA球星基里连科都是摩门教徒。

摩门教恐怕是世界上最富有的宗教之一，摩门教徒有一种叫"十一奉献"的制度。就是每个教徒要定期地把工资收入的十分之一，也就是10%捐赠给教会，由教会进行统筹管理，用于教会的维持和发展。对此，教会的解释是：上帝给了你100%，你只需返还上帝10%。当然，你自己啥时候有想行善捐钱的冲动了，教会也是相当欢迎，上不封顶。每个月的第一个周日，是摩门教的斋戒日，不吃早饭和午饭，省下来的钱要捐给教会，用于扶贫。摩门教清规戒律很多，除了要遵守"摩西十戒"之外，还要遵守教会的"智慧箴言"：不抽烟、不喝酒、不吸毒、不喝有刺激作用的饮料（如咖啡和茶）、不看色情片。另外，还不可以有婚前性行为，提倡"早婚多育"，婚后要忠于家庭，家庭幸福高于一切，不提倡离婚。我们的身体是承载我们灵魂的载体，是上帝和父母的恩赐，所以要好好保护，要健健康康的，不要让不良习惯和嗜好伤害它，要不然对不起上帝，对不起父母。这与中国传统文化的"身体发肤，受之父母"有异曲同工之妙。至于性行为，教会认为性行为是可以创造生命的行为，是很神圣的，所以，人命关天，当然不能乱搞。至于家庭，教会也认为"家和万事兴"，家是人类最基本的组织，"一家之不治，何以治天下"。父母、夫妻、子女每个人都应该积极地扮演自己在家庭中的角色，这样才对得起上帝，才对得起人生。

除了教堂，摩门教还致力于修一种叫"圣殿"的建筑。如果说教堂是给人用的，那么圣殿就是给上帝用的，是上帝莅临地球时的显身之所，是极其神圣的，就算是教徒，没有特别的大事，也是不准进去的。对于普通教徒来说，圣殿最重要的用途，恐怕就是用于结婚。摩门教认为夫妻不是一生一世，这辈子结为夫妻，将会永生永世地结为夫妻。我是这么理解的：如果这辈子我要找了个母夜叉，就是自杀都没用，以后的生生世世这个母夜叉都会像鬼影一样永远缠着我，而且永世不得翻身，悲催啊！如果小两口都是摩门教徒，那么你们是可以在圣殿结婚的。这样的婚姻是有特殊意义的：夫妻两人在民政局领的结婚证只是说明你们的婚姻得到了政府的承认，其效力顶多也就是维持到你俩去世。但是如果你俩在圣殿结婚，在上帝面前盟誓，让上帝当你俩的证婚人，那你俩的婚姻就套上了神圣的光环，就算是肉体消灭了，你俩的灵魂也是缠绵在一起的。虽然摩门教不干涉你的婚姻，你大可找个非教徒结婚，但是这就意味着你不能去圣殿结婚，得不到上帝的见证，你俩的婚姻也就是世俗的婚姻，所以绝大多数教徒都希望找个同为教徒的异性结婚，都希望自己的婚姻能永生永世。可见这些摩门教徒的心态是超级阳光，从来不会想万一找个母夜叉，剩下那些辈子该怎么办。

  导游说初次见摩门教徒会感觉他们很友善，长期接触会发现他们对钱很在意。我对西方人的感觉就像导游对摩门教徒的感觉，都是属于那种一毛不拔型，自己的私人利益高于一切。不过摩门教徒确实很有经商头脑，犹他州隶属摩门教的杨百翰大学万豪商学院2012年毕业的学生中，有86.6%的学生在三个月内找到了满意的工作，首份工作平均薪水达到87573美元。哈佛商学院甚至被美国人形容被3M所控制，即：摩门教徒、犹太人、美国军队。2011年美国经济不好，房地产业一片萧条的景象，但盐湖城却在建高楼大厦。除了犹他州，夏威夷也有很多摩门教徒。

  因为超过半数当地人士为摩门教教徒，以善良为原则的态度的人聚集在一起，使盐湖城成为美国犯罪率和离婚率最低的大城市。在盐湖城是不能在公共场合喝酒、抽烟的，甚至连咖啡都不能饮用，就和中国的和尚不能吃肉的意思差不多。如果想喝酒必须持身份证明到私人会所中进行。现在也是，如果在餐厅里喝酒，是要出示护照或能证明自己年龄和身份的证明的。

  摩门教堂也称摩门大寺，是盐湖城最负盛名的建筑之一，为摩门教的圣地，

▲ 网摘图片——盐湖城

也是其国际总部所在地，是摩门教的最高殿堂。以盐湖城市中心的坦普尔广场为中心，有一系列宗教建筑，因而该广场也被称为"教堂广场"。这里是摩门教会的圣地，也是犹他州最知名的旅游胜地。位于广场内的教堂历史和艺术博物馆举世闻名，建于1853—1893年的摩门教堂、圣殿、现代圣徒博物馆以及新落成的全市最高建筑——28层的摩门教堂办公大楼等，都显示出这个美国摩门教中心的城市特色。摩门教教会领袖杨百翰率领摩门教徒历经40载，耗资400万美元，才建成了这座颇具特色的建筑。要知道，19世纪中叶的400万美元在当时是一个何等巨大的数目！教堂的整座建筑是由花岗岩砌成，大寺顶部两侧有六个尖塔建筑，东部尖塔最高。在64米的教堂顶上的小金人儿，是摩洛尼天使的金像，似乎向人们昭示着这片净土的所在。在摩门寺南面的椭圆形建筑，是教堂的大礼拜堂。走进一看，金碧辉煌。教堂内柱子和椅子都是用白松木做的，为了显得名贵，教众将其用漆绘成橡树木的。大礼拜堂宽76米，深46米，高21米，有6500个座位。台上有若干个灯光柱，据说这是给唱诗班配乐的管风琴，有一万多根管子，是世界上最大的管风琴之一。周一至周五每天中午12时、周末每天下午4时演奏，供游人观赏。摩门教堂没有固定的模式，这和其他宗教的教堂形成强烈反差。而且摩门教8岁以前不洗礼，基督教认为每个人生出来就有原罪的，摩门教就不这么认为，所以到8岁才给孩子洗礼。还有现在犹他州有部分地区的摩门教徒还是保持着一夫多妻的制度，所以美国很多人都固执地认为摩门教属于邪教。但与之形成对比的是美国总统罗斯福曾经说过："摩门教是真正的宗教。"

摩门白宫大楼是犹他州最高建筑，里面的锡安银行也是摩门银行。在街边看到的建筑，楼下是商业门面，楼上是住宅，这在美国极其罕见，有点儿像回到了中国。世界第一次移植人工心脏就在犹他州大学，它还是NASA的姐妹学校，所有这些你都自然不自然地和摩门教联系到一起。

在摩门教创始人约瑟·史蒂夫纪念馆参观的时候，我想起今天正好是团里的一位台湾团友的生日，我祝他生日快乐，他感到很诧异。我说我和他是同一天生日，而且还推算出他是民国30年出生。他十分惊异我这个大陆人居然还能用民国的纪年方式，我二话不说又很不要脸地说出他还是昭和16年生人，从他出生到4岁这段时间，他被称作是日本人。他没有到过大陆，真是没有想到大陆人居然会了解一些台湾的历史，在他的观念中，到现在甚至还是以为中国是宗教信仰不自由的地方。我告诉他应该多回内地去看一看，中国可绝对不是美国新闻里那种落后、封闭、高压的社会。我接着问他知不知道黄帝纪元，中国人自己的纪元方式。他更有些摸不着头脑，我说中华民族的人应该记住自己的纪年方式，2012年就是中元4710年。他对我的说法感到很奇怪，我只好拿辛亥革命做例子：在湖北武昌爆发辛亥革命首义时，孙中山宣布废除清朝宣统年号，确定改用中华民族的始祖黄帝纪元。当年是宣统三年即公元1911年，便改为黄帝纪元4609年。看他还是有点将信将疑，我让他用手机上网查一下。

犹他州的首府能叫盐湖城应该有个盐湖才对，事实上在市区西北部40公里处确实有一个大盐水湖，它在世界上是仅次于死海盐分最高的地区，湖水含盐量高达25%，浮力特强，就是不会游泳的人跳到湖里去也不会下沉。每当夏季，有很多人到这里来戏水，就是要体验一下这种淹不死的感觉。湖滨还设有一座制盐厂，就地取材，靠着老天的恩赐大发其财。由于盐度太高，湖里没有鱼，

Memories of

只有一些可耐高度盐性的藻类和小虾可以生存。这些小虾的生存能力极强，零下几十摄氏度的冷冻后放入盐水里依然能继续生存。

在盐湖附近还有一个露天大铜矿，宾汉铜矿是全球第一个也是最大的露天铜矿场，1863年被发现，1906年开始开采，目前已开采100多年。该铜矿年产铜32万吨，外加金、银等，供应了整个美国用铜量的40%左右，2002年盐湖城冬季奥运会的奖牌就在此取材。远远望去一座山坡上有一个巨大的C字，是不是意味着Copper矿所在地。我们的大巴车一直开到山顶上的访问中心，俯瞰被采掘成巨大深坑的"峡谷"中的露天开采场，山岩壁的颜色呈浅黄色，据说宇航员可以看到地球上的两个人造物体，一个是长城，另一个就是这座大铜矿。100多年的挖掘，一个直径四五公里，深近两公里的大坑出现在眼前，就像一个巨大的、深不可测的漏斗，像一个凿了无数横槽的大碗。漏斗内，数百台重达200多吨的采矿车和运输车不知疲倦地移动着。站在山顶上看矿车，下面正在作业的人和车显得非常小，矿车不过黄豆大小，可实际上，它们的轮胎就有两个人那么高。在观看铜矿的平台上，立着一个矿车的轮胎，上面写着重达1万磅，高达12.5英尺，价值2.5万美元。平台上的访问中心里用照片和模型诉说着铜矿100年来的历史，说句实话，依我看这个铜矿要是包给那些山西的煤老板，开采铜矿挖这么一个大坑哪儿还用得了100多年，顶多15年就能做到。中心里售卖着用这里开采出来的铜做成的各式各样的纪念品，我一件没买，因为我严重怀疑这些纪念品都是Made in China。

从铜矿出来已到吃午饭的时间，导游安排我们在一家中餐厅吃自助餐，10美元一位。虽说是中餐厅，但里面的服务员都是外国人，而且这里结账现金和信用卡还是两个价格。我身上只有5美元的现金，结账的时候刷卡，服务员坚持要收我11美元。我问为什么？人家说就是这个规定。这要是在中国的餐厅肯定得闹炸了，出门在外我还是坚持多一事不如少一事的习惯，就很不情愿地赏给他这1美元，权当小费了。临走时去了一趟厕所，门口赫然写着"不在本餐厅用餐，禁止使用餐厅厕所"，而且厕所的"厕"字还写成了"则"，这算哪门子中餐厅啊！

下午在加油站的自动售货机买饮料，我放进机器里5美元，自动售货机噼里啪啦地找给我 30 个 1 毛的钢镚,最奇怪的是饮料没出来,光收了我 2 美元,我什么都没买到。几个台湾的团友围在我身旁,情真意切地跟我说:"你肯定要发大财了,今晚到赌城我们跟你一起去赌一晚上,沾沾你的财气。"合着旁边的团友以为我玩老虎机呢,我说这是售货机,这些钢镚都是找给我的零钱,它还欠着我一听饮料呢。一秒钟以后这帮台湾团友就跟化了一样,只剩下我一个人站在售货机前。

赌城拉斯维加斯 ▶▶▶▶▶

重新回到大巴车上继续向着赌城的方向行驶,导游又开始给我们放美国经典音乐的 MTV,在广袤的美国大陆上听卡朋特的《昨日重现》很有感觉,但她的气质实在不敢恭维。路边矗立着广告牌,其中有一个货真价实的游艇穿过广告牌,这个广告的视觉穿透力很强。隔不远处还看到达赖的广告,真不知道美国人花这个冤枉钱给谁看。明天就要结束这次旅行,导游开始收每人每天 7 美元的小费,7 天一共是 49 美元。晚上还有个演出要看,就是赌城的巴黎酒店里的红磨坊歌舞表演。我 1997 年去巴黎的时候看过这个表演,当时的导游告诉我们,巴黎红磨坊表演的演员只能签一年合同,一年以后就被派到世界各地的红磨坊。15 年了,就当是回忆吧,我交了 45 美元的门票钱,决定再看一次这种无上装的歌舞表演。

傍晚的时候我们回到了赌城,赌城市中心是 20 世纪 30 年代建造,那里的建筑显得很老旧。现在的市中心已经西移,重新建起一个灯红酒绿的 downtown。全世界十家最大的酒店有 7 家在赌城,本来还要建好几个特大型酒店,但 2008 年的金融危机使之破灭。这里最著名的酒店有百乐门喷泉酒店、凯撒王宫大酒店,还有当年泰森和霍利菲尔德进行拳击赛的米高梅酒店,由于当年泰森那著名的咬耳朵事件,现在这家酒店还有一道名菜,名字就叫霍利菲尔德的耳朵。Rio 酒店的自助餐是最好的,但现在美国经济不景气,Rio 酒店的生意半死不活,随之的服务水平也大打折扣。由于近年来美国很多州也开始将赌博业合法化,所以

▲ 拉斯维加斯酒店里的赌场

把来赌城的赌客分流了很大一部分。游客少了，自然保持不了原来那种薄利多销的经营方式，目前凯撒王宫大酒店的自助餐居然 50 美元一位，在美国可很少能遇到这样的高价格。我姐的一个同事来美国很早，她回忆原来的赌城，一个热狗就卖 5 毛钱，跟传说中在网上发个帖子的价格一样。赌城好像步入了恶性循环之中，由于这里的酒店都是超大型的，游客越少就越得节省开支、提高价格，但越是这样做游客就越少。其实有个办法可以恢复赌城以往的辉煌，那就是在旧金山、洛杉矶分别建两条通往赌城的高铁，我保证赌城一年 365 天再也不会出现淡季。从洛杉矶开车到赌城，不堵车的话要 4 个小时，夜里可能时间稍微短一点，来回 8 个小时的路程，加上油费，去一趟真有些得不偿失。洛杉矶也有到赌城的飞机，由于线路短，都是小飞机在运行。这种小飞机对气流很敏感，飞行途中十分颠簸，我姐的朋友就坐过这趟航班，都没熬到下飞机，在飞机上就吐了。这要坐高铁，不到一个半小时就能到达，而且还不耗费体力，圣迭戈和洛杉矶的庞大顾客群体肯定会趋之若鹜的，更别说距离更远的旧金山和硅谷的顾客了。

我们今天住在古堡酒店的一号楼，也是一个超大型的酒店。多大呢？下电梯得走200多米才能出酒店大门。古堡酒店的名字听着很神秘，可进入这家酒店不仅感觉不到神秘，而且还特卡通，哪儿哪儿都是动画偶像。今天我的运气很好，导游自己找了一间客房，也就是说，今晚我一个人独自住在这个五星级的豪华酒店里。很多团友知道我来过赌城好几次了，今天早上的时候都争相报名要我带着他们晚上一起游览赌城的夜景，我也爽快地答应他们了。可现在导游要组织全团开着大巴车观赏赌城夜景，而且每人还收2美元的小费，这下我可傻了。答应人家了不带人去不合适，我要带着去明显又是断人家导游和司机的财路。幸亏我这人很鬼，自己在房间躲起来，直到导游把他们集合好了出发以后，我再从房间里出来，自己一个人在灯红酒绿的拉斯维加斯街头闲逛。我刚一出电梯，一对比我还鬼的江西夫妻团友抓到我，他们一直在等着抓我呢。我一看人家这么执著，就带着他们沿着拉斯维加斯大道逛赌城的夜景。先带他们来到百乐门喷泉酒店欣赏音乐喷泉，然后又带他们去看看著名的威尼斯酒店。酒店充分展现了水城威尼斯的风光，叹息桥、圣马可广场、钟楼以及威尼斯的一切，都在这里可以看到。酒店范围内到处都是充满威尼斯特色拱桥、小运河及石板路，特别是布置在二楼的运河、充满威尼斯情调的拱桥、石板路及每20分钟变化一次的人造天空，着实令人唏嘘不已。旅客可乘坐威尼斯的刚朵拉小船，饱览沿岸景色。该酒店更复制威尼斯著名的圣马可广场(St.Mark's Square)，云集世界各地名店和一流餐厅。坐在河畔喝咖啡、享用比萨饼、听着意大利民歌，看着头戴红边草帽、腰系红带、脖子围着红领巾的意大利帅哥在河中划刚朵拉小舟，真就像到了意大利的威尼斯。整个酒店耗资34亿美元，有7128间客房，里面装饰得金碧辉煌，是我感觉来赌城最应该逛的一家酒店。这对夫妻也是很有兴致，非要请我在河道边的意大利餐厅吃饭。我赶快借口巴黎红磨坊的歌舞表演就要到时间了，跟他俩匆匆道别，自己一个人走出酒店，继续我一个人的闲逛。

九点钟我准时到达了演出地点，门口导游正在给看演出的团友发门票。团友一看我来了，都问我去哪里了？说好的让我带队逛赌城的，怎么到时间却找不到我人了？我只能说感到难受一直在房间里躺着，这个瞎话我估计除了我没人会相信，包括我们的导游，我能从他眼里看出对我的感激。9点半演出正式开始，和巴黎红磨坊的演出没什么区别，就是一台大型的无上装歌舞表演，坐在我旁边的一个平胸女团友一直指着台上的女演员告诉我哪一个是平胸。

　　晚上回到酒店的房间，本想上网查一查邮件。但这里是五星级酒店，不像低档酒店可以免费上网，这里的收费是4.99美元一小时。幸好电视有中央4台，看了会儿电视就睡觉了，第五次来赌城还是没有赌上一把。想起了一个笑话：乞丐敲敲车窗说："给点钱。"男人说："给你烟。"乞丐："不抽烟。"男人说："给你酒。"乞丐："不喝酒。"男人说："带你去赌，赢了是你的。"乞丐："我不赌。"男人说："带你去桑拿房享受一条龙服务费用我全包。"乞丐："我不嫖妓。"男人说："那你上车吧，带你回家让我老婆看看，不抽烟、不喝酒、不赌钱、不嫖妓的好男人能混成啥样。"

　　10月5日是我们这次旅行的最后一天，早起来到大巴车上，看到很多男性团友一个个眼睛布满血丝，告诉我昨晚在赌台上玩了整整一夜。看来人家才是像来赌城的游客，哪儿像我似的，闷头在房间里傻睡。导游告诉我们马来西亚的云顶和澳门的赌博业已经超过拉斯维加斯，如果再不想点什么办法，赌城还能不能重复以往的辉煌可就真不好说了。赌城除了博彩业还每年都举办若干个展会，偶尔举办个拳击争霸赛什么的，除了这些好像没有什么能带动这里的经济发展。这里处于沙漠，没有工业和农业，想要发展经济，却受到地理环境的约束。在金融危机之前曾经大肆发展房地产业，十几年前拉斯维加斯70万人口，现在200多万人口，就是开发房地产业的结果。但随着金融危机的到来，房地产价格一落千丈，赌城的西南面是新区，房价现在已经跌了一半不止。州政府也鼓励移民，尽管没有收入税，但经历了房地产价格跳水后的赌城还是一蹶不振，目前赌城有12%的失业率，在美国都算是高的。

　　中午在中餐厅吃自助，碰巧坐在同桌的别的团的一个美国当地的华人问我对美国的感觉如何？我还没说话，她就紧跟着说："自由，是不是自由？"我刚想说，她紧跟着又说："中国没有自由！你来这里是不是感到特别自由？"会不会聊天？让不让人说话？我和她说："美国可不自由，黑人多的地方我不敢去，晚上 downtown 里没有安全保障，想看一看夜景都得提心吊胆。碰到个警察对我说什么我也不敢动，动一下很可能就挨上一枪。想看个奥运直播节目还得付费，不能像国内那样免费收看。想在网上免费下载个歌曲也不行，去快餐店吃完自己不收拾还不成，去个餐厅吃饭甭管好坏都得给小费，想上飞机又得拖鞋又得解裤腰带就跟进澡堂子似的，太不自由啦！"她看着我一句话都说不出来了，觉得我简直就是个共党特务。像她这种移民来美国并且在底层打拼的中国人真是可怜，自己在美国受着洋罪，但又不肯承认自己人生选择的失败，只能想象一些中国社会的丑陋面来安慰自己的心灵，以证明自己当年的选择没有错误。

像她这样的中国人在美国为数不少，在美国做着底层的工作，又没脸回到国内，就靠这些意淫来满足自己已经丢失得差不多的自尊。即使有脸也回不去啊！现在国内的房这么贵，想找个安身之所都不行。1998 年以后国内就没有福利分房这个说法了，现在回国想让单位给你分套房？别说房了，你就是指着它分你个坟都不可能！好像有人说过，逃避社会最好的方式就是上学，逃避中国最好的方式就是在美国。但终归都是暂时的逃避，现实就在前面不远处等着你。只有把自己的幸福建立在美国这片土地上，才会有自己的美国梦。像你这样在美国能得到幸福吗？更别说像我这样从没把自己的幸福建立在美国之上的人。还是坚信自己的中国梦更靠谱点！

下午回到了洛杉矶，看到油价大涨，走的时候美元 4 块钱一加仑，现在 4 块 7 毛多，还有 5 块多的。最贵的一家在长滩的加油站，达到了 6 块 5，超过夏威夷的油价，成为美国的 NO.1。就在我走的这几天，加州有两个炼油厂出事故停工了，加州 4 个炼油厂必须全部运转才能保证加州供油，现在有两个厂子未能开工，所以油价大涨。加州不像美国其他的地方，自己没油了可以从邻近的州调过来。加州是单独的尾气排放标准，不能从别的州供油，所以只能提高价格来应对。我记得前两天怀俄明的油价是 3 块 6 毛多，比加州便宜了 30% 不止。姐夫来接我，我跟他说起怀俄明的油价，姐夫开始怀念刚来美国的时候 8 毛钱一加仑的汽油，比矿泉水都便宜。现在美国经济受2008年金融危机的影响一蹶不振，想回到那个年代的消费可真是痴人说梦了。我看过一篇美国的新闻报道：受经济危机的影响，美国2009年百万富翁的人数增长了16%，大部分都是新增的百万富翁，因为这些新增的百万富翁他们在2008年都是亿万富翁。

▶▶▶▶▶ 第三章 情迷洛杉矶

第三章
情迷洛杉矶

重返洛杉矶 ▶▶▶▶▶

　　我姐家居住的洛杉矶,是美国第二大都市也是我在美国旅游的根据地。说句实话,洛杉矶不像是美国的城市。我印象中的美国应该是特别的粗犷,就像无垠的西部旷野、壮美的山地沟壑,要不然就是那种像纽约一样的高楼林立、人来人往的繁华,或像拉斯维加斯一样的灯红酒绿、夜夜笙歌的糜烂。可洛杉矶呢?明显与之形成强烈反差,从人员构成到建筑特色,从气候特点到绿色植被,都有一些偏靠亚洲的韵味。洛杉矶的风情蕴育出好莱坞的星光大道、贝弗

▼ 洛杉矶空气染造成的大黑锅

Memories of

利山的穷奢极侈、日落大道的流光溢彩、迪斯尼乐园的朝欢暮乐。这样的风情在美国只有到了洛杉矶才能见到，这也是我喜欢洛杉矶的原因，"情迷洛杉矶"就是我对洛杉矶的最深感触。

上次来美国旅游，由于丢失护照，除了报当地的华人旅行团去了旧金山和中部的几个州，那次60天的行程基本都是在洛杉矶旅游，除去迪斯尼没去，我基本把洛杉矶逛了个遍。这次来美国我依然得以这里为根据地，除了进出美国的时候得在西雅图，其余的时间甭管去哪儿旅游，都得回到我姐家这个根据地。这次在美国71天的时间有31天都是在洛杉矶度过的，因为这里有姐姐一家人，所以在洛杉矶这段时间是我在美国最放松最享受的时光。

2012年9月16日一早，我乘坐阿拉斯加航空的航班从西雅图飞抵洛杉矶，飞机快到洛杉矶的时候看到上空有个黑锅盖，就像在香山看北京城区的空气，洛杉矶的空气和水质在美国可不能算是好的，不过和北京比起来肯定不会差。这是我第一次在白天俯瞰洛杉矶全景，真是觉得洛杉矶漫无边际地大，看到了山区的半坡别墅，看到了平原的downtown，还看到了长长的海岸线的海滨风景。这些都是我上次来美坐公共交通旅游过的地方，感觉特别的亲切。

下了飞机遇到一个严重的问题，我找不到我姐了。由于取行李时一番折腾，时间已经过去了小一个钟头，我拿到行李再找我姐可费了劲了。航站楼里里外外，各家航空公司的大厅走了个遍，怎么也找不到我姐。我在服务台问有没有公用电话，告诉我没有，怎么会呢？这么大的机场没有公用电话？自己又找了10分钟，在一个角落还真看见四部公用电话挂在墙上，兜里还有几个钢镚塞了进去，拨我姐的手机号码，没想到听筒那边传来电子语音的声音，而且就是机场内部的。这难道是内线电话？不可能啊！只能再拖着行李满航站楼地找我姐。美国的机场没有免费行李车，我身上也没零钱，我的行李箱轱辘还坏了，全都赶一块让我遇到了。

早上我从西雅图出来的时候穿得很厚，一下飞机赶上了洛杉矶的高温，再加上这一个多小时的折腾，浑身上下都是汗，疲惫不堪。大厅里还相对凉快一点，静下心来想，如果实在找不到就去坐地铁，到市中心的Union Station倒金线地铁，在Pasadena或Sierra Madre倒187路公交车就能到，而且同时计算出了全程的票价 6.25 美元。上次在美国的几十天已经把洛杉矶的公交系统彻底搞清楚了，这点困难肯定难不住我。看了一下表快 11 点了，说走就走，找地铁去。拎着破行李箱走出大厅，寻找有没有去地铁站的机场大巴。

这时候我姐跟从天上掉下来的似的，就站在我眼前，吓了我一大跳。我姐这身打扮像萝莉，完全是夏天的裙子短袖，主要是太热了的原因。前几天温度达到创历史的华氏 110 度，今天是华氏 100 度，这跟我早上出发的西雅图形成鲜明的对比。今早西雅图冻得我直打哆嗦，这里倒好，不用活动往那一站就是满头大汗，更不用说我穿着在西雅图的厚衣服，在洛杉矶的高温下这番接近两个小时的折腾了。

总算把我的破行李箱抬上我姐的车，这才算彻底轻松下来。我姐把车开出停车楼，我拿出在北京给她配的带度数的墨镜，她戴上觉得效果很好，在美国要配这种墨镜花费可不是一般的贵。突然从森林城市西雅图来到洛杉矶，一下就感觉到了明显的差异。洛杉矶的绿化和西雅图真没法比，空气也确实不如西雅图好。但西雅图一年之中大半年的雨季又是它的死穴，看来想找个十全十美的地方可真不是件容易的事。

回到家又闻到了我姐家的气味，那种久违了的气味，在我脑海里洛杉矶的气味，一下又把我带回到年初在洛杉矶的那一段难忘的旅游记忆之中。我从小到大就特别注意我去过的每一个人家的气味，只要一闻到这种气味就一下打开了我的记忆。我也问过身边的朋友，好像没人对气味有这么强的敏感，但都不否认除了进自己家闻不到任何气味，去任何人家的气味都不一样。通过气味我好像能闻出这家主人理家的能力，一个懒人家的气味肯定跟一个收拾得井井有条的家庭的气味不同，大杂院里寻常百姓家的气味和住带花园的别墅之家的气味肯定也有区别，这是一种多年生活在一个环境中积淀下来的气味，主人的生活态度是积极还是消极，生活习惯是井井有条还是随心所欲，生活方式是爱好花草还是喜欢宠物，都能从这股不变的气味中体现出来，绝不是拿瓶香水在房子里喷喷就能掩盖住的。

一进家门，我姐的注意力就从我转向了我带来的那个破行李箱，里面全都是她在国内买来的东西，长时间的等待终于盼来了结果，打开箱子开始折腾一番。

姐夫说时间不早了，咱们赶紧去吃饭吧。我马上把身上的西雅图秋冬装换成适于洛杉矶生存的大背心大裤衩，这里的气温比北京要高出许多，一下让我回到了北京夏季最热的那些让人慵懒提不起神儿来的日子。

我们一家开着车去洛杉矶很有名的泮溪海鲜，赶到那里已经是人满为患，姐夫说这家店在别的地方还有分店，我们改在那家店吃这顿海鲜。等到了地方，我一下就认出来这是我上次离开美国前最后一晚他们给我送行的那家店，这下倒好，彻底接上了。上次在美国的最后一顿和这次来美国的第一顿都是在一个餐厅吃的。

里面的人还是那么多，海鲜也还是那么便宜，服务也还是那么差劲。最后我们打包的时候就给我们打包盒，打包的事情好像和他一点关系都没有，但小费绝对和他有关。按中美两国的收入比例来说，在美国吃海鲜那可是相当的实惠，我们五个人连虾带蟹地大吃特吃，也就合人民币一百多点。在北京五个人吃老北京炸酱面怎么也得这个数，要是同样的标准来桌海鲜，也是连虾带蟹地一顿猛造，花2000多人民币真不知道能不能下来。洛杉矶的平均工资月收入也就4000多美元，北京的平均月收入也是4000多人民币，但一顿海鲜所占的工资比例可是相差甚远。

说起这些，姐夫告诉我这还是现在，赶以前那可便宜得离谱。他们来美国的时候，1加仑汽油不到1美元，佐治亚州七八十美分1加仑（1加仑约合3.7升），合算不到二十美分就能买1升汽油，比去超市买桶装水还便宜。想起他们20世纪90年代刚来美国上学的时候，别看没钱，一帮穷学生照样可以穷欢乐一把。好多同学聚在一起开车去佛罗里达玩，油费根本花不了几个钱，从俄亥俄一直开到了佛罗里达海滩。看见黑人把刚打捞上岸的超大的整条鲜鱼两边各片一刀，鱼头鱼尾带着整个的鱼骨头就不要了，他们这些穷学生就从黑人手里把他们不要的鱼骨拿回来，大家一起BBQ，那么多不要的鱼骨上的肉，他们十多个人吃都吃不完。那个年代一去不复返了，现在汽油已经三块多美元1加仑。即使这样也比北京便宜许多，这要是按收入比例来说，那更是不可思议，相当于北京人花不到一元钱就能加一升汽油，一个让全世界供养着的国家真是不一样啊！

吃完饭直接回家哪儿都没敢去，天气实在是太热，今年的气温已经创了洛

洛杉矶的雷东多海滩

Memories of

杉矶有史以来的记录，我正好赶上了个尾巴。一到家我姐就从冰箱里拿出西瓜，我一尝跟北京的西瓜一个味儿，还真是挺甜的。我最爱看我姐家的冰箱，两个特点，一个是大，一个是满。各种水果、各种酱、各种美食，吃不吃先放一边，看着就有生活气息，感觉这才是过日子，这才是丰衣足食。我拿出在国内少见的蓝莓、桑葚一顿猛造，再从底下的冷冻室里拿出在国内卖得很贵，在美国却很便宜的哈根达斯，一勺一勺地挖着，在我姐家就两件事，一是彻底地放松，二是完全地享受。

到了下午快6点的时候，气温急剧下降，白天的暑热就跟躲债似的逃得无影无踪，甚至穿着大裤衩的我能感到一丝凉意。既然气温下来了，我也该干点正事了，我得把我的汽车收拾出来。姐夫最近新租了一辆雅阁车，还是100多美元一个月。原来的那辆凯美瑞也没还给租车行，就为了我来洛杉矶以后给我开。凯美瑞四个窗户都放下来在院子里已经放了很长时间，像个古董似的停在那里，都成了家里狗的大玩具了。里面乱得一塌糊涂，有足球、有钳子、座位底下有矿泉水、顶棚上有狗毛、助手席上还有一锤子，最后我居然在车里搜出一把牙刷来。该拿回家的拿回家，该扔的扔，把窗户摇上去彻底地洗刷了一遍，干干净净就像一辆新车。

在美国租车是有里程限制的，3年一共3.6万英里。其实这辆凯美瑞已经超出了里程，不过超出的里程每英里收0.15美元，比重新租车要合适，但像奔驰这个级别的车就得每英里0.25美元了。这样的话，我在洛杉矶这段时间就是开出1000英里不过才合150美元，合算人民币也不到950块钱！凯美瑞在北京租一天还得多少钱呢？实在是划算，想不到的划算！况且我在洛杉矶能开300英里就已经是不可想象了，要这样的话还不到50美元，这哪儿是租车啊，在北京你就是借一辆凯美瑞用这么长时间，请人家吃个饭也不止这个花销吧！

9月17日早晨，6点起来天还没亮，自己来到院子里感觉冷飕飕的。昨天白天还热得喘不过气来，这一到下午晚上气温立马下降，我是太喜欢这种气候了。北京的气候是白天热晚上也热，不开空调睡觉多少有些受罪。但洛杉矶则不同，白天再热，晚上一般还都得盖个小薄被，夏天的夜晚不开空调盖薄被睡觉那是相当的舒服啊。

第三章 情迷洛杉矶

安稳地睡了一宿，6点半起床开始我每日早晨必做的功课，先切了半个柠檬挤到杯子里加入蜂蜜，倒上一斤半多的温水，空腹喝下去，清清自己的肠道补充身体的维生素C。再把苹果、土豆、西红柿、胡萝卜、姜片放进打汁机打出一杯水果蔬菜汁，用微波炉加热一分钟，给自己补充新鲜的养分。喝完了以后打开电视，边看新闻边琢磨早上这顿早餐该吃些什么。吃顿早餐有什么可琢磨的呢？在我姐家吃早餐还就是件得深思熟虑的事情。打开冰箱有花生酱、榛子酱、蓝莓酱、桑葚酱、千岛酱、巧克力酱、枫叶酱、辣椒酱、草莓酱、Cheese、豆豉酱、色拉酱、Ranch酱、苹果酱、酱豆腐，还有好多吃过但不知道名字的酱，火腿、烤肠、大虾、熏肉、午餐肉、三文鱼、培根之类的肉食也是很多种，牛奶、豆浆、酸奶、可可、各种鲜果汁等饮料，再加上昨天打包回来的虾蟹牛排、馒头、烧饼、面包又分好几个种类，冷冻柜里还有速冻的披萨，再加上牛油果、蓝莓、草莓、提子、菠萝、香蕉、苹果、橙子、桑葚、石榴、橘子等数不清的水果，蔬菜的种类就更不用说了，这就是为什么美国人的冰箱都是超大号的缘故，如果实在懒得想怎么吃，直接从冷冻柜里拿出我姐自己包的速冻饺子一煮也完全可以。不来美国真体会不到美国人的浪费，冰箱里的这么多东西，有很多吃不完就得扔了。所以看美国人的冰箱很丰盛，但真看他们吃饭却又很简单，实在是不理解。正好和我相反，我这个人是把吃排在第一位的主儿，脑子想什么都觉着累。唯独对吃，费尽了心思也无怨无悔。

很早以前看过一个电视采访，记者问莫言如何选择走上作家之路。莫言说，他小时候家里人带着他去南京的一个作家家里，他看见那个作家早上起来吃的居然是饺子。这对贫穷的莫言来说简直是莫大的冲击，从那时起他就想自己长大也要当作家，也要一大早就能吃上饺子。还好莫言小时候没来过美国，这要看到美国人的冰箱里这么多的东西，早就放弃当作家的理想，而立志要当美国人了。

等我姐一家人都起床以后，我开始忙着做早餐了。我在北京是炖好一锅的牛肉，每天早起乘出一份来用醪糟炒一下。牛肉汤炖海带、木耳、腐竹，再用一半的牛肉汤做一小锅的肉皮冻，每天早上切一块倒上腊八醋来吃。这一下早餐就有三个菜了，再炒两个鸡蛋，有时还炒个蔬菜。我的早餐比一般人的晚餐要丰盛许多，但我晚上就基本不吃饭了，一天就两顿饭，营养足够充足。在美国，我姐一家喜欢吃我炒的炝土豆丝，我切的土豆丝很细，把干辣椒一炸，炒几下就出锅。第一顿早餐我就炒了个炝土豆丝，又做了一个清炒芦笋，炒了四个鸡蛋。炒鸡蛋如果多放油，把鸡蛋放进锅里的时候就会炸出很大的泡，口感也会更好。但这样做确实很不健康，在国内我都是放很少的油来炸鸡蛋，我父母干脆就吃煮鸡蛋，尽量少摄入油脂。在美国则不然，美国家庭一般都用橄榄油，不会增加血脂，西方很多人还喝橄榄油，这样能减少血脂。我姐说橄榄油只能拌凉菜，炒菜时放橄榄油不好吃，所以她买的是葡萄籽油，据说比橄榄油更加有利于健康，而且口味特别好。这下炒鸡蛋可以尽兴地放油，炒出来的效果那自然不用说。我姐两口子工作很忙，早上没时间为早餐大展身手，我来洛杉矶可就大变样了，怎么丰盛怎么来，而且他们吃完直接上班，由我来负责送孩子上学。这么丰盛的早餐孩子们居然无动于衷，只有外甥女喜欢吃很辣的土豆丝，孩子们早上就吃那种有点像美式麦片的甜圈圈儿，泡上牛奶。

　　我在国内基本上不喝牛奶，但在美国我可不少喝，就是因为美国的牛奶确实太好喝了。而且喝完得马上刷杯子，不然过一段时间，牛奶就在杯子上凝固，结上很厚的一圈有点像奶酪一样的脂状物，再想刷就得费很大力气，用百洁布才能擦下去，有一次就是因为用力过大，杯子从手中滑了出去，当时就摔碎了。

　　吃完饭开着车去送孩子们上学，车开到学校门口时已经排起了长长的队伍。美国接送孩子必须停到固定的上下车位置，不能擅自把孩子放下车。车辆排到校工的身边，由校工给你拉开车门，这时孩子才能下车。接孩子放学也是这样，排着队在停车场等校工去操场把孩子领进车内，效率十分低下，但确实能保证孩子的安全。我一般都是把车停在学校对面的马路边上，自己进学校把孩子直接带回车里，不然那个队可够你排上一阵子的。

　　送完孩子上学，回家开始遛狗。遛完狗回来看了一下我姐家周边，街角上的那套别墅还是没有卖出去。从我上次来美国到现在已经半年多的时间，是不是房主的叫价太高？目前美国的经济还是处于低谷阶段，中国人是这种豪宅的主要购买群体，但愿他能碰到个出手阔绰的大陆买家，单指着白人来买这样的房子可够困难的。我姐家上边的一套别墅卖给了两个女同性恋，房屋重新刷的颜色，比原来看上去强很多。下面的邻居是那北京老乡，整个院落完全装修好了，人已经搬了进来，这么大的房子就一个人住。他当年要是留在北京可别想这么奢侈，我估计也是花几百万买套公寓楼的三居，过着和我一样的居家生活。从早晨6点多起床一直忙到差不多10点钟。每天早起6点到10点这4个小时，我几乎是马不停蹄，忙得不亦乐乎，在洛杉矶的日子里几乎每天早上都是这么度过。这种忙碌对于我来说那是极大的享受，现在写到这儿都想立马飞回洛杉矶，继续生活在这种忙碌的快乐日子里。

这就是我在洛杉矶基本生活的剪影，除去玩的时间每天都是这样无所事事地遛狗、闲逛、接送孩子、琢磨吃，彻底地进入混吃等死的状态。我自己也深深地沉迷于其中，什么未来、什么理想、什么压力、什么居安思危、什么积极进取、什么任重道远，全都忘得干干净净。彻底地进入无拘无束、闲情逸致、枕稳衾温、醉生梦死的状态之中。这次来美国的目的就是要让自己在这71天之中，一直沉浸在这种"无法无天"的生活状态之中。在这71天之中，去美国各地旅游对体力是很大的挑战，只有当回到洛杉矶的家中，才能这样无所顾忌地傻吃闷睡、昏天黑地地混吃等死、没日没夜地福寿安康。任何一个人生下来，都是朝着同一个目标前进，这个目标就是"坟墓"。那么，走那么快干嘛呀？洛杉矶就是能让我慢下来的地方，能让我细细体会"活着"的地方。在洛杉矶这段时间我锻炼出自己一项看家本领，那就是整天抱着吃的、喝的、玩的、乐的给我姐看家。

园林都市圣玛利诺 ▶▶▶▶▶

这次到美国旅游我最先在西雅图住了10天，那可是一个森林覆盖的城市。由于西雅图有一个多雨潮湿的气候，森林植被在那个城市十分茂密，整个城市被绿色所覆盖。从满眼绿色的西雅图飞到沙漠气候的洛杉矶，一下飞机就感到了洛杉矶的荒芜。尤其是驾车行驶在高速路上，放眼望去四周都是裸露的黄土和光秃的小山，感觉就好像从海南岛来到了西北荒漠。洛杉矶好像只有圣盖博山是绿色的，其他的山好像都是黄土高坡的感觉。什么时候洛杉矶的山都能像北京北边的怀柔，西边的香山那样满眼葱绿，那洛杉矶可真就是个值得人向往的都市了。

虽然洛杉矶每个城市居住区里都进行了绿化，但一出居住区马上就能感觉到荒凉。基于以上原因，洛杉矶的富豪居住区一般都靠海（马利布市、曼哈顿海滩市、拉古娜海滩市、圣塔芭芭拉市等），或者离海边不远（贝弗利山、绵延岗庄园市）。真正处于"内陆"的富豪居住区全洛杉矶也就三个：拉肯纳达市（La Canada Flintridge）、圣玛利诺市、白普理市（Bradbury）。富豪们能舍弃坐拥美丽海景的别墅到"内陆"的城市居住，那里的居住环境肯定得有超人之处，圣玛利诺的超人之处就是它优美的环境，被绿色覆盖的街道和住宅，圣玛利诺真真就是一个丛林中的住宅区。

圣玛利诺是由美国铁路大王"亨利·亨廷顿"以及二战时期美国著名陆军上将"乔治·巴顿"（血胆将军）的家族于1913年共同建立的。顺便说一个误会，巴顿将军真正的出生地是圣玛利诺，但在他1885年光棍节出生的那天，圣玛利诺还没有建市，巴顿将军的出生地是当时的圣盖博镇，所以现在的人们都以为巴顿将军出生在洛杉矶的圣盖博市。早先该市居民多为律师、会计师和医师等高专业程度的中上阶级白人，近二三十年开始有许多富裕的亚裔家庭移居，目前这个市的亚裔人口占总人口接近一半，其中绝大多数是华人。为纪念圣玛利诺市成立100周年，2013年2月14日，一副以红色有轨电车为主题的大型壁画在居民的见证下盛大揭幕。有轨电车在历史中发挥了巨大的作用，虽然多年前已经停用，但其历史作用不容忽视。这幅新壁画也成为圣玛利诺市的地标建筑。

圣玛利诺市中间房价100万美元，人口13147人，75.31%的成年居民拥有大学学位，家庭中间收入超过16万美元，圣玛利诺因此有"小贝弗利山庄"的美名。在洛杉矶能吸引富豪们来定居的城市不能仅靠优良的环境，更加重要的是学区的排名，必须有能让富豪们的子女受到良好教育的学校。中国首富宗庆后的独生女儿宗馥莉高中就在圣马力诺高中就读，可见这里的教育环境已经吸引到了中国首富的千金。咱们还是用数据说话最有真实性，洛杉矶地区名牌学校排名，总分为1000分，圣玛利诺排名第一，为935分。余下是尔湾市（Irvine）886分、核桃市(Walnut)884分、阿凯迪亚(Arcadia)876分、钻石吧(Diamond

Bar)810分。这五个城市给我印象最好的就是排名第一的圣玛利诺，尔湾位于洛杉矶的南部，属于橙县（Orange County），阿凯迪亚是著名的华人区，核桃市和钻石吧的住宅都建在一片黄色的土丘之中，显得十分荒凉，按照中国传统风水学来讲绝不是个适宜居住的地方。所以说圣玛利诺是一个集生活环境和学区优势于一身的住宅区，这就是它身处"内陆"地区也能成为洛杉矶著名的富豪区的原因。

因为圣玛利诺市的居民很具有保护历史的意识，这里的房子要想翻建和改建是很难通过审批的。所以这个城市保留了历史的风貌，没有到处新建的和周围环境不符的别墅。不光是对建筑物采取保护措施，就连街道、公园，甚至到住家庭院里的树木都予以保护。在美国加州，橡树是受保护的树种，你可以砍伐其他种类的树木，只有橡树不能砍伐，否则就会违反法律而受到制裁。但在圣玛利诺，任何树种都是受保护的，在这里的住家没有资格砍伐任何树种，甚至到了自家院里的树木根系发达到把自家的墙壁拱裂也不能砍伐的程度。这也就是为什么我管圣玛利诺叫园林都市的原因，这里的绿色是百多年来居民保护的结果，这里的植被是经过居民精心维护的。我把圣玛利诺定义为园林都市的另一个理由，就是由于它的创建人之一的美国铁路大王亨利·亨廷顿，在辞世之前把总面积为207英亩的圣马力诺庄园及所有的图书和艺术品收藏，全部捐给一个非盈利的教育托管会，用以建立亨廷顿图书馆。如今已开发约90英亩，还有很大部分土地尚未开发。亨廷顿图书馆的环境就是一个不折不扣的园林，里面有植物样本约2.5万种。我写的上一本美国游记的书里详细记录了我去这个园林的感受，现在回想起来都有意犹未尽的感觉。

在这种绿色的环境中建立的豪宅也有它独有的特色，圣玛利诺的住宅都是以独立的别墅组成，没有联排别墅和公寓楼，也就是说整个城市的容积率很低，和北京的稠密的居住环境形成强烈的反差。你想啊，这么一个城市只有1万多人，北京的一个街道得多少人？甚至一个小区的居住人口就能远超圣玛利诺市的总人口。这种低容积率的城市在美国第二大都市洛杉矶也是很罕见的，所以说圣玛利诺的居住环境是使它成为美国富豪趋之若鹜的原因之一。优良的环境、优良的住宅、优良的学区使众多华人富豪将自己在美国的"根据地"定为圣玛利诺，现在圣玛利诺俱乐部的主席就是一个名叫李贞德的华裔女性。

　　2012年11月6日晚上，我开车送外甥女去阿凯迪亚上小提琴课。上课时间是两个小时，我要是先回家再来接她太麻烦，但这两个小时我去哪儿呢？一想正好圣玛利诺就在阿凯迪亚的旁边，决定开着车去参观一下圣玛利诺的夜景。贯穿阿凯迪亚和圣玛利诺的大道叫亨廷顿大街，这条大街是我认为的在洛杉矶最棒的一条大道，比贝弗利山的大道不知要好多少倍。尤其是从Sunset街到Holly街这一段非常地漂亮，街道宽阔、整洁、有序，中间宽阔的绿化带将上下行的车道彻底隔开，在洛杉矶初秋夜色的笼罩下，显得是那么的，那么的什么呢？我的文学积淀不足以表达我对亨廷顿大街的感觉，反正就是让我感觉心旷神怡；反正就是让我感觉心驰神往；反正就是让我感觉心醉魂迷。开车在安静的街道行驶，想到北京那种人声鼎沸的市场，摩肩接踵的街道，水泄不通的公路，真让我感觉到了心灰意冷；感觉到了心胆俱裂；感觉到了心力交瘁。写到圣玛利诺这一节的时候，正是北京的清明节。我现在坐在电脑前回想着圣玛利诺的郁郁葱葱、万木争荣、安静祥和，再一想整个北京正在上演着的《清明上坟图》，真是比宋徽宗那时的《清明上河图》要热闹百倍不止。

　　夜晚的圣玛利诺十分幽静，整个城市沉寂在一片空旷之中。我开着车在弯曲的街道穿梭，街上没人散步，路上也没有汽车行驶，没有鸟叫声、没有狗叫声、没有人叫声。由于所有的道路都被路两旁的大树所覆盖，路灯的光线很难穿过厚厚的枝叶投射到马路上。所以夜晚的圣玛利诺给我最深的印象就是漆黑一片，没有夜色阑珊的景象等着你去感慨，没有万家灯火的温暖等着你去体会，没有灯红酒绿的喧嚣等着你去挥霍。假如没有坐落在草坪上的别墅，夜晚来到圣玛利诺仿佛就像进入了森林一般，幽静、祥和、空旷、漆黑混合着清新的加州深秋的凉爽空气，调配出圣玛利诺特有的味道。

　　这一夜好像我在梦中都一直琢磨着夜晚的圣玛利诺，看清圣玛利诺了吗？显然没有，完全是在昏暗光线下的印象。第二天早上，我对圣玛利诺的好奇心非但没有抹去，反而产生了更浓的兴趣。吃完早饭又开车回到圣玛利诺，想看看白天的圣玛利诺到底是什么样子。从车流拥挤的210高速路下来进入圣玛利诺，我好像被置换了一个时空。高速路上阳光刺眼，飞驰的汽车好似百舸争流，进入圣玛利诺后,绿树成荫的街道一下就隔绝了刺眼的阳光和喧闹的车流,心境瞬间变得安逸起来。离我不远处两个华裔女孩带着一条狗悠闲地在安静的街道上散步,这种闹中取静的感觉就像找到了世外桃源,这和在荒山野岭里的安静可是有天壤之别。这种环境下的安静显得是那么的奢华;这种环境下的祥和显得是那么的珍贵;这种环境下的悠闲显得是那么的惬意。难怪这里能称为洛杉矶的富豪区,难怪来自中国的富豪能把这里选为定居地。

穿行在绿树成荫的街道,本想看一看这里的豪宅,想象一下富豪们在这里的园林生活。但我的如意算盘着实落空了,这里的每幢别墅都被绿色的植物覆盖。街道两边的树木,庭院中的树木,严严实实地把这里的奢华隐藏起来,甚至在山顶区都不能俯看洛杉矶的景色。这和我姐家所住的白人区有很大不同,那里的别墅前后都是草坪,街道上的树木也比较稀松,所有的住宅都展现在你的眼前。圣玛利诺则不然,高大稠密的树木遮挡住行人的视线,让每幢豪宅若隐若现,好似特意营造出这样低调的奢华。我姐家山上的植物都很低矮,开着车在半山坡就能俯看整个洛杉矶。而我在圣玛利诺山顶的路上,满眼的高大树木早已把我和洛杉矶的景色隔开,那么好的景色只能是住在豪宅里的主人在自家阳台上才能看到,看来真没有花钱的不是。住在洛杉矶海边别墅的人给我的印象是富,而住在圣玛利诺的人给我的感觉是贵。我都怀疑这里的华人是不是都姓爱新觉罗啊!看来我要想住在这里必须得改个贵族的名字,我决定了!从今天起我牟鹏就叫爱新觉罗嘎子了!

洛杉矶中国孕妇团 ▶▶▶▶▶

2012年9月28日下午,我开着车来到华人区阿凯迪亚的超市买东西。在超市附近的十字路口,看到一排排的中国孕妇在等红绿灯,一个个挺着大肚子在街上整齐划一地行动。我姐说这些来自大陆的孕妇团已经成为洛杉矶华人区的一景了。我在国内也早有耳闻,国内一些家境还算不错的夫妇都想把自己的孩子办成美国公民,所以不远万里来到美国生子,根据美国法律只要是在美国出生的孩子都会合法地成为美国公民。

　　随着大批的大陆孕妇团进入美国，逐渐在当地形成了一个产业，就是由许多当地华人开办的美国华人月子中心，专门从事这项接待大陆孕妇的工作。说个洛杉矶当地真实的故事，有一家老外发现自己的邻居住了好多华人妇女，不像是一个正常家庭，一天晚上忽然听到数名婴儿的哭声，吓坏了，以为是贩卖婴儿集团，立刻报警。警察敲门而入，才揭开了华人月子中心的黑幕，被当地的新闻机构曝光。后来这家月子中心被政府取缔。

　　其实，在这之前洛杉矶众多的华人月子中心，已经存在好几年了，她们行动低调，出入诡秘，大多数隐藏在居民的住宅里，很难被发现。由于政府对这种机构规定很严，工作人员必须要有护理执照，对房间大小设施都有要求，每个人护理的对象不能超过3个人。大多数华人月子中心无法达到法定要求。而市场需求又这么大，华人最懂华人，生活在华人家里，几乎是孕妇唯一的选择。但大多数的孕妇在美国的生活条件都很差，好几个孕妇挤在同一幢房子里，每个房间住一个孕妇，有点类似北京居民楼里的拼租房，十分拥挤。生活条件简陋，生活环境很枯燥，饮食条件自然跟国内差得很远。在美国的几个月里基本上不太出门，以免发生月子中心控制不了的情况出现。这些孕妇们除了每周集体外出购物一次，其他时间都是窝在住所里。我的一个晚辈就把他的媳妇送到美国来产子，住在被称为"二奶村"的罗兰岗。他媳妇家是个有钱家族，出钱让她住月子中心里条件最好的房间，主卧室加一个独立卫生间。其他的孕妇都是住在小房间里，而且共用一个厕所。白天这么多的孕妇就在这幢房子里忍受枯燥的生活，哪里都不能去，也不敢去。我姐每周给她炖一大锅汤和顺口的中餐送到她住的地方，看到那个场景真是感慨万分："你们大老远的跑到这儿来受这份洋罪图什么呢？"

　　这些来美国产子的家庭自然有他们的道理，也都是听中介公司忽悠的结果，大致上有几条：首先是孩子在美国出生就能顺利拿到美国国籍，成为一个正正经经的美国人。再一个是以后孩子中小学学费都能节省，18岁上大学以前，美国全部中小学都是义务教育。目前北京、上海、广州三地机构办理国内的中小学生赴美的学费每年都在3万美元以上（18万多人民币）。3年就是9万美元，约等于省下50多万人民币。而且中国从幼儿园到高中很多家长还得交赞助费，这笔钱也是个不小的开销。还有大学学费，上大学美国本地学生的学费每年约3千多美元，而外籍学生要交2万多美元。每年节省1.7万美元，4年就是6.8万美元，约等于40万人民币。而且还可以申请各种类型的学生贷款，找到工作以后可以分年还清，通常只要拿工资的10%—20%还款。大学毕业以后，美国政府在各地设有专门机构免费为美国人找工作，同时，这些部门每年还有各项基金帮助培训待业者。有正常收入并交税不少于6个月以后失业，到美国相关部门报失业并办理相关手续就可以按月领取政府救济金（每月600美元—1200美元不等）。除了孩子自己，作为家长还可以申请美国绿卡，绿卡持有人在一生累积十年交税记录后（底线为每月50美元的税金）可在退休后（通常为65岁）终生领取美国政府的退休金（每月700美元—1200美元）。把这些钱都算在一起，在美国生孩子所花的几十万人民币可算是具有超级回报率的投资了。我看一家国内的美国产子中介公司在网上做的广告："美国产子为您节省980万元！"这个标题可真是有冲击力啊！而且这980万元是如何计算的都列出表格，包括买美国国籍的钱，上学的费用，家长的绿卡，乍一看确实是一个一本万利的买卖。

其实细想起来，所有这些计算方法都是鉴于目前的固态情况，没有多少实际意义。目前美国的经济可不敢说已经完全走出低谷，这种计算方法可都是按照目前的社会福利保障计算出来的。我的一个阿姨在2010年拿到美国绿卡，2011年每个月能领到美国政府发的159美元的食品券，一年以后每个月就只有79美元了，减少的幅度超过50%。而且对食品券的管理也愈加严格，以前可以私下拿食品券换现金使用，2011年美国政府就抓了几个这样的现行，通过法律程序严加处理，现在谁也不敢这么做了。食品券的使用也是管理严格，不光体现在使用的范围，甚至严查到使用的情况。还是我那个阿姨，因为食品券使用不是很多，政府直接打电话到家里，通知阿姨以后要减少每月食品券的金额。想让政府无限制地养活自己，在美国是越来越难了。福利保障是一个国家经济实力的体现，目前美国的福利已经开始收缩，鬼才知道等你在美国生完孩子以后会是什么样？更何况等孩子长大以后。除了减少福利，美国经济另一个晴雨表就是税收，对中产阶级加税。我姐一家2013年的缴税额比2012年就多了一万多美元，而且是在罗姆尼竞选失败以后。这要是罗姆尼当选美国总统，年收入 25 万美元以上的家庭就要上高税率了。还好奥巴马继续当选，才把家庭收入的额度控制在 45 万美元以上。不然的话，我姐一家每年不知得给山姆大叔多上多少钱的供。在欧美经济一片萧条的大背景下，想永久保持高福利保障确实有些异想天开。美国目前的经济数据明显转好，但鬼才知道这些公布的数据是不是又一个"星球大战"计划，那个上个世纪 80 年代里根政府的欺世谎言。这可不是异想天开的假设，失业率、消费者信心指数等数据可以造假，唯一不能造假的就是利率。如果哪天美国政府在正常状态提高利率了，美国的经济前景才是真正转好，除此以外其他的尽量就当个热闹看一看得了，千万别当真。

还有那个令国人羡慕不已的助学贷款，这个我真得好好扒一下它的皮。2012 年 6 月 27 日，美国雅虎首页推出了一篇题为"学生贷款毁掉我的人生——雅虎新闻读者讲述他们的故事"的栏目。雅虎请 600 名大学毕业生分享有关学生贷款的故事，哪位有时间可以去看一下，那简直就是一部美国年轻人的血泪史。美国这些学贷从入学第一天开始计，上学期间不用还，但利息利滚利，拿到学位证书不久就要立刻还。假如你一年学费、生活费需要 1 万美元，四年需要 4 万美元。你借 4 万美元贷款，才能入学。然后利率 6%（最低利率），四年期间，利滚利，四年毕业后，那本金就是 5 万多美元了。你借 4 万美元，还钱的时候就变成 5 万美元了，而且是本金哦。美国其实只有不到 40% 本科生 4 年毕业。如果 4 年毕不了业，那么学贷也不会让你还，但同时继续利滚利。有很多美国人不敢毕业，怕一毕业就要还贷，所以不少美国人没找到工作前不敢毕业。但越不毕业，利滚利的就越厉害。在美国你不能漏掉一次学债的账单，漏了一次，立刻利率就可能提高。曾经有美国人因为刚毕业，工作换得勤，搬家也勤，信件就丢了，或者说漏了，然后立刻就加了利率。你觉得还不起学贷，想破产逃债。对不起，在美国知识就是力量，你上了学，学了宝贵的知识，你破产了，但宝贵的知识消不去怎么办。所以你宣布破产，但学贷还要继续还，到死为止。这个在美国是唯一的，你可以破产逃卡债，逃房债，但逃不了学债。我姐夫的同事就是一个活生生的例子，他毕业于哈佛大学，现在有着高收入的工作以及社会地位，但让我奇怪的是他都 40 多岁了，助学贷款还没还完，我想他这 20

第三章　情迷洛杉矶

多年所还的利息远远比助学贷款多多了。美国有 3700 万进过大学的人背起了沉重的学生贷款债务，到 2012 年 5 月以前总计为 1 万亿美元。在美国，个人债务在不断增加，个人债务膨胀到一定程度，就搞垮银行，而银行不能垮，国家就来拯救，个人债务就转移成国家债务。2008 年的美国金融危机就被个人房屋次级贷款引爆。正不断增加的学生贷款债务有可能成为美国的另一个债务炸弹，加上另外 7000 多亿美元的信用卡债务，或许会给美国带来另一次金融和经济危机。次级贷款之下还有房子作抵押，而学生贷款和信用卡债是已花掉的钱。以此看，学生贷款不仅在毁掉许多美国人的人生，而且会影响美国乃至全球经济。维拉诺瓦大学一位著名金融专业毕业生在自己的投资者博客上警告说，助学贷款是下一次信贷泡沫，但这次失败的不是贷款人，而是借款人。

咱们说回中国孕妇团，就说在美国的产子费用吧，中介公司的报价是 20 到 30 万人民币，这对于在国内月收入在 3 万的家庭还是能承受的。但实际情况往往不是这样，美国洛杉矶一家台湾月子公司的老板介绍，每年都有产妇在手术中出现状况。"生产过程出现状况总是难免的，可一旦情况复杂起来，医院方面的花费可能比原本的生产费用高出几倍！手术大出血可能产生住院急救费用，新生儿情况不稳定需要进保温箱，一周的花费就要 3 万美元。"为招揽生意，很多月子公司都在宣传时刻意隐瞒了诸多"隐性"花费，而对于很多中国父母因为对此缺乏了解，也都没有将其计算入生子预算之中。回国以后在"天涯论坛"里看到一位名叫 foreverly11 的天涯网友的遭遇，他在网上联系到一家私人非法的月子中心，在美国洛杉矶核桃市，然后陪老婆去那里生第二个孩子，可是却在生孩子那天在医院生产的过程中发生了意外，孩子没有了妈妈。孩子的父亲在痛失家人的情况下，还要继续承担抚养两个孩子的重任。当然了，这个例子只是个案。但谁能确保在生产过程中连个小状况都不发生呢？在美国的医院里处理个小状况可是要和不知道多少美元直接挂钩的哦！

即使在生产过程中没有发生意外情况，带着美国"小天使"回家的中国父母，家庭的赴美生子隐性支出还远没结束。"孩子的中国旅行证每两年要更新，美国护照也需每五年更换新证。"我看到报纸上的一个报道，上海妈妈莎莉抱怨每隔几年都要带孩子到美国换证件，每次一去又要花费数万元人民币。让孩子保持外籍身份，在本地上幼儿园、小学、中学，但高额的赞助费、借读费却令事先没有预期的家长愁眉不展。据福建的孙女士介绍，孩子带回国内，也就享受不到美国的社会福利，有个头疼脑热的都要自己掏钱。现在到了要上小学的年纪，外籍身份就成了一个难题。之前在幼儿园的时候，每学年就要交近万元的赞助费。现在要上小学了，借读费也很高。假如孩子上私立、双语国际学校，花费就更是无底洞了。而且孩子毕竟没在国外待过，和外国孩子一起上课也不好适应。很多中国家长都想赴美生子，逃避计划生育规定，但其往往打错了算盘。因为按照国家人口和计划生育委员会规定，夫妻双方均为我国内地居民，在国外、境外生育的子女回我国内地居住，办理了入户手续或两年内累计居留满18个月的，在适用各地人口和计划生育政策规定时，应当计算入该家庭子女数。如此，打着超生"曲线救国"策略的家庭，不但捡不到"便宜"，还要面对孩子双重国籍的尴尬身份和花费给孩子上户口的"特殊"费用。

以上的花费甭管多少还都是属于为自己家庭支出的，还有一些花费那可不是当冤大头那么简单了。美国的南加州曾有一种妇幼中低收入保险（The Access for Infants & Mothers Program，简称AIM），前些年一些华人开办的非法月子中心为了牟取暴利，利用来美生子的大陆怀孕妇女英文不流利或贪图利益的心理，在她们返回中国前设下圈套，骗取她们签署了申请这种福利的文件。任何国家的社会福利保障的受益者都是本国合法居民，绝非外国游客。但由于语言障碍，这些大陆怀孕妇女因此让自己上了黑名单，在没有得到任何利益的情况下变成了通缉犯。其中一位不知情的受害者，2011年底携美国出生的孩子返美上学在入境时被捕，虽然以5万美元保释，但此案在辩护上也是困难重重。当年利用过30几位华人孕妇骗保的地下月子中心显然早有预谋，事后马上卷款潜逃，只剩下30余位真名实姓的妇女成了受害者陷入官司，即使能洗脱罪名，辩护的律师费也绝对不会是小数目，更不说将要承受的压力了。

说白了，美国产子团真正的目的就是那本美国护照，是对美国的未来抱有无限憧憬，对中国高速发展以及未来的不屑一顾。说到这里，我想起了我小时候的70年代，那时中国人崇洋媚外的心里极为严重。环顾中国四周，除了北边是敌人苏修，其他三个方向都是带"洋"字的人间天堂。西方世界就不用说了，肯定得叫西洋；东边的日本叫东洋；就连东南亚那些小国也得叫南洋。只要沾个"洋"字，哪怕有个八竿子打不着的亲戚跟"洋"字沾个边，绝对是万众瞩目。随着时间的流逝，这些都成了笑谈，2012年中国出境旅游人数超过8300万，外面的世界早已没有了那层神秘的面纱，菲律宾就是个产菲佣的穷地儿；马来西亚给我的感觉也是穷热穷热的；日本的家用电器和汽车也褪去了神话的外衣，通过韩剧了解到韩国人，吃几顿五花肉就会美飞了。"崇洋媚外"就像"文攻武斗"一样都成了退出历史舞台的单词。但偏偏就剩下美国，那本薄薄的美国护照或绿卡还能让一部分国人在心里继续存留那么一点"崇洋媚外"的心理。我就奇怪了，物以稀为贵这么简单的道理都不明白吗？取得美国护照和绿卡比起取得中国护照和绿卡那简直是小菜一碟。

　　截止到2011年底，几十年来中国总共也就发了4752张绿卡，申请中国国籍需要先拿中国绿卡。中国一年平均发放200多张技术类绿卡，而单是外国专家局管理的专家就有50多万人。美国每年发放12万张技术类绿卡，是中国的近600倍。到目前为止，中国还从未公布过加入中国国籍的外国人数据，外界普遍认为这个数字远远低于获得绿卡人士。从公开报道来看，外国人加入中国国籍一般都是基于亲属关系，独立的外国人加入中国国籍近年十分罕见。中国移民法律专家刘国福介绍说，"中国国籍基本上没有办法申请。"外国人基本不申请，一方面申请非常困难，一方面中国不承认双重国籍。这让我不由得想起成龙在一次接受电视采访时的炫耀，他炫耀的不是自己的财产、自己的名气，而是他的儿子房祖名居然成功加入中国国籍。他在节目中说道，中国国籍是全世界最难得到的，美洲国家的国籍，你什么本事都没有，只要能借到钱就可以买到。就像美国现在只要花几十万美元在美国投资就可以拿到绿卡。中国呢？你有钱、有本事、有名望又能怎么样呢？想拿到中国国籍？光有这几点可是远远不够的。难怪成龙这样的人物居然因为儿子拿到个中国国籍，会像个暴发户一样在媒体面前大肆炫耀。

　　再有令国人想不到的是，一本美国护照的成本太高，尤其对于那些事先未意识到拿美国护照就要交美国税的中国富人来说更是如此。与其他国家不同的是，美国对永久居民和公民的海外收入和资本也都征税。所有在拿到美国身分之后获得的收入，都必须缴纳美国税。普通收入的最高税率为39.6%，高收入者的长期资本利得要交20%的税。原来的中国首富、娃哈哈集团创始人宗庆后宣布已去美国领事馆交还绿卡，宗庆后解释放弃美国身份的理由是"中国变得越来越好，而且一定会比美国强"。他的发言人并补充说，现在宗庆后全家都是中国身份，没有人持有美国绿卡。

最后还要说一下，目前美国政府已经开始意识到中国孕妇团给美国社会将带来隐患，有些议员已经开始提议修改在美国出生就可以加入美国国籍的法案。对地下月子中心的监管开始有实质性地进展，最先发难的就是我姐家东南方的奇诺岗市，市民已走上街头抗议中国孕妇团。洛杉矶一个区，整个一条街道都被警察突击搜查，结果10多个中国人开的月子中心被查封。日后会怎么样？我想随着美国经济的衰弱，可能就要在整个洛杉矶，甚至整个美国展开清扫行动。想要去美国产子的中国家庭可要认真考虑一下，别再听中介公司的忽悠了，说得天花乱坠，可事实能不能按照他们预想的情况发展，可绝对不会是中介公司能左右的。说钱财乃身外之物的人，一定指的是别人的钱财。为朋友两肋插刀的人，一定是把刀插在朋友肋上。长点心吧！

洛杉矶海滩一日游 ▶▶▶▶▶

2012年10月5日，我结束了美国西部八个州的旅行回到洛杉矶。第二天一早起来就开始蠢蠢欲动，可能是玩疯了，在家里有些坐不住，我姐还是建议我彻底休息一下。我来美国后在西雅图玩了十几天，自己开车去圣迭戈玩了4天，回到洛杉矶第二天早上就去西部玩了7天，一直就没闲下来。再说，我的相机在黄石公园落在酒店里还没给我寄回来，甭管去哪儿都照不了相。就这样一直在家等待我的相机，到10月14日才寄到家里，居然用了10天的时间。美国的快递业被两家快递公司垄断，一家是联邦快运，一家是UPS，效率一个比一个慢。在这点上跟国内相差不是一个档次，那个速度简直能把人急死。但是服务质量中国跟美国也是差了不止一个档次。相机寄到家里时，我都没想到是我的相机。

第三章 情迷洛杉矶

那个包裹箱子都能装下一台电视,里面全都是像大棉花糖一样的发泡聚丙烯,相机放在箱子的中心,无论从哪个角度对相机都有最好的保护。看箱子外表也没有野蛮装卸的痕迹,箱子崭新崭新的,没有一丝磕碰的痕迹。这个箱子就是从飞机上掉下来里面的相机都不会有事。但也可能是贵重物品才会有这样的包装,要快递一份几页纸的资料肯定不会这么"兴师动众"。

拿到相机后,又开始琢磨去哪里旅游了。洛杉矶有一个著名的吃海鲜的地方,名字叫做雷东多海滩。我上次来美国的时候我姐和她的朋友们都给我推荐这个地方,据说是洛杉矶的海鲜圣地。由于上次我在美国丢了护照,没法开车去雷东多海滩,只能乘坐公共交通工具,结果坐了三个多小时的车,又走了一个半小时才到。体力已经接近我的极限,恨不能把所有的海鲜吃个遍。最可气的是怎么也找不到我姐她们说的吃海鲜的大排档,最后实在是太累了,就在一个小市场上买了墨西哥摊贩卖的大卷饼。回国以后,每每想起雷东多海滩都是内心深处的遗憾,实实在在是由于海鲜大餐造成的遗憾。

2012年10月16日早起,我在电脑上查了一下地图,与雷东多海滩紧挨着的还有两个海滩,是洛杉矶著名的富豪区,正好我当天一天都有时间,决定彻底地把这三个海滩市逛一下。把雷东多海滩的地址输进GPS,开上我那辆凯美

▼ 雷多东市的主要街道——Catalina大街

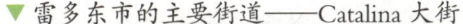

Memories of

瑞冲着海滨方向驶去。我把时间安排得很富余，上午除去路程还留了两个多小时的找海鲜市场的时间，我就不信这次还是找不到海鲜市场，今天要是再吃不上海鲜我宁可死在海滩上。

由于出门早，去往雷东多海滩的道路十分通畅，不到一个小时就到达了目的地。雷东多海滩是一个只有16平方公里的小城市，人口不过也就6.7万。别看城市不大，但在这个小城里却屡发神秘的灵异事件。就在我来到雷东多海滩的前373天前，也就是2011年10月8日的夜晚，这个小城的上空突然出现了UFO群，不是一个UFO，是一群UFO哦！网络上的视频第二天就铺天盖地了，掀起了一股来雷东多寻UFO的旅游热潮。再往前推7个月，2011年3月8日，雷东多海滩(Redondo Beach)的国王码头（King Harbor Marina）出现大量死鱼。一名警方发言人表示，漂浮的死鱼有几百万条，厚达1英尺，堵死了数十条私人船坞。真是：忽如一夜死鱼来，万条亿条飘起来！而且奇怪的是未发现赤潮或任何污染的迹象，这几百万的死鱼一夜之间就铺满了雷东多海滩码头，着实地吓人。当时还盛传这是2012世界大灾难的开始。

雷东多市的主要街道，就是一条沿着海岸线方向行驶的平行于沙滩的大街，名字叫做Catalina大街。我在这条大街漫无目的地开着，随便找了一个口就向右转向海滩。真是太巧了，等我把车转过来，我的双眸正对着享誉全美的雷东多海鲜市场。我上次来雷东多海滩是踏破铁鞋无觅处，这次来是得来全不费工夫。我把车开到停车场，这里的停车收费都是用咪表，幸好我车里有一弹夹的硬币。在美国的私家车里，很多车主都放着一个像子弹夹的东西，里面塞的都是quarter（25美分的硬币），专门为咪表准备的。一个quarter能停15分钟，直接从弹夹里弹出3个quarter，塞进咪表里，表盘上原来红色的显示逐渐变成绿色，底下还有剩余时间的显示。由于今天出来得太早，我自己先在码头走走，本来也确实不饿。自己走着走着就到了海鲜市场里，看到大螃蟹和生蚝、龙虾、贝类，两眼发直，二话不说赶快跑回停车场往咪表里又塞了5个quarter，让停车的时间达到两个钟头。这里停车场的每个咪表管两个车位，先得按车位按钮再塞硬币，我非要反着来，你猜结果怎么样？好！我们现在聊聊海鲜市场里的名店。

在美国评出了全美十佳海滩酒吧，第一名是一个名叫老托尼的1952年开业的老店（Old Tony's）。现在这家老店就在我面前5米处，老托尼酒吧上部是一栋八角形的全玻璃建筑，堪称雷东多海滩的地标，吸引着沙滩客纷至沓来。因为在这里他们可以饱览壮丽的落日美景，享受刺激的冲浪以及欣赏360度的海岸风光。你还可以通过一个螺旋楼梯来到瞭望台，每天晚上在这里都有现场表演，时不时就会有名人出现。酒吧里的墙面上挂满了来过这里的名人照片，印象最深的是我认为的美国近代最伟大的总统，罗纳德·威尔逊里根，他编造星球大战计划，打破冷战，让世界成为美国一国独大的局面，从而使日后美国产生信息革命。这家酒吧最值得推荐的是一款名为"消防队长"的鸡尾酒，由3种朗姆酒和红色石榴汁调制而成，酒杯上还印着"老托尼"的标志。当然了，既然这个酒吧位于海鲜市场里，所有能见到的海鲜那可是一应俱全，管这里不叫酒吧就叫海鲜楼也没问题。

我本想就在这个酒吧里大快朵颐一番，但坐在里面的都是一对对的情侣，人家都是图着这里的浪漫气氛，寻求个罗曼蒂克情调。我呢？傻乎乎地一个人在情侣堆儿里一戳，"嗞儿"地一口啤酒，"咔嚓"一声又咬了口螃蟹腿儿，还

▼ 全美十佳海滩酒吧的第一名——老托尼

Memories of

让人家怎么谈情说爱？看来一个人确实和这里的温馨环境不太协调，如果这时走上来一个金发碧眼的性感美女，主动邀请我一起就餐就好了。想到这里看了一下对面的镜子，长成我这个样子，这辈子从没想过会有女人主动追我，当然了也没想过男人追我。

自己一个人又走出了老托尼，市场里的海鲜餐厅多得是，哪家不能大快朵颐？在市场里转了转，发现韩国人基本上把这个市场垄断，很多家餐厅都是韩国人开的。怎么看出来的？怎么能确定他们不是中国人或者是日本人？就一个理由，餐厅里的人只要是女性都化妆，而且绝不是淡妆。四五十岁的人都要

▲ 餐厅屋檐上的大鹈鹕

化成30岁的样子，脸上一个褶子都不许有，而且对顾客极为恭敬，鞠躬没完没了，对任何顾客都像是对长辈一样毕恭毕敬。我选了一家名为 Pacific Fish 的餐厅，有一只大鹈鹕就在餐厅入口的房檐儿上方，我以为是做的模型，一动不动地站在房上。就在我走到它底下的时候，它张大了那张带囊袋的大嘴，真真吓了我一跳。这家伙得有我一半的身高，一摇一晃地走在身边你都怕它用嘴啄你。在餐厅里点了螃蟹和生蚝，螃蟹的名字叫邓奇斯蟹，加州的邓奇斯蟹就像缅因州的龙虾一样有名。金黄色，十分厚实，个头大得吓人，够两三个人吃的。收银员结账的时候竟然不收我的 discover 卡，这种卡从9月至12月保证每个月消费2000美元，到年底返还500美元，所以我在美国都用这种卡。（顺道说一下美国信用卡透支额度和国内一样都是5000。）人家不收，我只好改 visa 卡让人家刷，心里多少有些别扭，那种与生俱来的占不到便宜就难受的别扭。

我找了一张阴面的靠窗户的台子坐下，由于餐厅在深入大海的栈桥之上，所以开着窗户吹着海风，底下是湛蓝的太平洋，等着即将上桌的海鲜，那感觉真让我流露出一种猥琐的眼神，简直是下贱至极般的销魂。服务员发给我一个砸螃蟹的锤子，木头做的。来美国这一个月我一直吃快餐，一般10美元，多了

第三章　情迷洛杉矶

15美元，今天60多美元，明显超了预算。不过能在这种环境中享受如此一顿美餐肯定是物有所值，这顿海鲜大餐在北京比这儿得贵上六七倍。

这家餐厅杀只螃蟹比杀头牛都慢，活

▲ 我的海鲜大餐

活让我等了20多分钟，菜还没上呢，我要的两瓶啤酒已经喝没了。一只大螃蟹上来，旁边还有一盘生蚝，就这两个菜足足占了半张台子，我色迷迷地盯着一桌子螃蟹（其实就一只），真怀疑一个人能不能吃完。今天气温华氏90度，还好我坐在阴面还紧挨着窗户，窗外就是太平洋，美景美食就摆在我的面前，拿起锤子，像个工厂车间里的钣金工一样开始叮哐五四地砸螃蟹。有钱人有有钱人的享受方式，我这种穷鬼也有我自己的享受方式，在这样的美景下独自一个人享受一桌子的海鲜不也挺好吗？自以为拥有财富的人，其实是被财富所拥有。同理可以推导出像我这样从没拥有财富的人，其实也是从没被财富所拥有，但并不耽误我享受生活。

50分钟以后，我满脸满手的腥膻味道，大摇大摆地走出餐厅。回到车上又拿出几个quarter塞进咪表里，把四个车窗全部打开，把座椅放平，在海风的吹拂下躺在座椅上和周公约会去了。一个小时后让尿憋醒了，睁眼醒来时，眼前大雾迷茫，感觉自己还在梦中，从餐厅出来的时候明明是万里无云的艳阳天啊，怎么睡了一觉就进入蓬莱仙境了呢？雾气越来越大，自己走到海边，浓雾裹着湿气扑面而来，能见度让我好像回到了北京PM2.5值在500以上的时候，前方几十米就什么都看不到了。回到餐厅上了趟厕所，出来以后开上车穿梭在雾气弥漫的Catalina大街，往南行驶就到了一个名叫派洛斯福德的半岛，整个半岛都是洛杉矶的富豪居住区。山上都是面朝太平洋的高级别墅，价格都是以百万美元计数，即便上千万的宅邸也不在少数。特别奇怪的是这里距离海鲜市场也就

Memories of

几公里的距离，但那里是雾气昭昭，这里却是风轻云净，下面的海滩清晰可见。实在是没见过这种气候，开着车沿着海滨大道来回穿梭，往南开云开雾散，再开回来又是雾气霾霾。这是什么气候？一会儿一个样儿！而且换样儿的速度比日本换首相还要快！这就是雷东多海滩，一个奇妙的地方。

26 天以后的 11 月 11 日，我和我姐带着孩子们去 Torrance 看马戏，看完我们一块儿又来到雷东多海滩吃海鲜。在一家叫螃蟹屋的韩国餐厅点了 3 只大螃蟹，一只雪蟹，两盘花蛤，还有一盘鱼，两瓶啤酒，吃了一半都不到，把我们撑得要命，一结账才 100 多美元。所以谁要是去洛杉矶旅游，这个景点千万别错过。

▼ 雷东多海滩

◀◀◀◀◀ 第三章　情迷洛杉矶

时间不早了，该离开雷东多海滩了，得去那两个著名的海滩看一看。美国有线电视新闻网财经频道(CNN Money)发布了"寻找单身有钱人的最佳地点"(Best Places for the Rich and Single)榜单。前五名加州占了三席，而且都在洛杉矶。排名第一的是曼哈顿海滩，第三是贝弗利山庄，第四就是赫莫萨海滩。我要去的两个海滩就是排名第一和第四的曼哈顿海滩和赫莫萨海滩。赫莫萨海滩紧挨着雷东多海滩，曼哈顿海滩又紧挨着赫莫萨海滩，三个市紧紧挨在一起。海滩连着海滩，距离从北到南有10公里多，而且都是白白的细沙，在国内除了海南岛极少能见到这么好的沙滩。但不可否认的是，在这么好的沙滩上有个像老式发电厂的建筑群矗立在海滩边上，真有些大煞风景。赫莫萨海滩上的帅哥美女明显比雷东多海滩多，真有些色欲都市的浮华。难怪那个榜单的标题是"寻找单身有钱人"，谁不想嫁个有钱人当阔太太呢。现在不仅是女人要找有钱人，很多男人也都幻想着找个有钱人，真是匪夷所思。找个有钱人当老婆对一般人来说那是难于上青天啊！对我则不然，因为只要是个女人就比我有钱。

接着往北走就到了曼哈顿海滩，曼哈顿海滩市是一个富裕的海滨城市，总面积13平方公里，临海有3.4公里长。根据《财富》杂志最新的排名，它是美国生活最昂贵的海滨城市之一。这里独立屋的均价要比已经很高的洛杉矶郡的均价还要高100%以上。如果考虑到所出售土地的大小，曼哈顿海滩市的房地产显得特别昂贵。相比之下，另一个富豪城市贝莱尔市（Bel-Air），也就是里根总统的出生地，半英亩土地的价格是2000万美元，而曼哈顿海滩市海滨的半英亩土地的价格则高达3500万美元。一栋海景房，单单成本就经常超过500万美元。曼哈顿海滩市大部分地方都曾是沙丘，但是现存唯一的沙丘只有在该市沙丘公园里才能看到。

当地居民将该市通俗地划分为几个截然不同的地区，

包括"村庄"(The Village)、"沙滩区"(Sand Section)、"山冈区"(Hill Section)、"树林区"(Tree Section)、"煤气灯"区(Gas Lamp)、曼哈顿高地(Manhattan Heights)、东曼哈顿海滩(East Manhattan Beach)、自由村(Liberty Village)、"诗人区"(Poets Section)和El Porto（北曼哈顿）。沙滩区许多价值数百万美元的海滨住宅沿着自行车道和散步小道排列于海边，这里的滨海豪宅密度极高，每套住宅的建筑面积不大，停车都十分困难，甚至有的家庭在自家建起电动分层车库。能拥有自家的海景沙滩，价格至少也在500万美元起步，这里的住户以高薪白领为主，许多医生、律师、金融银行界人士，尤其是单身贵族特别喜欢买沙滩区的高价屋。山岗区是富豪集中的住宅区，房屋的面积都很大，这些住宅很多是在陡峭的山丘上改造的，可以享受全景式的海洋和城市景观。我们华人追逐的不是海滩美景、也不是山岗豪宅，而是离学校很近的住宅，为的是提供子女完善的学区及学习环境，并让下一代自然而然地融入主流社会与生活。相比较之下，虽不及沙滩区和山岗区奢华，但更有利孩子的成长，房屋价格也低了许多，100多万美元就能买到一套不错的住宅。南加的滨海城市不少，但曼哈顿海滩却有其独特之处，所以，房地产价格始终维持不坠，其实以海景及住宅区开发地形来说，洛杉矶长滩与曼哈顿海滩条件相当，但房价始终无法与曼哈顿海滩相比，原因就出在长滩有工业城及海港，空气品质及居住品质都大打折扣。2008年金融危机的时候，洛杉矶的房价迅速跳水，只有曼哈顿海滩的房价不降反升，可见这里的条件有多好了吧。

　　曼哈顿海滩和著名旅游点圣塔莫妮卡的威尼斯海滩有很大区别，那里的沙滩上游人众多，沿沙滩而建的柏油路上都是贩卖自己作品的艺术家，路旁的建筑大多都是商店、餐厅、旅馆等旅游设施。而曼哈顿海滩则完全不同，论名气这两个地方在洛杉矶都是人人皆知，一个是旅游点，一个是豪宅区。首先曼哈顿海滩的游人要少许多，游人的构成也大相径庭。威尼斯海滩上都是一些观光客、滑板青年、冲浪爱好者；曼哈顿海滩则是领着自家小狗的帅哥美女，开着跑车戴墨镜的精英阶层以及在沙滩上进行着排球比赛的运动少年。由于这里的游客不像旅游景点那么多，所以来这里的明星有很多，每年这里还举行沙滩排球比赛。

　　沿着海岸线而建的房屋在夕阳的照射下像裹上了一层暗红色的纱，沙滩和

◀◀◀◀◀ 第三章 情迷洛杉矶

▲ 曼哈顿海滩上玩沙滩排球的游人

大海也都失去了原本的颜色。安静！只有这一个词能形容曼哈顿海滩的傍晚；炫目！只有这一个词能形容曼哈顿海滩的夕阳；奢华！只有这一个词能形容曼哈顿海滩的豪宅。能出生在这里的孩子那可绝对都是富二代啊！我跟富二代唯一能沾边的就是"二"。不夸张地说，生在这里的孩子那个个都是含着把金钥匙出生的，不像我，在北京含着一口浓痰就出生了。

我和 Lily ▶▶▶▶▶

说到 Lily，那可是我在洛杉矶生活时的最佳玩伴，其实就是一只我姐家抱养来的狗。除了出去旅游，白天我在家的时候，只有它陪着我。晚上家里人要不工作要不看着孩子学习，唯有它和我出去散步，在洛杉矶我和它在一起的时间比和我姐一家人待的都长。

美国的孩子放学以后就各回各家，不像北京的孩子能在小区里接着疯玩疯闹。美国的孩子在学校以外的时间变得十分枯燥，我姐就到政府的宠物领养中心联系到这么一家人，由于个人原因不能接着养 Lily 了，直接就办理了领养手续。Lily 是一条哈士奇和波士顿梗的串儿，这让我多少有些莫名其妙，这两种狗怎么会串在一起呢？狮虎兽我都能理解，可这两种狗怎么能配在一起呢？就是我相信我跟安吉丽娜朱莉能配在一起，也不信这两种狗能配在一起。

　　Lily 是条母狗，在领养它之前曾经被男人虐待过，所以它见到男人会本能地跑开，胆子也比一般的狗要小许多。2012 年我第一次见到它时，它对我这个陌生男人保持高度的警惕。甭管它在哪屋只要听见我的脚步声马上就起身站立竖起双耳，只要我一进它所在的屋子，马上双耳朝后快步地逃离这间屋。狗的耳朵竖起来表示警觉，耳朵朝后表示害怕服从。为了打消它的戒备心，只要我在家的时候，晚上都一个人带它出去遛弯。狗这一辈子其实活着就为两件事，一件是吃，一件是玩。我姐一家人带它出去的次数很少，所以它的活动空间就是屋子里和后院，外面的世界对它有着无比强大的吸引力。在洛杉矶遛狗法律规定必须拴狗绳，每次我带它出去之前拿出狗绳，Lily 都兴奋得乱蹦乱跳，必须说好几遍"sit"它才能坐下，简直激动得不能控制。拴好狗绳带着它一起去后面 Morgan Ranch 的山上走一走，它是万分地享受，可是回家把狗绳一摘下来，马上又开始对我保持高度警惕。上次在美国的两个月，我们之间的隔阂消除很多，临走的时候它已经对我有很强的信任感了。

　　9 月 16 日我从西雅图飞到洛杉矶，我姐开车接我回家，一开家门我就叫 Lily。它明显还记得我这个男人，但警觉心又恢复到我们第一次见面时的那种状态。尾巴夹在两条后腿之间，头低着脖子往前探着眼睛往上瞟着看你，任何时候都与我保持着安全距离。我当天晚上就带它出去遛了一圈，拴狗绳时依然是那么兴奋，一起遛弯的时候也依然对我相信，就是一回到家，把狗绳一摘，马上躲得远远的。我姐告诉我，在我来洛杉矶的前一段时间，Lily 有次白天从没有关紧的后小门跑了出去，偷偷地跑到外面玩去了，也不知道去的哪里，晚上家里人都回来了它还没回家。天黑后 Lily 自己回到家，我姐一看，满嘴满脸的血，总共四个犬牙还被打掉一颗，前腿有一条伤得已经不能碰地，就这么三条腿蹦着跑回家里。见到这幅惨象外甥女跑到自己屋里嚎啕大哭，外甥赶紧从冰箱里拿出所有的好吃的喂它。我姐还怀疑是不是跟别的狗打架了，我说不可能，要是和狗打到满脸是血还瘸了一条腿，最起码身上得有十几处别的狗的牙洞，这身上什么伤都没有，肯定就是被人用棒子给打的。不出天大的意外肯定是个男人，我还真没见过一个女的拿着棒子和狗厮打在一起，这下Lily害怕男人的心里阴影肯定更深了。

　　回到洛杉矶以后我依然带它每天出去遛一遛，感觉它对我的信任又恢复到上次临回国时候的程度。差不多有这么一个礼拜的时间，我自认为和它的关系已经彻底恢复。9月22日晚上，我带着它到后面的山上看洛杉矶的灯海，那天晚上空气的透明度特别好，灯海比平时好看许多，我坐在一个高台上不住地感叹如此美丽的夜景。Lily看我兴致极高，也想上到高台来看一下我到底看到了什么。它前腿扒住我的手，无奈台子太高怎么也上不来。我一下子就跳了下去，把它吓得本能地往后退了几步，我过去双手抄到它身子下面，用胳臂一下把它抱了起来。这下可把它吓惊了，全身扭动想逃跑，我也本能地更加抱紧它，不料它猛地在我的手上咬了一口。我也感觉到有点疼，直接把它抱到高台上，一看自己左手的无名指指甲那里的血是喷出来的，除了拇指其他四个手指和手掌手背都是血。我真没想到狗牙会这么高效，就一下，就几秒钟能出这么多的血，真是发自内心地自叹不如。

　　它在台子上也看到我满手是血，也理解了我抱它的目的，多少能感觉出它有些内疚和害怕。我没事人似的坐在它的旁边一起欣赏洛杉矶夜晚的灯海，过了一会儿它也慢慢地恢复了平静。本来就是嘛，这件事完全是由于我的自信造成的，不关Lily的事。它本来就惧怕男人，又恰巧在不久前刚被人打成那样，它心里的阴影肯定还是很深的。我和它犯了同样一个毛病，就是太自信。它觉着自己跑出家门玩去什么事没有，结果被打成那样。我觉着抱它上高台也什么事没有，结果被咬成这样。谁也别说谁，我俩要不一样地聪明，要不就是一样地傻，不出意外应该都属于后者。

　　回家以后姐夫拿出双氧水给我的手消毒，看样子我的血还是不错的，为什么呢？当时Lily咬完我后那么短的一瞬间就能出这么多的血，一定是我的血液不稠，血脂一定不会高。再有出这么多血马上又能凝固，证明我的血小板不低，不用补充维生素K，凝血机制超好。看来以后我得多出这么几当子事情，不然不会有这么多的自信。我姐看我的手被咬成这样，上去就给了Lily一脚，直接把它赶到院子里。过了一会儿我让外甥女把Lily放回屋，我跟我姐说这绝对不怪它，我姐问我："你在国内打过狂犬疫苗没有？"我问："它打了吗？"我姐说："打过啊。"我说："它打了我就不用打了。"

　　Lily咬完我后，我便开始了在美国的旅程，先是自己驾车去圣迭戈玩了几天，后又跟着旅行团到美国中西部的几个州旅游，再回到洛杉矶已经是半个月以后了。也就是10月6日的早上，家里来了几个墨西哥人打扫房间，我带着外甥小宇和Lily上山，事隔半个月后重新回到了Lily咬我的地方。看着高台的侧立面，我的血迹有一条是70多公分长，另外两条是30公分长，还有不少短的血迹。咱家狗还行，就剩三颗犬牙了还能把我咬成这样，不容易，真不容易。从内心为自己能有这么一条狗而感到骄傲和自豪。

　　10月11日早上，我带Lily出去走，回来以后开车去找我姐，她说带我到Monrovia打狂犬疫苗针。去的地方属于政府福利医院，打一针管十年，时间好像比国内长多了。国内打一针只管两年，而且美国狂犬疫苗针还是免费的，看来我真得想办法再让狗咬几口，不然真有些对不住这点福利。医院里打什么针的都有，看到有两个胖子也在椅子上四仰八叉地等着护士叫他们，我都觉得他俩是来打减肥针的。这里有不少中国人，还有中国服务人员，在里面说中文没问题，墙上还有中文介绍，我要早知道都不让我姐带我来了，自己完全能办嘛。登记的时候护士告诉我姐这针很疼，我姐原封不动地把她的恐吓转达给我，我脸不红心不跳万分轻蔑地摊在了地上。这狂犬针狗打了不行还非得人打嘛？过了一会儿，我姐把我带进注射室，一个白人老太太，打之前问的那叫个详细，连狗带我给问了个底儿吊，那关心的程度，两口子都比不上。对我那个热情啊！打的时候一点感觉都没有，我还真以为她给我用酒精消毒呢，她要不说打完了我真都不知道打过。我还不是卖乖，你不信的话赶快去美国让狗咬几口，打一针试试，看我说的是不是真话。由于在医院政府登了记，所以没过多久接到政府的来信，命令我们一家三个月不许带狗外出。你虽然免费给了我一针，我也不能什么都听你的啊！我家狗被人打以后，你也没给我家狗打狂人疫苗啊，怎么没让那人三个月不许外出呢？

　　细想起来其实宠物狗确实挺可怜的，白天家里没人就自己在固定的那么一点地方瞎转悠，好不容易等家里人回来了，还都因为工作太累没人带它出去走走。

第三章　情迷洛杉矶

我在洛杉矶这段时间确实没少带它出去，每天要带它出去的时候，它也是高兴得欢蹦乱跳。可我每天带它出去的地方就两个，一个是后面山上，再一个就是Shopping plaza，也不知道它烦不烦。反正每天都是重复的两个地方我可早就烦了，你求我去我都不带去的。但Lily可是享受其中，尤其白天带它出去遛，别的狗家里主人白天都上班，直接把狗放到院子里，那些狗看到我们就扒着栅栏大叫。Lily头一天还看看那些狗，再往后就理都不理它们了，摇头摆尾跟个暴发户似的，还看不起狗了，让它们叫去吧，叫到什么时候也不会像它似的，眼神里充满着蔑视，步态上典型的趾高气昂，气质上百分百的暴发户。

狗这辈子就吃那几种狗粮，真够可怜的。Lily最专注的时候就是家里人吃饭的时间，就蹲在旁边，眼睛一眨不眨地看着你的嘴，眼神特别可怜，你要不理它，它就这么一直看到大家吃完饭收拾好桌子，自己才讪讪地走开。有时看它实在可怜，就从冰箱里给它拿出一块Cheese，它最喜欢吃的东西。你递给它，它嘴一张嚼都不带嚼地一下就吞进去，Cheese从它的舌头到嗓子再进食管就一秒钟的时间，肯定是什么味道也尝不到，让人看了都觉着糟蹋东西。小外甥就喜欢让我吓唬Lily，每次冷不丁地叫它都能吓它一跳，重复无数次都是这样。这也就是狗，这要是人，早跟我急眼了，非双手握着锥子给我一个双风灌耳。

每当家人出去的时候，Lily都被放在后院不让它在屋里，如果有雨可以进车库躲雨，天天都是自己在后院待上大半天，直到我姐两点半下班回家。每次她开车回到家的时候，Lily都激动得在嗓子里发出哨音，前后乱窜左蹦右跳。打开电动栅栏门，Lily就向车跑过来，由于开车进家的后院车库是上坡，所以根本就看不见它，生怕把它给压了。我姐说你就开你的，你还真以为能压着它啊，你就是开着车故意想压它你都压不着，它比人可灵多了。其实这都是自己在家给憋坏了，看到家人回来自然高兴，做出什么样的举动都很正常。Lily自己在家的时候也不闲着，经常是扒一扒这个落地玻璃推拉门，拱一拱那个落地玻璃推拉门，只要你忘记锁一个推拉门，回家的时候肯定就看不到Lily出来迎接你，它已经在屋里睡上大觉了。每当这个时候我和我姐都会同时说："你是不是没锁门？"如果玻璃推拉门都锁上了，它肯定就进不了屋子。这段时间Lily开始挠木门，这个工程可是太大了，真亏它有这个耐心。有天我没开车走着出去，回来的时候 Lily 没听见我回来，我眼睁睁地看着它连挠带啃地把门的左下角活活啃出一个大坑来。我一声大喝，把它吓得往后院就跑，我姐回来以后我建议她在门的下三分之一处都贴上金属板，我看它还敢这么啃。

11月11日一早上，我就带着 Lily 到 Morgan Ranch 去遛弯，坐在它咬过我的高台上面看着远处的老鹰发呆。老鹰冲我们这边飞来，我叫 Lily 赶快看那些老鹰，我怎么叫 Lily 都不理我，就冲着我身后一动不动地看着。老鹰越飞越近我大声叫 Lily 看老鹰，Lily 回头瞟了一下马上又转回头去继续盯着我的身后看。我也不禁回了一下头，这一回头不要紧，远远超出我的想象。原来就在我身后几十米的距离，居然有三只北美羚羊！因为头天晚上我和我姐喝了一瓶的苹果味伏特加，我又掺了三瓶波士顿啤酒，我第一个反应是伏特加真好，能让我第二天都产生幻觉。北美羚羊我在广袤无迹的怀俄明大草原上见过，这里可是人际稠密的洛杉矶，怎么会有野生的北美羚羊呢？这一定是幻觉。如果再揉一下眼睛是不是就变企鹅了，再揉一下，会不会俩大屁股大腰的熊猫扭搭扭搭地冲我跑过来。我正在自己胡思乱想，Lily 开始冲着这些羚羊叫嚷，明明白白地证明它也看到这些羚羊了，难道不是我的幻觉，Lily 横不能昨晚也喝伏特加了吧。我仔细定睛一看，这些羚羊正在吃着山坡的青草，一举一动鲜活地证明了他们真实的存在。

当时把我惊得是目瞪口呆，我以为这辈子只能在中央台《动物世界》里才能见到这些大草原上是野生动物，去怀俄明那次远远地见到它们已经觉得够不可思议了，没想到现在就离我几十米的地方，它们正在吃着青草。近距离看到北美羚羊和在《动物世界》里见到的绝对是两种动物，电视里的它们是又瘦又小，可我眼前的它们确是那么的精壮，身体每一处都被有着清晰轮廓的肌肉覆盖，骨骼的架构也是那么的完美，浑身充满了力量，身姿充满了敏捷。Lily 边叫边往它们的方向跑过去，它们理都不带理地继续吃草，狗这种动物好像根本不能带给它们威胁。Lily 马上就要跑到它们面前时，只见三只羚羊一转身小跑几步，就这么几个动作我和 Lily 都彻底绝望了。羚羊轻轻一跳那可就是好几米的距离，狗的速度和它们相差甚远，根本就不可能追上。而且羚羊的灵活性真不是狗这种动物所能企及的，太灵活了，转弯变线对它们简直就是轻而易举，就跑了几

第三章 情迷洛杉矶

步一下就把Lily甩出很远。不单是我连Lily都没有信心再追下去了,给Lily累趴在那儿呼哧呼哧地喘着粗气。还真别说,即使Lily真能追上它们,受伤的肯定是lily,羚羊绝对不会有事。羚羊就跑了几步,而且看着还特别的轻盈,就像在电视里一样。不过几十米以外的我听到的声音可是相当震撼,它们的蹄子蹬到地面我都能感到震动,声音也是我想象不到的大。这要是踢到Lily能踢个半死都算Lily走运,Lily也是听到它们的脚步带来的震动才停下追逐,再也不敢往前一步。

▲ 我的Lily

加州黑熊倒是经常在洛杉矶出没,我姐后面的邻居家就曾经有黑熊造访,来到院子里先在游泳池里游了会儿泳,然后把大垃圾桶翻了个底儿吊,看没什么吃的就走了。这年夏天洛杉矶高温,有天夜里我姐听到院子里养的乌龟玩命地扑腾着水,当时也没在意,以为是天气太热造成的。没想到第二天早起到后院一看,乌龟已经被别的野兽咬碎了,大概是山狮进了我姐家后院。但所有这些我都能理解,因为甭管黑熊还是山狮都属于山地的动物,那北美羚羊可是纯纯的草原动物啊!居然跑到人口稠密的洛杉矶居民区里来了,太让人匪夷所思了!

Memories of

　　Lily 也有和我貌合神离的时候，9月17日也就是我到洛杉矶的第二天，白天带着它到后面山上转一转。在半山腰的一个平台上我撒开它，自己闭着眼睛晒着太阳，突然感觉眼前总是一会儿闪过一个阴影。睁开眼睛一看，有七八只老鹰在天空盘旋，好像整个加州的老鹰在集体欢迎我牟鹏来到洛杉矶，我也很兴奋地冲天空中的老鹰们打着招呼："老鹰们你们好！我爱你们！最后一排的老鹰们听得见我的话吗？我也爱你们！"老鹰一个俯冲就朝我这边来了，我扔下狗撒腿就跑，老鹰离我最近的时候也就30米，不过它一个盘旋又飞走了，我低头一看，哎？狗呢？没想到Lily比我还孙子，我扔下它也就跑了十几米，它扔下我足足跑了30多米。

　　说归说，我对Lily的感情还是很深的。11月13日是我在洛杉矶的最后一天，下午就要坐飞机回西雅图，在那儿住几天就要结束这次的美国之旅。那天上午我带着Lily去Shopping plaza和Morgan Ranch遛了一大圈。平时每天只带它去一个地方，但马上就要和它道别了，索性一下把这两个地方全溜了一遍，足足小两个小时。Lily边走也边觉着不对，从山上下来每次应该直接回家，到家门口那条街时，它习惯性地往家走去，我一拽狗绳又冲着Shopping plaza走去，它开始还是满心欢舞，可走着走着，从它的眼神里我都能感觉到它的犹豫，它好像感觉出来这是我在美国最后一次遛它了。我一路上也一直夸它是good girl，往常得有良好的表现时，我们才会这么夸它，那天它也感到了和往日的区别，边走边往我身上蹭，跟每天的表现截然不同。

　　现在坐在北京的家里用被它咬过的左手敲击着键盘写到Lily，还是有很深的想念。什么时候再能见到它还真不好说，但愿你不要再偷着跑出去玩，但愿你已经改掉了啃门的坏习惯，但愿你还能记得我这个被你咬过的家人。

家庭聚会 ▶▶▶▶▶

　　不知不觉我姐和姐夫来到美国已经步入第17个年头了，时光荏苒，如果不是我掐着指头算，真不敢相信他们在美国已经如此长的时间。17年的时间已经让我姐和姐夫对洛杉矶有了"家"的感觉，我姐回国早已找不到回家的感觉，只有当飞机降落在洛杉矶机场，他们的心才会踏实下来，并且暗暗地嘀咕一句："可算到家了。"我姐身边的华人朋友大多也都是像她一样，在美国上学、找工作、上班、生孩子，孩子再上学、找工作、上班，整个人生的奋斗史基本都是在美利坚这块大地上演。我从心底佩服这些在海外读书的学子，居然用一种原来不熟悉的语言愣是一个个地学到硕士、博士的水平，你就是让我用中文学我都没这个本事。

顺便说个小插曲，我在美国接触到的我姐这些朋友，每个人都是反感在国内收视率很高的"非你莫属"。因为这个节目里对从国外回国的应聘者十分苛刻，主持人也是想尽办法百般刁难，好像防贼似的防备这些海归。我给他们的解释是，现今能出国读书的孩子在国内太普及了，有很大一部分孩子家庭条件很好，根本没有生存压力，所以读起书来就是个混。这和90年代你们那会儿出国可不一样，那一代的留学生真是吃尽了苦头，学到的都是真才实学，所以他们才能有今天的成绩。事实也就像我说得那样，当年我姐来美国的时候十分羡慕台湾人、香港人，看人家都属于"富豪阶层"，人家不用的东西还主动给她们这些刚到美国的大陆留学生。物是人非，十多年过去了，当年那些刻苦读书的大陆穷留学生现在都在美国立稳脚跟，在美国也有了不错的社会地位和收入。反观那些台湾人和香港人大部分还像十几年前一样，生活没有发生什么变化，反而倒和大陆人的差距越来越大。

美国人曾经做过统计，亚裔美国人2012年的购买力达到7184亿美元，比1990年提高了523%，如果把亚裔美国人视为一个国家，实力足以成为全球第18大经济体。其中华裔所占比重最大为22%，尽管亚裔仅占美国总人口的5.8%，却是最富有的族裔之一。我们华人又是在亚裔里最出色的，在智商、高学历两个方面华裔和犹太裔保持领先，但低档工作的占有率方面，华裔也排名很高。这些做低档工作的华裔我在纽约见到不少，年纪不大就放弃学业，继承家族的作坊产业。继承家族事业的主要都是一些南方人，好像他们生下来就是为了当老板，金钱在他们大脑里的概念好像根深蒂固。我曾经看过一个电视节目上说过温州人，只要你是个老板，甭管是大老板还是小老板，哪怕你是开早点摊、小卖店的老板，也会让人高看一头。如果你是打工者，哪怕是年入百万或是公务员都会被别人低看一头。真是地域性的差异啊！

华人在美国这块大陆奋斗拼搏极不容易，尤其在美国东部的新英格兰地区，那里的白人十分保守，对异族的排斥性也相对较强，没有洛杉矶这边的包容性。所以洛杉矶的华人数量在美国最多，华人之间的往来也较为密切。我姐的这些朋友隔三差五地就得找个机会聚会，这次美国之旅我在洛杉矶住了有31天的时间，参加华人聚会的次数就得有四五次之多。我个人极为喜欢这样的聚会，因为以我的英文水平想从美国人口中了解真实的美国不太可能，只有和这些华人在一起，才会有充裕的时间了解定居在美国的华人眼中的美国。

每次到美国来我都要到克强家参加聚会，我们两个人很投脾气，他和我一样喝了酒以后很健谈，说话也是知无不言，言无不尽。而且他家和我姐家住在同一个市，如果不怕死的话更利于酒后驾车。美国的警察想要查酒驾可不像国内，只要把路一封，挨个地测试司机酒精含量。美国的警察只有在看到车辆有异常驾驶状况时才会拦截车辆进行检查。我在美国从来没见过警察抓到醉酒司机的事情，不过千万别以为执法力度不如国内，你就可以毫无顾忌地开怀畅饮，真要是抓到一回，可够你喝上一壶的。美国的酒驾标准是血液中酒精含量超过0.08%属于醉酒驾车，处于0.02%到0.08%，同样要进行处罚。针对21岁以下的驾驶者，血液酒精浓度0.01%就算酒后开车。醉酒驾驶，除当场吊销执照和入狱一年，对造成生命伤害的酒后驾驶员可以以二级谋杀罪起诉，最高可适用死刑。这还只是法律上的惩罚，更要命的是，你今后的汽车保险费会陡然增加。在美国夫妻俩共开一辆纪录良好的车，每年只需花不到500美元的汽车保费。而一个有轻微违章记录的单身汉，每年很可能要为擦伤他人车辆等小事故支付好几千美元保费，更别提有过酒驾记录的司机了，那第二年的保险单子绝对是惨不忍睹。此外加州有条法律，只要在车里发现司机伸手能碰到的范围内，有酒精饮料或者开酒的用具就算违章驾驶。美国警察查酒驾的方式也很有趣，包括让司机倒背字母、用手指指自己的鼻子、金鸡独立、走直线或者转弯，我都能想象得到醉酒的人作这几个动作的滑稽场景。当然了，呼吸测试和血液测试肯定是有的。

说回我们的聚会，每次大家聚会时都带上自己做的一道菜去赴宴，这在中国可行不通，绝对怀疑主人到底有没有诚意请大家这顿饭。好在克强家很近，我姐开着车，我抱着菜用不了多会儿就能到。一路上看到很多体育场都是人满为患，我姐家住的是白人区，她让我看这里的体育场和华人区的有什么不同。我是一点都看不出来，不都是一帮孩子在玩嘛。我姐跟我说白人区的体育场里孩子们玩的都是团队项目，华人区的体育场里孩子玩的都是个人项目。白人培养孩子注重集体之间的协作，华人则注重孩子的个人能力，生怕自己孩子有哪方面不行，将来会被淘汰。这和东西方文化好像正好相反，西方文化是突出自我、尊重个性，而东方文化是注重整体、强调融入。怎么说呢？这可能就是对阴中有阳阳中有阴解释的最佳典范吧。

一进克强家就闻到了烤牛排的味道，我在美国吃得最多的一道菜。中国人到了美国以后好像家家都对烤牛排情有独钟，一是美国的牛肉很便宜，一般的牛肉在超市就卖3.99美元1磅，不说汇率，按收入比例来说北京比美国要贵8倍。二是制作方法极为简单，直接把调料洒在牛排上，放进烤箱400度的高温25分钟就熟了。我看克强夫妻俩忙得四脚朝天，也帮着打点下手。美国的锅把手都是金属的，不像国内的锅是塑料的能隔热，每次端锅全都得用毛巾垫着，我没这种习惯，活活被烫了一下。什么是文化？生活的每一点每一滴都是文化，文化衍生出不同的生活习惯、生活方式、生活环境。想了解美国文化，像我这样多吃几次亏，自然就会记忆深刻的。

来到克强家的一个叫刘军军的朋友的遭遇，更有助于我们了解美国文化。刘军军新买了一套二手别墅，等办完所有手续拿到钥匙后，夫妻俩高高兴兴地来到房子里。这时有两个美国人来敲门，说他们是原来给这栋房子做装修的工人，对这栋房子的内部结构、装饰设计、电路走线、水路走向等那是一清二楚，对房子哪里可以改造、哪里不能动工也是了如指掌，希望刘军军装修这栋房子的时候还找他们俩，对装修质量尽可放心。刘军军夫妻俩一商量，觉得人家说得有理，自己白天都忙于工作，装修的事情肯定无暇顾及，所以就决定让这两个美国人负责这栋房子的装修工程。接下来的就是没完没了的噩梦，一做就是几个月的噩梦！

原来那两个美国人就是无赖，什么都不会干，进到房子里用铁锤一通乱砸，没出两天这套新买的别墅以全新的面貌矗立在洛杉矶大地之上。刘军军再次进到自己的别墅时，简直像是看到了日本大海啸过后福岛海滩上的惨景。找到那两个美国人的时候人家还在睡大觉呢！房子都砸成这样了，想停工都没可能，只能哄着供着那两个无赖，希望他们能抓紧时间尽快完工。人家那俩现在换了一副主子脸孔，好吃好喝好伺候地在房子里当上了大爷，活儿不能说一点不干，周一换一个水龙头俩人干一天，周二发现不对还得花一整天的时间拆水龙头，周三水龙头找不到了，再找刘军军要钱买水龙头，周四发现水龙头买得不合适，周五再去商店换水龙头。换完水龙头就该到周六了，俩人心安理得地休上大礼拜了。周一把水龙头安上，周二发现安水龙头的管子是厕所的下水管，周三想了一天下水管上是怎么安上水龙头的，周四、周五总结这俩礼拜是哪出错了，然后俩人雷打不动地又休上大礼拜了。就这样，在不断的摸索中两个人在房子里连吃带住几个月，房子里乱得他俩在里面走都迷路，最后这两无赖都忘记原来的房子是什么样了！

刘军军眼看着自己买的新房比邻居家的祖坟还要难看，经过若干次协商后是彻底绝望了。但按照美国的法律，你想赶走人家那得赔偿好大一笔钱，按刘军军的话说是美国的法律保护弱者。我真搞不明白在美国"弱者"的定义是什么？刘军军想带克强和几个朋友去找那两个无赖，告诉他们装修换人了，让他们赶紧走人。但克强说："你要是这么做将面临没完没了的官司，最后赔多少钱不说，光是打官司所耗的时间和精力就不是你能承受的。"

刘军军两口子经过无数次地探讨论证，最终给了那两个无赖最有力的回击——赔钱！是刘军军赔那两个无赖钱！无赖看到刘军军送来的现金后，这才低下高昂的头颅，依依不舍地离开这套住了几个月的房子。刘军军看着新房的尸体，都不知道得花多少精力才能让房子起死回生，不知道哪天才能住进这套让自己撕心裂肺的房子。整个事件的情节我用了夸张的修辞手法进行描述，但事情的来龙去脉和结果却是真真切切，在中国是匪夷所思的事情在美国却堂而皇之地上演着。不过刘军军的心态还很健康，告诉大家谁要是想装修房子，那两个无赖的电话他还保存着，可以安排双方详谈装修事宜。

第三章　情迷洛杉矶

　　西方的制度和东方有着极大的差异，西方文化是量化的、个体的概念，东方则是平衡的、整体的概念。西方的观念聚集在某一个具象的点上，就像法律更偏向于保护"弱者"，只要具象到"弱者"这一点上，其他的因素都不能成为衡量因素。"弱者"如何定义？"弱者"有没有违反社会伦理、道德、价值观？这些都不在考虑范畴之内。所以就有许多所谓的"弱者"开始横行霸道、为所欲为。在洛杉矶租房的人如果没钱付房租，依然可以合法地继续住三个月。这可不是耸人听闻，你想把他赶出去必须带领证人，三番五次地对欠租者警告，并对付公堂，最终的结果就是让人家再免费住三个月才能收回你自己被毁得一塌糊涂的房子。只有内华达州规定的时间是20天，其他的州差不多都是这个样子。守法的公民被不守法的无赖任意欺凌，而且还是在法律的保护之下，那法律是维护正义的工具还是唆使人违法的保护伞？没钱就是弱者吗？比美国穷的国家有的是，那所有比穷的国家相对于美国就是弱者，难道美国的法律会允许穷国对美国赖账吗？

　　刘军军是从澳大利亚来到美国定居的华人，他说在澳大利亚有法律明文规定，正当防卫时武器不能比匪徒的好，否则就有防卫过当的嫌疑。他形象地给我举了一个例子，如果你回家看到有抢匪在你家抢劫，你要做的第一件事情不是马上反击，而是先得问一下抢匪："你用的是什么武器？"如果他的武器比你的高级你才能进行反击，如果你的武器比人家高级那就眼睁睁地看人家抢吧。因为你只要敢反击你已经先犯法了。那你的武器比人家低，怎么反抗呢？那不是找死吗？被人抢了还得被人打死，真是生的伟大，死的憋屈。怪吗？在西方世界里这就是法律规定？这就是人文关怀？这就是关爱弱者的崇高行为？这就是人类文明的体现？什么对错、什么道德、什么价值观、什么社会秩序，都统统让一边去，就因为对方是所谓的"弱者"。

　　我姐也买了一套投资房，就在我姐家所住的市，离家很近。这是因为美国的房子都没有像中国居住区那样的物业管理，房子里面有什么地方需要修理的时候，房主得亲自上阵，如果距离太远那可真是件愁人的事。我姐找的租房者是一个墨西哥人，我感到很奇怪，因为在洛杉矶，墨西哥人的素质很低，从事的行业也都是蓝领工种。但我姐告诉我这些墨西哥人一个个手都很巧，屋子里甭管是水暖、电路以及房屋维修，人家手到擒来，这可给房东提供了很大的便利。这点我还真有体会，10月7日下午我和姐夫去投资房，租户要和我们商量一下后院的问题。后院的草坪需要打理，问我们是如何解决这个事情。如果我们请人来定期打理，一个月也得不少费用。姐夫看他是墨西哥人，身边肯定有许多老乡都是园丁，因为洛杉矶的园丁业已经被墨西哥人垄断，连吃苦耐劳的中国人都别想插进来。经过一番讨价还价和租户达成协议，我们每月出50美元修剪两次草坪。说实在的，我们自己请人的话这个价格也就一半多一点，但人家墨西哥人弄不好就这50美元还有赚头呢？双赢！后院里还有一棵大树的树干已经耷拉下来，必须马上锯掉，这可不是个小数目了，姐夫决定还是回去问一问再说。双输！租户又带我们进到房间让我们看看他修理的工程，全都是一些不起眼的小事，但按照美国的规矩这些都得我们一次次地过来给他们修理。人家墨西哥人手巧，这些小事全都能自己搞定，对我们这样的房东来说解决了好大的麻烦。

在我临回西雅图的时候，11月12日晚上我和我姐来这里收房租。这个墨西哥租户很守规矩，每次都是打电话通知我们去收房租，而且主动给现金。这点在中国倒是个麻烦事，但在美国可是求之不得的。如果能收到现金就可以少交很多税，所以我在美国经常看到加油站外的大广告牌上写着："现金加油便宜一毛。"看来我姐的这个租户真是选得不错，最后我们没有零钱找给他，人家还很大度地多给了我们10美元。这在美国可不常见，美国人对钱可是极为敏感的。姐夫的同事出差回来报销，财务人员晚了一两天他还就跟人家急眼，因为手里真的就没钱，姐夫一直以为开玩笑，他收入那么高，怎么会因为这点小钱就吃紧了呢？结果还就是这样，美国人甭管贫富总是过着这种爪干毛净的生活，昨儿还好好的，今儿说没钱就没钱了。我姐遇到过一件事，一个欠她钱的白人给她一张支票，特意嘱咐我姐第二天才能入到账户里。我姐下午一忙就把这件事忘了，直接入到户头里。结果银行一看是空头支票当即罚了双方各25美元，白人的账户真就是提前一天都没有钱，这在我们中国人看来简直就是不可思议。白人办事可真是认真，说第二天就第二天。我就感到奇怪，他为什么不第二天再把支票给我姐呢？这到底算是认真呢？还是算不认真？还有一个事例是，姐夫新租的那辆雅阁车，4S店租给姐夫一个月后发现租金算错，贵了一分钱，三番五次地给姐夫打电话要改合同，姐夫实在没时间，让他自己改一下就可以，但人家坚持姐夫亲自过去重签合同，不达目的决不罢休，还答应白给加一箱油。早知如此何必当初啊！

当天来聚会的红姐也说老外确实有点"轴"，他们认定的事一旦钻进去就出不来了。这就是典型的从小受到美国文化熏陶的结果，美国人经常爱用"I think... I believe... My opinion is..."这样带有强烈个性色彩的开头语来表达自己的观点。即便是美国国务卿在代表美国政府讲话时，也会用这样个性色彩强烈的词汇。个人的想法、意见、隐私等一切都是至高无上的，这种文化确实曾经把美国缔造成为世界第一大国，但现今的美国还会延续前几十年的辉煌吗？我作为一个来美国旅游的外来客，看到的美国真不是以前自己想象中的美国。就拿我所在的洛杉矶来说，贫穷与富有、有序与杂乱、美好与丑陋都同时并存着，我能看到许多值得我们学习的地方，也能看到很多值得我们思考的实例。

最重要的一条就是美国的不思进取，我姐来洛杉矶将近十年，真是星星还是那个星星，月亮还是那个月亮，整个城市好像一潭死水。可能有人会说人家美国是发达国家，不像中国有这么大的发展空间。这是我最不能认可的地方，美国可发展的空间比中国大了去了，美国的国土面积和中国差不多，但可利用面积是中国的若干倍，在地大物博的美国想要有所作为，比中国有着更多的机遇与空间。就说高铁，绝大部分都是平原的美国比中国更加适合普及；就说绿化，洛杉矶有皮没毛的秃山多了去了，怎么不能改进；就说城市，那么多破落的地方怎么不能像中国一样翻新一遍。我在洛杉矶开车的时候听当地的中文电台广播，美国奋进号太空梭要退役到南加州科学中心，中间有12英里的拖运里程，由于太空梭体积太大只能以每小时2英里的速度前进，行走路线都是洛杉矶南部的穷区。播音员说电视转播是个大问题，洛杉矶时报的记者勘查了行进路线，一路的房子从上世纪80年代就没有收拾过，一片颓败的惨景。最后挑选了三个相对较好的地点，让市民都去观看，这样人一多，电视转播的取景就相对容易一些了。

对于这点我是深有感触，我在洛杉矶开车的里程得有几百英里，足迹遍布大街小巷，南部那边贫困的场面都让我怀疑是不是开到了津巴布韦，破烂不堪的房子我就不说了，甚至还有好多人的家就在车里，早上在公共厕所刷牙洗脸。真的别再无知地夸大美国了，如果不信您，可以亲自来一趟美国，看一看美国是不是像吹嘘的那样"老子天下第一"。

洛杉矶顶级豪宅区马里布 ▶▶▶▶▶

2012年10月14日晚上，我姐家的邻居陈墨来找我喝酒，在聊天当中他建议我应该去洛杉矶真正的富豪区看一看。我说洛杉矶最有钱的人都住在贝弗利山庄，我去那里以后感觉很失望，感觉就像是个破落户。陈墨说贝弗利山庄给你的印象我不想评价，但认为洛杉矶最有钱的人都住在贝弗利山庄那可大错特错了。我真感觉有些意外，贝弗利山庄可是个明星云集的住宅区，汤姆·克鲁斯、茱莉亚·罗伯茨、贝克·汉姆夫妇等巨星都在那里置业。陈墨说我讲的都是事实，但比这些好莱坞大腕、娱乐业巨星更有钱的是那些犹太金融家，那些顶级的富豪所向往的绝不是贝弗利山庄，而是一个叫马里布（Malibu）的地方。

第二天吃完早饭送孩子们上学以后，我开始在电脑上找马里布的具体位置，决定去看看，见识一下洛杉矶最有钱的人居住的地方。马里布于1991年建立城市，位于洛杉矶郡西部，南面是圣莫尼卡群山，北面是太平洋。历史上它是印第安土著Chumash部落的领地，马里布印第安语的意思是"响声轰鸣的海滩"。2010年人口普查，马里布的人口是12645人，想象一下，这个市光海岸线就有27英里，那马里布的总面积可不是一般的大了。这么大的地方就1万多人，这才是真正稀有之地，为什么？就因为这个数据不是出现在青藏高原上，而是出现在了美国第二大都市洛杉矶。马里布白人有11565人，占人口的91.5%。这里的海滩没有圣塔莫尼卡的喧嚣，没有贝弗利山庄罗迪欧街的奢华，没有威尼斯海滩的风情万种，留下深刻的印象的是这里野趣昂然的自由，还有无处不在的海鸥和野鸭、白鹭，一派天人合一的美好景象。

不过说句实话，这里野趣野得有些过分了，简直有点像荒野了。美国的住宅分布是这样的，穷人住在downtown（市中心）里，富人住在uptown（国内称

第三章　情迷洛杉矶

为郊区），富豪住在小镇里。可马里布连个镇子都算不上，简直就是荒野，实在想不通洛杉矶的富豪怎么选了这么个地方。洛杉矶给我不好的印象不是它的空气在美国最差，也不是它的油价在美国本土最高，而是它的"荒"。洛杉矶除了圣盖博山从阿凯迪亚往西的地方比较绿，其他的山好像都是一片荒凉，尤其东边的奇诺岗、核桃市、钻石吧那边，真是黄土裸露、有皮没毛、寸草不生。而且即使是绿色的山也大多都是低矮的植物，不像北京的山，都被高大的植物覆盖，那种绿色看着就厚，想着就浓。

今天我的GPS又开始给我瞎指挥，本来顺着10号高速一直往西开到圣塔莫妮卡（Santa Monica）转1号公路再往西一点就是了。可我却开了一个小时多的车，我算了一下车上的里程表，是北京到天津的距离。这个地区的海滩和山崖上有些是好莱坞一线明星的豪宅，比如史蒂芬·斯皮尔伯格、汤姆·汉克斯和莱昂纳多·迪卡普里奥等。迪卡普里奥的那套临海豪宅位于Malibu Colony区域，这个豪宅以每月7.5万美元的价格挂牌求租。如果你只是短租，则月租金为11.5万美元。这套宅子的月租金都够在美国中部买一套像样的别墅了。据《洛杉矶时报》报道，2008年12月30号由于涨潮,美国洛杉矶马里布(Malibu)海滩受到大浪和海潮的冲击。一堵沙包墙高筑，以防昂贵的海边住宅受侵。附近的屋主最高将愿花费两千万美元来保卫他们的家园。专家说可能受全球变暖的影响，逐渐升高的海平面有可能将马里布海滩淹没。不知道是不是由于这个原因，成龙和安吉丽娜·朱莉都把自己在马里布的豪宅挂牌出售，成龙3500万美元买的只卖2800万美元，安吉丽娜·朱莉那套卖1350万美元。

沿着太平洋海岸线修建的1号公路上开着车举目四望，一点都没感觉到奢华，相反倒感觉出了荒凉。沿海的山坡零星地看到几栋别墅，山上绿化也很差，有一部分甚至就是裸露的黄土。我姐的朋友后来跟我说是2007年的两次山林大火造成的，但我怎么看怎么不像那么回事。马里布遍布着著名的海滩，有萨弗里德海滩（Surfrider Beach）、祖马（Zuma）、马里布州立海滩（Malibu State Beach）、多盘加（Topanga）、Point Dume海滩和丹·布劳克海滩（Dan Blocker Beach）。事实也确实如此，我看到一块路边的牌子写着：27英里的美丽风景。牌子上所指的美丽风景就是海滩，绝不会是那些所谓的豪宅。

Memories of

在马里布一直这么开着车，两边的景色好像固定住了，永远都是左边大海右边秃山。这就是所谓洛杉矶的顶级豪宅区吗？在这么荒凉的地方寻找到的肯定是安静，不可能找到安逸的感觉。作为生活在拥挤北京的我来说，这份安静甚至有些可怕，你想呼喊救命都没人听得见，你就是死在屋里一年都没人知道。再接着开下去就要出马里布了，赶紧找了个出口把车停在停车场，既然对马里布的豪宅已经倍感失望，那就好好欣赏一下马里布的沙滩吧。State Beach 的停车场不小，每辆车的主人都是冲浪爱好者，我看就我一人拿着个相机下车，其他人都是抱着冲浪板向海边走去。一来到沙滩再一次让我失望，这里的沙滩和圣塔莫妮卡以及雷东多海滩的细腻白沙不同，就是很普通的沙滩，而且沙滩很窄，长度也很短，那种开阔的视觉效果在这里可找不到。这叫什么海滩啊？曼哈顿海滩、圣芭芭拉海滩、赫莫萨海滩，只要是我去过的洛杉矶的海滩都比这里强。马里布是不是除了房子贵就没别的了？这一上午连一个让我动心的地方都没找到啊，山是荒山，沙滩也没别的地方好，房子看着像经常闹鬼的古堡。我一个人傻傻地站在沙滩上，其他的游客都在海里冲浪，显得我极为孤独。这里的海浪确实比较大，不适于游泳，所以整个沙滩连个插伞晒日光浴的游客都没有。好了，开车往回走吧，这里没有让我留恋的地方。

▼ 马里布有长达 27 英里的美丽海岸线

第三章 情迷洛杉矶

　　开车往回走的路上，看到一片建在海滩上的高级住宅区。这片住宅不像那些荒山上的古堡显得"孤苦伶仃"，一套挨着一套地建在沙滩之上。下了1号公路拐到一条林荫小路里，马路的一侧是一幢一幢的别墅，另一侧间或有几间面朝大海的洋房。行走在这条由许多热带植物搭建的海滨林荫小路上，静得只能听见海浪冲洗沙滩的声音。冲着林荫道的一侧都是别墅的车库门，另一侧就是沙滩和大海，也就是说这里的每一家都有私人海滩，我试着找通往沙滩的小路，no way！这里都是百分百的私人海滩，像我这种游客是没有福分进入的，别想看到私人海滩的景色。如果马里布的豪宅都是这里的布局，我还勉强能承认马里布是洛杉矶的顶级豪宅区，但仅仅是布局合理，可这里每一栋房子的面积却都不大，有点像曼哈顿海滩上的豪宅，一间挨着一间显得很拥挤。我把车停在路边，走在林荫小道上，想仔细寻找到一些豪华的蛛丝马迹。不得不承认，马里布再一次让我感到失望，深深感觉到了成龙和安吉丽娜·朱莉卖掉这里房产是聪明之举，这里确实没有能吸引他们的理由。

　　回到车上向着祖马海滩开去。马里布最宽广的海滩就是祖马海滩，这里的沙滩也都是白色的细沙，不像我刚去的那个海滩，难怪这里是好莱坞巨星经常带家人度假的地方。站在海滩之上，目测了一下，结果是这个海滩长度在2英里左右，宽不到100米。又肉测了一下，这里的温度得30好几度。沙滩上的遮阳伞下都趴着一些来晒日光浴的白人游客，像我这样的人在这样强烈的阳光下肯定不到半小时就得烤焦了。我从小就对白人热爱阳光这事感到不可思议，刚开始认为可能是审美差异的原因，东方人以白为美，西方人以古铜色的颜色最为吃香。但后来感觉没这么简单，东方人晒不了多一会儿皮肤很快就黑了，西方人的皮肤可能抗击紫外线的长波，怎么晒都还是那个样子。在抗击紫外线短波的能力上，东方人也明显不如西方人，晒不了多久皮肤就会受伤。我想这也是为什么西方人酷爱日光浴的原因吧。但在美国居住时间长的中国人都知道，到了一定的年纪，西方人的皮肤质量十分糟糕，这不能不使人怀疑到常年的日光浴对皮肤的损害。

　　本来我也想学着好莱坞的明星们在这片著名的海滩享受一下，可毒辣的太阳实在是让我没有勇气在这里多停留。皮肤被晒得有些疼，嗓子也像冒烟了一样。

Memories of

赶紧开着车寻找能买到冰镇饮料的地方。没走多远就看到一片 Shopping plaza，赶紧开了进去。找了一个超市进去看到货架上 12 听一箱的 A&W 饮料才 4 美元，拿了一箱到收银台结账。看着是 4 美元一箱的饮料，由于我不是会员收了我 6 美元，以后谁要是去美国这点还真应该注意，中国超市里的优惠价格是对所有顾客的，但美国超市里的优惠价格只针对自己的会员，不是会员该多少钱还是

▲ 这就是我喝的 A&W 饮料

多少钱，而且他们并不标明。走出超市看门口有供休息的座椅，很多白人在这里吃午餐。我找了个座位坐下，拿出一听这种我从未喝过的饮料，巧克力颜色的外包装，看着不像是咖啡，我觉着应该是巧克力奶一类的碳酸饮料，冰凉冰凉地握在手中，想象着会有什么神奇的味道进入我的口中。而且喝进去 10 秒以后，打出的嗝是不是带有浓郁的巧克力奶味道？会不会把体内的热气全都打出来？也加上我渴得要命，打开后仰脖就是一大口，下面的一秒钟我就想怎么才能不喷到邻座的白人身上去。那股味道很怪很难喝，你说它是医学试剂也行，是装修涂料也可以，但这种味道我死活不会把它联系到饮料上去，简直就和用福尔马林泡出来的乳胶水一个味道。后来回到家问我姐才知道这是一种加拿大的饮

第三章　情迷洛杉矶

料，是用一种树的树根做成的。她来美国17年了都喝不惯这种味道，但孩子们有时用它浇在冰激凌上，完全的美式吃法。

一口都没有喝进去的情况下我还是在座椅上缓了几分钟的神儿，脑袋让这种味道弄得都发麻，我感觉整个头皮带头发都耷拉到脸的部位。进超市老老实实地买了一瓶矿泉水，边喝边在shopping plaza的停车场里闲逛。不大的停车场里看到了劳斯莱斯，仔细一看这里的名车明显多了许多，宾利、法拉利、保时捷、马莎拉蒂，看到好几辆。这在洛杉矶其他的地方可是不容易见到的，像奔驰、宝马这个档次的车在这里就和我开的凯美瑞没什么区别了。在这里居住的都是精英级的人物，各行各业中顶尖的翘楚，能住在这里可不是一般有钱人能做到的，千万富翁都没有资格住在这里，这里的别墅我都怀疑是不是每间屋子里都摆着个ATM机，户主想要多少钱就有多少钱，恨不得银行都属于他们家的分支机构。对我这种丑得不能卖淫笨得不会偷窃的人来说，这里的房子都不属于我幻想的范围。如果用四个字形容我的财富，那就是"不提也罢"！

▼ 马里布的 shopping plaza

Memories of

总之这趟马里布之行是让我失望之极，从景色到住宅；从沙滩到环境；从天气到饮料，就没有不让我失望的。但话说回来，人家建造豪宅区就不是给我这种人看的，章子怡那个前任亿万富翁男友不就住在这里嘛，人家的审美观点就没打算让我这种人能理解。

既然谈到了洛杉矶的豪宅区，那我就索性把洛杉矶所有的豪宅区说一下，谁要是有时间去洛杉矶旅游，恰巧又对豪宅区感兴趣，你就可以按照我说的这些区域参观一下，保证让你了解到洛杉矶有钱人的生活环境是什么样的。还是那句话，洛杉矶的豪宅区是基本上沿着海岸线的附近建造，从北往南说就是：马里布（Malibu）、贝莱尔（Bel air）、贝弗利山（Beverly Hills）、曼哈顿海滩（Manhattan Beach）、派洛斯福德（Palos Verdes 分半岛市、庄园市、牧场市）、绵延岗（Rolling hills）、圣塔莫妮卡（Santa Monica）、新港（Newport Beach）和拉古娜海滩（Laguna Beach）。再有就是三个内陆的城市拉堪纳达（la Canada Flintridge）、圣玛利诺（San Marino）和白普理（Bradbury）。你只要把这些英文输入 GPS，汽车自然会把你带到这些豪宅区，到时候你就可以骄傲地说："咱这辈子没吃过猪肉，还没见过猪圈吗？"

相对来说，新港（Newport Beach）的环境我是比较喜欢的。这里的海边别墅都有自己的船舶码头，尤其是海湾里的 Balboa Island 附近的那一片水景住宅，绝对是梦想中的豪宅。新港住着不少名人，比如好莱坞明星约翰·韦恩（John Wayne），尼古拉斯·凯奇（Nicolas Cage），NBA 篮球明星科比·布莱恩特（Kobe Bryant），高尔夫球明星泰格·伍兹（Tiger Woods）等，都在这里或者曾经在这里安家。

这一两年,来自大陆的富翁开始侵占美国的豪宅市场。对,我没说错,就是"侵占"。大陆人拿着充足的现金来和美国本地人争抢豪宅，自然卖方会选择握有现金的大陆买家，这使得当地人备感失落。随之而来的是美国的房地产市场开始井喷，我那个住在西雅图的阿姨 2012 年 32.5 万美元买的房子，一年以后已经奔着 50 万美元的价位走去。作为华人聚集最多的加州更是一房难求了，圣迭戈《快讯》（Data Quick）从 1988 年起追踪调查加州豪宅市场，发表了 2012 年的调查结果。结果显示百万豪宅销售回春，400 万美元和 500 万美元以上豪宅也颇抢手。

《快讯》说，2012年加州有26993幢百万豪宅和百万集合住宅（condominium）出售，比2011年的21267幢增加26.9%，创下2007年42502幢以来最高纪录。想要去美国购屋置业的朋友可真要好好考虑一下了，幸好我没有这个实力与想法，不然美国房价这个攀升速度，我脆弱的心脏内肯定会有一万多匹草泥马在翻蹄亮掌地奔腾着。

邻居陈墨 ▶▶▶▶▶

第一次见到邻居陈墨是上次到美国的时候，他来自己的房子查看装修进度，正好碰到我们一家人回家，他顺便来我姐家认认门。一听他说话就是典型的乡音，纯粹的老北京。他11岁就来到美国，应该算是半个ABC了，中文口语绝对没问题，跟他说话就像跟一个老北京在胡同里聊天。看中文书也是没问题，但写作方面据他说已经不行了，最高的水平也就是写个简单的日记而已。看来他中文写作能力和我英文的写作能力有一拼，属于瞎拼硬凑的档次。我曾经用英文记过几年的日记，几年下来该不会的还是不会，该会的那点儿也没提高。日记里所有的内容都是用我知道的那几个单词来回拼凑，没一点的长进，索性就彻底放弃，承认这辈子跟英语是没了缘分。

9月20日早上我出去遛狗回来，到家门口的时候刚好看到陈墨开着他那辆奔驰E550回来。在国内奔驰E级最大的排量就是300，这种纯原装的550我还真没见过。美国人喜欢用大排量的汽车，如果是美国的那种大皮卡还好理解，车身巨大，自重必然也很沉，再加上皮卡属于货车，拉一车沉重的货物也很常见，用个大排量发动机有利于让笨重的汽车有很好的加速性。但奔驰这种中型的商务车用这么大排量那可绝对的大马拉小车，加速性我估计和纯正的跑车比都毫不逊色。价格才6万多美元，合算人民币也就40多万，这要在北京那得叫白送了。看他下车要进家门，我叫了他两声愣是没反应。我赶快走过去，他正低着头开家门，拍了他一下才扭过头，原来他戴着随身听，根本就听不到我的声音。我这才看清楚他浑身上下都是汗水，他说刚才去健身房跑了跑步。这跟我的锻炼方式可大相径庭，我跑步必须得是在户外，在一间几十个人共同大口呼吸大口喘气的室内跑步？我从来没想过。洛杉矶大街上人很少，空气也还算干净，环境很适于跑步，真不知道去健身房跑步有什么好。健身房要是做一些器械训练或特定的运动项目还算不错，但这种需要长时间的有氧运动，我觉得还是在户外更加适宜。顺便提一下洛杉矶的健身房，那可真是遍布洛杉矶的各个角落，数量惊人。会员费是前三年599美元，以后每年是29美元，价格按照收入比例简直是出奇的便宜。里面该有的一项不少，瑜伽、桑拿、游泳、器械、普拉提、搏击操等，像我这样不是会员的人，健身房还可以提供免费体验三次的机会。

我们彼此简单地相互问候，我告诉他23号晚上我姐家开party，希望他也能来。他很爽快地答应了，还告诉我他家里有羊肉串，也有烤串用的炉子和炭，到那天一起搬过去，好好折腾一番。别说，老乡就是老乡，还真给面子。

9月23日下午，陈墨提早来到家里，把烤串的炉子支上，点燃炭，又从家里拿了100多串羊肉串。还带来一小箱波士顿啤酒，名字叫蓝月亮。酒体是浑浊的，和我们常喝的啤酒不一样，但味道可比一般的啤酒浓郁，我后来在洛杉矶别的地方吃饭时还特意点过这种啤酒。我姐的朋友来了6个人，车子后院里都停不下了直接停在前院外的马路上。在美国到朋友家聚会一般都是自己要带一个菜去，这样能减轻主办方的压力。我和我姐头天去168超市买的羊肉，4.99美元1磅，韩国烧烤的排骨2.99美元1磅，再加上基围虾和三文鱼一起全都上了自家院子里的BBQ烤架，大家推杯换盏好不热闹。

我和陈墨一直坚持到了最后，其实真不能算坚持，因为喝得我们俩都不知道那些人什么时候走的。我记得家里有50瓶啤酒，等我和陈墨再想拿啤酒时，已经是一地的空瓶，可我们还正聊得投机，哪肯就此打住。我回屋里又找出一瓶红酒，在洛杉矶寂静的夜晚我们俩又开始单独属于我们的新的一轮醉生梦死。第二天姐夫告诉我在院子里总共拣出了62个空啤酒瓶，当然了，不是国内这种大啤酒瓶，是那种300多毫升的小啤酒瓶。

陈墨今年29岁，喝到最后我俩聊天的时候他一直叫我叔，比我大五岁的姐夫他都直呼其名，怎么到了我这儿倒长了一辈儿？我如今满打满算才刚刚22岁零二百四十个月啊，即使按农历算虚岁他也不该叫我叔啊？晕头转向的我记得

第三章　情迷洛杉矶

他是属猪的，我要是他叔我还不得属鬼了？

当天晚上是我俩第一次喝酒，那酒喝得是痛快淋漓、尽致尽情，天南海北地一通猛聊，从在圣盖博当过警察的歌星陶喆聊到北京高昂的物价，从白人青少年吸毒聊到洛杉矶房地产的投资空间。不知不觉最后一瓶红酒也给报销了，即使是酒喝没了，我俩依然不顾时间早晚地喝着柠檬水继续云山雾罩地摇旗呐喊着，在洛杉矶深夜3点钟我们彼此给对方都留下了很好的印象。

第二天中午，我挣扎着从床上爬起来，感觉这个世界除了我都在左右摇摆着。我这个人就是喝不了掺酒，只要一喝第二天能痛不欲生都是对我最好的嘉奖，一般情况下都是生不如死。从前夜酒精催生下的梦幻天堂一下就变成酒醒后头痛欲裂的现实地狱，第无数次发誓以后喝酒再也不能掺了。我把烤羊肉串的架子送回他家，看见门口那辆奔驰车依然停在门口，不用说，他肯定没去上班，也正一个人在家享受酒精给他带来的煎熬。昨天原本送他的那本我写的书他也没带回家，下午我把书送到他家，他和我说昨晚喝得太多了，说过什么一点都不记得了。我觉着他还行，喝下这么多酒我都觉着我们还能认识对方真算是个奇迹。

不过说实话我很喜欢和他一起聊天，除了亲切感，还因为他的那种美国式的直白，落落大方。用北京话说就是不装，有一说一没什么藏着掖着。他家在北京的生意场上多少也算是有头有脸，要不怎么90年代初人家就移民美国了呢。陈墨应该属于富二代的行列，不像我，十分谦虚地说，自己至少也是贫十代的苗子，不谦虚的话几十代都有可能。陈墨在美国是做投资的，主要接待一些来自国内的客户。他本人也投资洛杉矶的房地产，现在他买的这套房就多少还是带有点投资的性质。房子买来以后除了装修，还在后院里加盖了房屋，这样的话这套别墅的居住面积就陡然增加。洛杉矶的房地产市场买卖是按照房屋的面积计算，院子大小并不在其中，只是个参考的数据而已，等于他现在的房价已经比买的时候高出许多。除了这套还在旁边的 Azusa 市买了一套一千多平方英尺的纯投资房，租出去的租金，除去还银行按揭款还有不少的富余，每个月又多了一项房租的固定收入。

陈墨有个交往多年的女朋友，上次来美国的时候见过他俩一起过来给草坪浇水。女朋友比他胖，和他一样的直白开朗。如果以陈墨这个条件在国内找女朋友，上赶着的年轻漂亮女孩多得敢把他家房给挤塌了。你想啊，不到30岁，生活在洛杉矶，在洛杉矶有两套豪宅，虽然一千多平方英尺还带院子的房子在洛杉矶不能算豪宅，但在北京那可绝对属于豪宅级别，更别说这套两千多尺的大宅子了。自己开的是奔驰E550高级轿车，本人又是做投资的，而且家庭背景优越，多了我也不知道，就凭这几条，他要在北京，那可是各大婚姻中介公司的镇店之宝了。可陈墨跟自己的女朋友可谓情投意合，对人家是关怀备至，这在国内可属于难得的绝种好男人，没什么不良的嗜好，人也是踏实能干。现在女朋友一个人在纽约读MBA，洛杉矶的这套大别墅里就剩下陈墨自己独守空房。

这次见面以后我就自驾车去圣迭戈玩了几天，回洛杉矶以后又随团去美国中西部的几个州旅游，很长时间没见到陈墨。10月14日晚上遛狗回来在家门口遇到陈墨开车回来，和他打了个招呼双方就各自回家了。没想到过了20分钟后家里的门铃响了起来，我正在屋里躺着打电话，我姐叫我，说陈墨找你喝酒来了。我到大厅一看，陈墨举着一瓶葡萄酒。哇！哪里是找我喝酒啊，这是要品酒啊。我姐一看，立马又出去给我们买了四瓶葡萄酒，两瓶粉的两瓶黄的，一看就知道是那种果味的度数不高的葡萄酒。但我俩有了上次喝酒的教训，这回都很绅士地抿着杯中的葡萄酒，没人再敢制造那种觥筹交错的氛围。因为也都知道这种果味的低度葡萄酒最容易蒙蔽人，喝着的时候什么事没有，不知不觉地就没有了戒备，等你这儿感觉有点反应的时候肯定已经晚了，后劲儿上来那可是真控制不住。我俩就跟参加中美两国国宴似的，喝得很风雅，喝得很小心地一直喝到醉。

随着聊天的深入，我俩喝酒的场合好像从国宴会场搬到了北京胡同里的街头麻辣烫摊儿上，说得天马行空，喝得昏天黑地，举杯敬酒你来我往，葡萄酒一杯一杯地灌进身体里，把身体里的欢乐一点不剩地全砸了出来。双方之间共同的话题在酒精的搅拌下不断地发酵，产生出更多感兴趣的空间，再通过各自不同角度的解析，形成一幅又一幅崭新的市井画面，以致延展出更多的话题，如此循环往复生生不息。就像一辆开往世外桃源的汽车，越开越快越开越兴奋，只不过维持这辆汽车高速运行的不是汽油，而是灌进我们身体里的酒精。

陈墨来美国已经小二十年了，对美国社会肯定有一定深度的了解，这也是我喜欢和他聊天的原因之一。他本人最感兴趣的就是房产投资，光我知道的他在洛杉矶就两套住宅，好像全都进行了加建，价格自然也会水涨船高。说起房产我和他聊了聊我对洛杉矶各个市的印象，想从他那里印证这些对洛杉矶的了解是否正确。举例来说，就像我认为阿凯迪亚和圣玛利诺这都属于富人区，贝弗利山属于富豪区。陈墨告诉我如果阿凯迪亚属于富人区的话，那圣玛利诺肯定应该就属于富豪区了。我对贝弗利山这个闻名世界的富豪区很是失望，他对我说你可以去看看真正的富豪区马里布，那里可不是好莱坞大腕儿一手遮天的地方，住着的都是一些犹太金融家投资家之类的角色。好像章子怡的前男友就在马里布买的别墅，那才是洛杉矶的顶级住宅区，中国人很难插入其中。贝弗利山中国人完全可以在此购物置业，就像那套价值3450美元的宁豪宅，但马里布还真没听谁说过有中国人的别墅。听他这么一说我第二天还真自己开车去了一趟马里布，私人别墅、私人海滩就别说了，就是我去 shopping plaza 上厕所，在停车场都看见两辆劳斯莱斯，两辆法拉利，像奔驰宝马这个档次的车好像已经和我开的凯美瑞一样稀松平常了，这我在洛杉矶其他地方可是从没见过。后来我也去过圣玛利诺，确实要比阿凯迪亚高出一个档次，甭管是环境还是住宅都是在洛杉矶非常少见的，看来有这样的当地人给我旅游做出指引，确实比我一个人瞎逛要有效得多。

　　陈墨也谈到了中美文化，他本身就是个中美两国文化的综合体验者，所以他能感觉到的两国的文化差异也是我这样的走马观花的旅游者感觉不到的。就像对自我价值的认定，中国人多数情况下还是以融入为主，美国人是以突出自我价值为主。甭管是对朋友还是对工作，中国人宁可稍微地牺牲一点自我利益，而美国人则完全不同。就像陈墨所在的公司，因为公司业务关系一个白人同事放下自己的工作，非要找正在忙于工作的陈墨谈一谈，谈什么呢？他说陈墨刚才对他说的一些话让他自己感觉到没有受到尊重，自己的心里很不舒服，必须把这件事说清楚了，才能继续工作，不然自己什么都干不下去。陈墨都搞不清自己说过些什么让这个白人同事感到不受到尊重，而且大家现在都在为公司的这项业务忙得四脚朝天，谁有心思想这些鸡毛蒜皮的小事。美国人则不同，我管什么公司业务，我这儿心里不舒服了是最重要的事，什么业绩、什么公司的利益、什么客户都放在一边，只有我的事最大，其他的都给我靠一边去，今儿不把这件事说清楚，或者说今儿不让我心里痛快了，干工作？想都别想！陈墨也没办法，只能询问自己到底哪句话让他不舒服了？再解释说这句话的起因是什么，所指的对象是什么，说这句话的目的是什么，为什么这句话不针对他，自己在哪些方面忽视了同事的感受，自己今后要如何注意避免类似的误会等。好家伙！这是上班吗？简直是两个成年人在公司玩过家家游戏。经过陈墨一番有理有力有节的解释，才让那个白人安心地回了自己的办公室，好像如释重负一般，有种类似于便秘半个月终于治愈了的那种舒畅，这才开始干自己应该干的事情。

美国人就是对自身的利益极为敏感，自尊是属于心理层面的个人利益，那美国人对自己物质层面的自身利益呢？那就更加的敏感，生怕自己的哪一分钱落到别人的口袋了。我说我特别奇怪的一件事就是我姐的一个白人同事管她借了100美元，后来自己实在没钱居然和我姐说能不能每次发工资的时候还我姐15美元，分若干次把这100美元还完。我和陈墨说这在北京简直不可思议，100元人民币在北京能算借吗？借钱的人和被借的人谁会拿这100元人民币当回事呢？即使人家忘了还又能怎么样呢？陈墨和我一样也感觉不可思议，但他不可思议的是你姐居然会借人家100美元？这在美国太少见了，美国人是最难张口管别人借钱的，因为你张了口也借不到。他说自己身边可没这样的实例，谁会借你100美元，想都别想。他自己曾经向一个好朋友借20美元，人家还不时地提醒他赶快还钱，虽然是以开玩笑的方式催他，还是弄得他心情很差，心里想自己的信誉难道就这么差吗？

美国人在这方面可是抠得出奇，绝不会让别人占自己一点便宜。就像在美国的酒吧里，一堆人喝着啤酒，不时地伴有玩笑声、尖叫声、干杯声，气氛好不热烈，看着就是一些非常要好的朋友聚会。事实情况也还就是如此，但好归好，啤酒得自己买自己的，你要没钱了就在旁边干坐着看人家喝吧，你不好意思让朋友请你一杯啤酒，即使你好意思也没人请你，真有点搭帮寻找快乐的意思，你是你我是我，和我一起找乐行，想让我为你付出一杯啤酒？对不起，该找谁找谁去吧！只要是提到钱，美国人的神经就会高度紧绷，看着他们真有点神经质的感觉。但美国人可以送邻居一些自己家种的水果，送朋友一些自己做的小甜点之类的东西，但也都是礼尚往来的事，不会是白来的事。

　　像这种中美两国的文化差异，对我这个来自中国的旅游者来说就是听个新鲜，不会真正触及到自己，反正在美国玩够了回北京该什么样还是什么样。但像陈墨这种在美国生活的华人来说，那可是无时无刻不身处其中。他和我说每次回到中国，大家一起聚会的时候，他都尽量不说话，整场聚会都处于听客的角色，生怕自己说话让别人笑话。他觉得国内的人每句话都暗含着很多意思，不像美国人这么直来直去。在国内哪句话说得不好得罪了人都不知道，觉着国内的人际关系极为复杂，自己明显不能适应，在这点上他还是喜欢美式的简单思维模式。

　　他的一个华人朋友想回国找对象，也有这方面的顾虑。觉着自己回到国内就是白丁，什么心计都没有，什么防备都不会，明摆着让人坑了都不知道。国内现在的女孩极为现实，像"宁坐宝马车里哭，也不坐自行车后座上笑"这种口号在中国大地被广泛认同。这让在美国生活的华人着实不能接受，感情用金钱衡量那都是美国富人之间的买卖，和平民百姓离得很远。而在中国，无论什么人都必须把二者融为一体进行综合考量，这和美国文化中的家庭观、爱情观相差甚远，陈墨这种在美国文化熏陶下长大的中国人确实接受不了，最后劝那个朋友还是在美国找一个具有相同价值观的女孩交往吧。

　　但美国也有很多让陈墨接受不了的地方，例如吸毒问题。我姐和陈墨居住的地方属于白人区，陈墨选这套房子时最大的担心就是白人区青少年的吸毒问题。吸毒在美国是极为普遍的现象，我去过洛杉矶南城的一条商业街，整条街都是卖吸毒的工具，大都是黑人控制着这个行当。虽然洛杉矶吸食大麻属于违法行为，但卖吸大麻的工具却不违法，这也助长了青少年吸大麻的疯狂行为。陈墨就曾亲眼见过他的同学在他面前吸大麻，而且很仗义地让陈墨也吸几口，陈墨肯定是没敢吸那玩意儿。2012年12月7日华盛顿州已经将吸大麻合法化，意味着吸大麻不属于吸毒，只要你年满21岁就可以出于"娱乐休闲"的目的使用大麻，个人可以合法拥有0.45公斤以下的固体大麻制品或2.4公斤液体大麻制品。这个法案别说我，就连在美国长大的陈墨肯定也是接受不了，万一自己以后的孩子被这帮白人同学带上吸毒之路，那可真是想都不敢想的事情。

这个话题太沉重，还是说一些轻松点的吧。说到水果，陈墨家的石榴那叫个大啊！就在他家门口那棵大石榴树，上面挂满了红得都有些发黑的超大石榴，每次走过这棵大石榴树都有很深的疑问，这石榴得长成什么样才算熟呢？我看石榴的颜色都已经熟透了，陈墨怎么还不摘呢？我姐从超市里买的石榴和他家的简直有天壤之别，如果我姐买的那个东西叫石榴，陈墨家的真应该叫另一个名字了。我真没见过这么好的大石榴，这要把石榴放在案板上一刀劈成两半，案板上肯定淌满了鲜红的汁液。西瓜有瘪了的时候，我真怕他家的石榴这样下去会不会瘪了。但陈墨还就拿得住劲儿，任凭石榴把树枝压得抬不起头来依然是岿然不动，我是真佩服他这股劲儿。这要是我早就进肚了，还等得到现在？后来我回国以后才知道，陈墨他就不吃石榴，所以从没想过要摘，所以这些石榴才没人管没人顾，还是我姐这帮邻居到最后把石榴全都摘回家去了。这个后悔啊！当时要勤快点问他一句，吃那些大石榴的不就是我牟鹏了吗！

洛杉矶一日游 ▶▶▶▶▶

上次来美国在洛杉矶住了两个月，这座城市给我的最深刻的印象就是它太大了。它占地1290.6平方公里，人口385万。如果按与之相连的城镇组成的洛杉矶大都会来说的话，面积有4319.9平方公里，人口将近1290万。在美国它是仅次于纽约的第二大城市。（相对而言，北京虽说地盘很大，但山区和农田占了大部分，主城区面积只有大约540平方公里）。洛杉矶仅在市中心等几个地方有高楼大厦，其他区域楼层很低，大多是居民的一二层住房和两三层的办公与商贸楼房，一望无际。

这次回到洛杉矶算是故地重游，想把上次没有玩过或者走马观花旅游的地方再看一看。今天去哪里呢？在网上看着地图寻找到了的目的地，帕萨迪纳（Pasadena）和贝弗利山。打开电脑在网上查了一下玫瑰碗体育场和贝弗利山的位置,把地址输入GPS,临出门把狗放在后院,把车倒出后院,关上自动推拉大门,一脚油踩下去直奔帕萨迪纳,开始了我的洛杉矶之旅。

美国大片《2012》里的一句台词:"总统先生,帕萨迪纳已经沦陷了。"这是我对帕萨迪纳的第一个印象。位于美国洛杉矶的帕萨迪纳市除了以每年举办著名的"Rose Bowl"橄榄球赛和玫瑰花车大游行而闻名遐迩,帕萨迪纳市还拥有众多著名的高等教育、科学和文化机构,包括:加州理工学院(Caltech)、喷气推进实验室、帕萨迪纳城市学院(PCC)、富勒神学院、艺术中心设计学院、帕萨迪纳剧院、诺顿西蒙艺术博物馆、太平洋亚洲博物馆等。其中:加州理工学院是世界顶尖的科技理工类学院,这个学校有31人32次获得诺贝尔奖。《泰晤士报高等教育》(Times Higher Education)与路透社(Thomson Reuters)联合发布的2011—2012年世界大学排名以94.8分排名世界第1位,领先于哈佛大学(93.9分)和斯坦福大学(93.9分)。我国科学家钱学森、钱三强、周培源也都在这个城市学习生活过。美国电视艾美奖的颁奖会场也在帕萨迪纳。

我上一次在美国开车是在8个多月以前的2012年1月7日,自己开车去圣塔莫妮卡海滨。这么长时间了,今天在美国开车还多少有点紧张。美国的交通路况和北京有很大不同,就连交通法规也有很多让国人感到不可思议的地方。举个例子,在美国的高速路行驶,限速是65,而当时的车流速度是80,你觉得你应该怎么办?这在北京的话肯定得保持65的速度,决不能跑到80。理由很简单,别人开车违章你也违章?那别人要开车自杀呢?你也跟着死去?但在美国考交规的话,答案出乎我们的意外:"正确答案是跟着车流以80的速度走。"尤其是在最左侧车道,车流的速度是80,而你以65的限速行驶,你会因扰乱其他的驾驶者而吃罚单。听着有点法不责众的意思,看得出来美国交通法规更注重当时的车流速度而并不是仅仅限于限速的规定,我个人认为这样的管理更加高效和人性。在美国开车还有一个和北京最大的不同就是执法的方式,北京的所有公路都有电子眼,你只要有违章行为都会被拍摄下来,用不了几天违章通知单就会寄到家中。在美国则不然,只要你违章的时候没有被警察抓到,就不用担心会找你的后账。

在一个多月以后我驾车横穿和纵贯了整个美国大陆,经常不按照高速路规

Memories of

定的车速行驶，在亚利桑那州我最快曾经开到每小时180公里的时速，但一次罚单都没吃到过，这要在国内的高速路早就被摄像头抓到了。那天是我这次来美国第一次开车，一天下来两次被别的司机鸣笛抗议。第一次是在一个路口右转的时候给一个直行的白人司机吓到了，在美国开车转弯车辆严格避让直行车辆，有直行车辆时右转的车辆要原地等待，但我还是像在北京开车时那样，看到直行车辆距离我很远，就心安理得地右转。离我有几十米的白人司机正在直行，突然看到我的车居然敢抢道行驶，生生给他吓出一身冷汗，按着喇叭向我抗议。另一次是在210高速路上，由于是堵车高峰，我想并线进入高速路里道，一个中国人死活不让我并线，也是按着喇叭向我提出抗议。像我这种行为在北京那是司空见惯，可在洛杉矶这就属于严重的野蛮驾驶行为，洛杉矶和北京同样是堵车严重的城市，但却培育出完全不同的驾驶习惯。

　　由于上次来美国的时候我去过帕萨迪纳的市中心，所以今天我按照GPS的指引来到了帕萨迪纳体育场，这座球场有一个浪漫的名字："玫瑰碗"，但它之所以被我们铭记更多的，是因为它见证了1994年7月17日世界杯决赛巴乔落寞的背影以及1999年7月10日女足世界杯决赛铿锵玫瑰的扼腕叹息。今天这里没有比赛，整个体育场空空荡荡。从外边看这个体育场比北京的工人体育场要小很多，但周边的环境可比工体要好多了。紧挨着体育场的就是一个没有围栏阻挡的高尔夫球场，果岭、梯台、球道、障碍、落球区、长草区都是一片茵绿，而且根据不同的地点，绿色的草坪又有很大的差别，果岭草是Penn A1、A4混合；球道是Zorro结缕草；长草区是早熟禾；梯台是Tifs-port百慕达，草的颜色、长短、质地都有很大的不同。在这绿色茵茵的球场中零星点缀着几个白色沙坑，被加州温暖的阳光所包裹，像我这样从没打过高尔夫的人都被这眼前的景象所陶醉。

　　今天来这个体育场其实就是探个路，因为我姐给我预订好10月13日在这里举办的橄榄球赛票，把路认清了我也就该离开帕萨迪纳了。我的下一个目的地是世界知名的富豪区贝弗利山，好莱坞演艺明星扎堆的地方，这个区域的高级住宅区被称为"白金三角"，是由贝弗利山、洛杉矶的贝莱尔（Bel-Air）以及荷尔贝山（Holmby Hills）三个地区组成。大卫·贝克汉姆和维多利亚夫妻俩、

◀◀◀◀◀ 第三章 情迷洛杉矶

汤姆·克鲁斯、芭黎丝·希尔顿、迈克尔·杰克逊、麦当娜、玛丽莲·梦露等众多的名人和好莱坞明星都曾居住过或者正居住在贝弗利山坡上五颜六色、形态各异的大房子里。

我看着GPS的路线向贝弗利山开去,下了高速路愣是开了6英里,也就是10公里啊!这肯定是出了问题了,洛杉矶高速公路网络极为发达,去任何一个地点都有高速公路直达,偏远的小地方都没问题,何况洛杉矶最著名的地点贝弗利山呢。我直接把GPS给关掉,凭借着几个月以前来到这里的印象,自己边开边找贝弗利山的中心——购物区。在我的记忆力还没有找到坐标的时候,我竟然开着车直接到了购物区的边上,绝对地误打误撞。我把车停在圣塔莫尼卡大街上的停车场,拿着相机下车开始我的豪华购物街的闲逛之旅。

世界上最著名的十大购物街分别是:1. 瑞士苏黎士,班霍夫大街;2. 美国贝弗利山庄,罗迪欧大道;3. 冰岛雷克雅未克,洛加维格大街;4. 日本东京,银座;5. 美国纽约,第五大道;6. 美国芝加哥,宏伟大道;7. 法国巴黎,蒙田大道;8. 西班牙巴塞罗纳,对角线大道;9. 意大利米兰,由蒙提拿破仑街;10. 英国伦敦,庞德街。从逛街角度来说,贝弗利街(N Beverly Dr),佳能街

▼ 贝弗利上罗迪欧街里的餐吧

Memories of

（N Canon Dr），罗迪欧（N Rodeo Dr）这三条街上的奢华店面可以满足你所有精致和奢华的愿望，它们依次分别汇集了"美国本土时尚品牌"，"家居生活用品商店及餐厅"和"顶级时尚大牌儿"。号称世界上最贵的购物街的 N Rodeo Dr 也可以被游客看做是一场名车展，介于威尔舍大街和圣塔莫尼卡大街（Wilshire BLVD，Santa Monica BLVD）的这段北罗迪欧小街（N. Rodeo Dr.）并不长，大约只有一里地左右。可是，作为贝弗利山的购物区，这一里地的小街却是世界上最贵的一里地了。

街上的行人在穿着上明显和我有所区别，散落一街的美女，一个个珠光宝气、蝉衫麟带、锦衣玉镯，一个个长得那叫漂亮。这里有一个奇怪的现象，大街上走的行人基本上都是西方人，而道路两边的顶级奢侈品店里，大多数都是来自大陆的中国人。为什么能肯定是从大陆来的呢？因为我不时能听到从店里传出熟悉的乡音，说话就跟打架似的，真不像到奢侈品店里去购物，活活像一帮来砸店的黑社会。一个个那叫个牛啊！就跟天安门一直挂的都是她的照片似的。价值几万元的包一下就抱着一堆从店里走出来，那劲头就跟我每年深秋在农村地头儿上抱一堆冬储大白菜似的。在这个有钱人终成眷属的年代，同样是在贝弗利山罗迪欧大街上的中国人，我们之间的差异那是比松花江和松花蛋之间的差异还要大啊！我眼里充满了鄙视的眼神，真不是我吹，长这么大还真没人瞧不起我，因为这辈子就从来没人瞧过我。

在 Dayton 街和 Rodeo 街的十字路口，就是路易威登专卖店所处的那个路口，东南角有一条弯曲的小街，两边的店面咱先不说了，就连这里的地面都显示出奢华。金发碧眼的美女就在我前面几米的地方和我一样瞎溜，我的大脑开始产生幻觉：走着走着，一沓厚厚的美元大钞从美女的包里掉落到地上，我急忙跑过去捡起这一沓钱，冲着美女大叫："小姐，你的一沓……"还没等我说完，金发碧眼的美女回头冲我露出甜美的微笑，用纯正的中文对我说："不！是你的一沓！"在胡思乱想方面我的大脑绝对能担当重任，多不要脸的念头儿都能想得跟真事似的，这次的胡思乱想典型地盗用了益达口香糖的广告创意和台词，但实实在在地让我在那几秒钟沉醉于自己编织的幻觉之中。看来只要你敢想，幸福是可以唾手可得的。

第三章 情迷洛杉矶

　　在这片全美顶级奢华的贝弗利山购物街之中，有一家名为 Mr chou 的中餐厅，在当地有很高的名望。但恰巧我来贝弗利的时间既不是时候又是时候，说不是时候，那是因为我到 Mr chou 门口时不是吃饭的时间，人家不营业，餐厅里外一个服务人员都没有，我就是想享受一下贝弗利的高档中餐也没有实现的可能。说我来的是时候呢，那是因为我根本吃不起这里饭菜，在餐厅休息时间我在人家门口闲逛不会让服务员把我轰走。餐厅门口一把白色遮阳伞下有个服务台，是接待客人核实预定信息的地方。同时也是代客泊车的接待台，这里的代客泊车可不是免费的，您开着法拉利、兰博基尼这个档次的车来，好意思让人家白

▲ 停在罗迪欧大街上的世界仅有三辆的布加迪威龙

给你停车去嘛？9 月的洛杉矶午后暑热难耐，这个时间街道上冷冷清清，我像孤魂野鬼一般走到服务台后面，双手扶着台面，一双小得几乎都看不到的眼睛炯炯没神地观察着街道。这个时候如果有个开宾利的家伙要来订餐的话，一下车肯定是把车钥匙交给站在服务台后面的我，而且很自然很绅士地在我手心里塞上 10 美元的小费，昂首阔步地走进餐厅。我呢？拿着 10 美元和一台价值几百万的宾利车可着满洛杉矶地一通闲逛，等那孙子定完餐一出来，那个老门童

呢？车呢？急得站在餐厅门口直搓大腿。像我这种一生都屹立于贫穷世界巅峰的人来说，在现实中我没有与有钱人碰面的可能，但在我大脑的虚幻世界中，一分钟之内就可以战胜、击败、打垮无数的名流富豪。而且让我最为得意的是在这段不切实际的想象过程中，餐厅愣是都没出来一个保安把我踹对面街上去。

提到了名车，那我真得说一说罗迪欧大街上每天都停着的那辆布加迪威龙跑车。布加迪威龙跑车是全世界量产车中最贵的，也是第一个功率达到1000马力的跑车（它的输出功率为1001马力），同时也是第一个时速超过每小时400公里的汽车。当时实际测出的最高时速是405.7公里每小时，比麦凯轮车队在一级方程式大赛中创下的每小时386.6公里的速度纪录还快19公里。2008年的北京国际车展时，布加迪威龙带来了一款年产14辆的爱马仕限量版，售价在4300万元。这个价格的汽车别说在现实中，就是做梦我都懒得梦它了。但我在罗迪欧大街上看到的这辆布加迪威龙车全世界只有三辆，那它的价格该是多少，我是连估计都估计不出来了。其实这已经是我第三次来到罗迪欧大街，而且每次都能看到这辆布加迪威龙，早就不该有什么新鲜感了。但这次看到它还是忍不住驻足在车的旁边，和来自世界各地的旅游者一起欣赏这部世界汽车工业的顶尖杰作。开这种车可不是光有钱就行的，一般人都缺少一种电视剧《狄仁杰》的霸气，那种走到哪儿让人死到哪儿的霸气，开这种车就得有这种霸气。

洛杉矶的闲散生活 ▶▶▶▶▶

这次美国之旅中最闲散的时光就是在洛杉矶的31天，除了去几个知名的地域，其他时间都是整天无所事事地开着车瞎逛，真差不多是闭着眼开到哪儿玩到哪儿，毫无目的性。目前国内来洛杉矶自驾游的游客与日俱增，洛杉矶对我来说并不陌生，正好能给大家介绍一下在洛杉矶旅游的吃穿住行游购。穿、住、行、游我已经在别的章节有详细的阐述，那就着重说一下吃和购吧。

首先聊一聊"购"，美国的零售业经过几十年的行业竞争、商业重组、业内洗牌，能立于不败之地的都是大型的连锁企业。许多行业都是被两个大型企业共同掌控。像家得宝（Home Depot）就是个家居百货大型连锁商店，主要卖各种建筑装饰材料以及配件，比如门、窗、地毯、油漆、工具、肥料、花草、后院家具等，货品非常齐全，它的竞争对手是Lowe's。想买家居装饰用品非这两家商店不可。要是买电器的话，最大的电器商场就是BestBuy，它的竞争对手是Fry's。好像美国每个零售产业市场都被两家大公司瓜分，所以我总是想，充分竞争的结果一定是合伙垄断。美国90%的媒体归通用电气、新闻集团、迪斯尼、维亚康姆、时代华纳、哥伦比亚广播这6家公司所有，垄断地位确立以后开始大力发展有线收费电视。就像每四年一届的奥运会，美国的老百姓可没中国百姓的福气，想看现场直播吗？可以，掏钱看有线，要不然想都别想，这六家公司整齐划一地把直播都归入付费频道。快递业也是一样，UPS和联邦快运垄断美国市场，可快递速度简直都成慢递了，比中国任何一家快递公司慢几倍不止，而且价格贵得离谱。咱们说回电器商场，这两家最大的电器商场我都去过，不过都是路过的时候去里面上厕所。我也在里面转悠了一下，价格比起中国来有便宜有贵。像电视、电脑之类的整件大商品要便宜些，就像我姐这次给我买的笔记本电脑，确实能比北京便宜。我这次到美国不知怎么回事，60个G的硬盘和笔记本电脑全都坏了，全是我姐给我换的新的，移动硬盘居然是931个G的，这两个玩意儿在美国买是实惠了些。但到了小件商品可就贵了许多，就像在Fry's里看到的电脑转换插头，在国内5元钱，这里不含税是5美元，这要按收入比例来说好像差不多。贵得多的是一些配件，一个4G WIFI终端，这些WIFI终端都是中国华为或中兴生产的，114美元，贵得吓人了吧，国内基本上是送的。同时，还得买一个限时一个月的上网卡，流量3G的是每个25美元。这家店的优惠商品用的是红色价签，普通商品用黄色的，想要图便宜那就冲红色的价签冲过去。顺便说一下，到美国旅游的国人在当地买手机卡的时候也要注意一下。美国电信运营商也是两家基本给垄断了，T-Mobile和AT&T，我个人觉得还是AT&T好一些。因为我在自驾车纵贯横穿美国大陆的过程中，T-Mobile的信号总是出问题，给我们的导航带来极大的麻烦。其中最长的一段居然达到660公里没有信号，幸好当时我只在10号高速路上行驶，不然真不知道在陌生的美利坚大地如何才能找到目的地。我来洛杉矶的第二天，我姐就给我买了一部新手机，10美元而且是一个新的号码。我问我姐为什么不使上次来美国时的那部手机，直接买一张卡不就行了。我姐说单买卡弄不好比这个连机带号的还贵，而且新卡还带一定的通话时间。美国的手机卡很有意思，假如你买了500分钟的通话时间，你打出电话时对方接与不接都要扣掉时间的，而且别人打过来的电话也要扣你的时间，不是说美国是单向收费吗？这种充值手机号不但不是单向收费，比十几年前国内的双向收费还要狠，居然打不通都得扣钱！

  回到正题，咱们再说百货商场，全美有名的分别是 Macy's（即有名的梅西百货）、Sears、JCPenney 和 Nordstrom。4家里面最便宜的是 JC Penney，最贵的是 Nordstrom。不过这些商场我劝那些不是极为富有的旅行者还是不要去了，店里的豪华程度跟北京、上海的高级商场比起来要逊色许多，价格可不便宜。如果您真有钱，那尽可以去贝弗利山庄罗迪欧街的品牌店，那里是全世界的高档名牌应有尽有。如果就想买服装，专业服装店有 Kohl's、TJ-Maxx、Marshalls、Ross，这些店里的服装也都是名牌，不过都是大商场的下架商品，号和款式可能不全，能不能买到称心的服装得靠你的运气了。我就在 San dimas 市的 TJ-maxx 里花29美元买了一件 Levi's 的带帽衫的双层皮夹克，这要在国内卖多少钱我不敢肯定，但少于1200元人民币肯定是别想。那咱们国人想找个货品齐全而且价廉物美的地方去哪儿呢？只有一个答案，那就是 Outlet，遍布全美的 Outlet。对于 Outlet 我有专门一节的讲述，在这里就不费口舌了。全美最便宜的服装杂货店是哪家呢？最便宜的就是 Goodwill，这家店里的商品都是富人的慈善募捐，价格出奇的便宜，我在西雅图的这家店里逛过，确实没有找到我能穿的号码。因为在美国穷人都是超级大胖子，富人才是我这样的消瘦身材，所以穷人穿的衣服一般都很大，那里裤子的裤腰比我的裤长都要长。

  说到便宜，美国也有美元一元店，而且数量众多，即使在明星云集的贝弗利山庄都有。我曾经进去转过一圈，吃的、用的一应俱全，但是没有烟酒。因为烟酒在美国属于高税种商品，尤其是在西雅图，那里一斤半装的普通红星二锅头合算人民币接近180元，不但贵还有限制，穷人用的食品券就别想买到烟酒，所以美元一元店里不可能出现烟酒。我在里面花一美元买过三大瓶柠檬味的苏打水，走在大街上甩搭甩搭的，而且贼沉，最后只喝了半瓶其他都给扔了，这一美元花得那叫个冤枉啊！

美国的大型超市有 Safeway、Target、Kroger、Walgreen、CVS pharmacy 等，不过我去这些地方就一个目的——上厕所。这些超市的结账台有专门找零钱的机器，我估计应该是美国人的口算能力跟不上的缘故。受美国经济下滑的影响，这些知名连锁超市都遇到了销售"寒冬"。富裕的消费者在全食超市（Whole Foods Market）花高价购买有机食品，平民百姓则更乐于去性价比很高的大型仓储会员超市。说到仓储会员超市，美国最有名的两家分别是好市多（Costco）和山姆士（Sam's Club），美国东部还有一家 BJ's 只不过没有这两家出名。我和我姐每次都是到 Costco 购物，里面的商品都是大包装，土豆、洋葱之类的一买就得一大袋子，牛奶果汁之类的也是按箱子买，价格相对便宜许多。但我姐有个同事，她的老公是专飞美国航线的飞行员，每次来美国都要帮朋友采购东西回国。今年给他的感觉是，Costco 里的商品要不就涨价，要不就缩小包装，看来美国的零售业想熬过这个"寒冬"还不是一时半会儿的事儿。顺便说一下，在美国买来矿泉水，打开的时候千万小心，它的盖只拧半扣，节省成本啊，瓶儿还特薄，拿在手里特别的别扭，你开瓶盖的时候如果像在国内那么用力，肯定得洒你一身。美国的超市里还有一种商品让我感觉很新奇，那就是一大包一大包码放着的木劈柴，我上次来美国时还特意照了相，我姐看到照片百思不得其解，照什么不好，照一摞劈柴干什么呢？这就是中美两国的差异，我看着就特别稀奇。

一般的超市说完了，咱们就说一下美国零售业的老大沃尔玛，绝对的老大哥，年销售额两千多亿美元。不过像我姐这样的华人是最反感去沃尔玛的，因为这里卖的商品都是产自中国的价廉质次的商品。洛杉矶著名的华人区本来要开一家沃尔玛，没想到遭到全市华人的游行抗议，原因是沃尔玛卖的小商品会严重冲击华人区的小型超市。也不能说我姐一次沃尔玛都没去过，11月7日我姐就带我去了趟沃尔玛，不过不是给我们买东西，是给狗买狗粮和止痒洗液。她有时也在沃尔玛买点花儿啊草啊，还有果树苗，反正在沃尔玛绝对不买家人吃的用的东西。我这次来沃尔玛的印象也很差，首先光线就比所有的美国超市要暗一些，商品的布局码放也十分混乱，感觉就像到了北京的金五星。

咱们华人来洛杉矶旅游，华人超市当然是首选。洛杉矶的华人数量在全美排名第一，华人超市自然就要比其他城市多。最著名的当属99大华超市，遍布整个洛杉矶，只要你想得到的中国食品这里基本上都有。不过这里买不到大葱，全都是小手指那么细的小葱，而且葱白很少。这里的香油不叫香油叫麻油，这个得记住，以免来洛杉矶找不到。烟酒售出概不退换，这在美国显得很另类。美国华人超市卖的瓜子不好吃，明明也是恰恰瓜子，甚至连包装都一样，但那个味道可实在叫人不敢恭维。美国超市的商品码放我很不适应，两边是食品，中间是百货类的商品，在国内的超市逛习惯了，在这里找商品十分的费劲。99大华还有一个让我不满意的地方就是刷卡结账得看ID，哪怕你只买了一件几块钱的小东西。其他的华人超市像顺发、光华、香港超市就不用。对了，沃尔玛也和99大华一样，让人感到很不舒服。我姐跟我说以前美国不是这样，现在经济不好，有很多顾客就恶意欠费，他们也是不得已而为之。我上次来美国丢护照就是因为到大华买东西结账时非得看ID才丢的，所以我对大华实在是没什么好感，这次在美国两个多月，就11月6日得知美国总统大选奥巴马获胜，我们要庆祝一下才到大华买了点魔芋和醪糟。

毕竟这种大型的连锁超市再有名气，也不可能在同一个市里面建很多家。尤其对随时更换住宿地点的外来自驾游游客，他们对大型连锁超市的位置分布肯定不熟悉，那平时在住处附近临时买点东西怎么办呢？美国不像中国，在居民楼下，街道边都有底商和小铺，这时就得去在美国无处不在的购物广场（Shopping plaza）了，这些购物广场沿着居住区的街道而建，数量众多。广场的规模都不大，但麻雀虽小五脏俱全，广场内超市、餐厅、支票兑现店、美甲店、健身馆、加油站、烟酒专卖店等一应俱全。美国的超市大多都在早上9点开门，outlets是10点开门。我平时最常去的就是Shopping plaza，离家很近，走路也就20分钟。国内的人听到这句话肯定会乐起来，走20分钟还叫近？对！没错！在美国走20分钟的路程就是很近。当然了，我只有在没事带狗遛弯的时候才会走过去，平时都是开车，也就3分钟的时间就能到。记得11月7日我带孩子们去Shopping plaza买冰激凌，出来的时候用遥控器怎么也打不开车门，我只能用钥匙捅车门上的钥匙孔，捅了半天还是开不了。这时从旁边店里出来个白人盯着我看了半天，我问他是不是车上的防盗装置启动了？不然我不会打不开车门啊。

他告我防盗装置肯定没问题,问题是我用自己的车钥匙正在拧他的车门呢。我一听赶紧跑到车头看了一下,车牌是有点陌生,原来我们的车都是灰色的凯美瑞,而且停得很近给弄错了。

这家广场最大的超市叫做 Stater Bros,是我最常来的超市。每次来都要找美国的那种叫 eggnog 的奶昔似的饮料,很浓稠、很浓香、很害人,就因为它是高热量、高脂肪的饮料,我姐一家人没有一个敢喝它。那些美国的超级大胖子都是巨爱这种饮料,美国人也都知道这种极不健康的饮料不能任意销售,所以只有到新年、圣诞节、万圣节才有卖的。胖人不胖人关不关我的事,就我这身材,大白天往地里一戳,瘦得都看不见我人。在美国的前两个月到哪儿也买不到这种饮料,临回西雅图的前十天才在这家店里看到有卖的,一下买了好几桶。拿回家放冰箱里就我一人喝,到临上飞机离开洛杉矶的那个上午还有一桶多没喝完呢,家里人又都不喝,我只好努足了劲儿把它喝光,撑得我午饭都吃不下去了。

既然已经谈到了吃,那就来说一说在洛杉矶的餐厅吧。来自中国的自驾游游客选择加州旅行,最不用担心的就是吃。加州在美国是华人聚集最多的地方,中餐的水平在美国也是属于最高的,而且中餐厅的数量也绝对是最多的。在阿凯迪亚附近的华人区,国内各地的美食基本都能找到,而且也有很多餐厅味道做得很地道。我姐就带我去过一家湖南菜餐厅,味道绝不比北京的湖南菜餐厅差。邻居陈墨还告诉我洛杉矶也有卖羊肉串的,他还特意带到我姐家来烤了一回,不知道是不是在美国时间待得长了一点,感觉那羊肉串的味道特别的棒。我还在阿凯迪亚大华超市旁边的一家餐厅里吃到了麻辣香锅,而且香锅中间是一个可以涮的火锅,虽然样子挺奇特但味道确实不错。

但我觉得既然来到美国整天都吃中餐确实有点亏了,国外的美食甭管能不能吃惯,最起码也都得尝一下吧。再说了,我住的北京想要吃到正宗的国外口味,那兜儿里的银子得盯得住劲儿,而且正宗不正宗也无法去界定。到了美国则不然,美国本身就是一个民族大熔炉,据说只要世界上存在的民族,在美国一定会找到那个民族的移民。世界各地的口味在美国也都能找到,在洛杉矶去 downtown 的小东京可以吃到正宗的日餐,韩国城有正宗的韩餐,墨西哥城有正宗的墨西哥餐,而且绝对是那个国家的厨子做出来的。最重要的是价格很实惠,完全不会有吃外国餐的感觉，都是和普通的美国餐馆一样的价格。20多美元就能吃到很正宗的世界各地的美食，这在北京可是想都不要想的。除了去 downtown 里，洛杉矶任何地点也都有各国的正宗美食。我姐家附近的那个 Shopping plaza 就有日餐、泰餐、墨西哥餐。10月6日中午，我一个人在家没事也懒得做饭，就开车来到 Shopping plaza 里的日餐厅吃饭。餐厅里墙面的装修很有美国特色，不过贴得满墙没有一丝空隙的不是留言纸，而是顾客的照片。餐厅里的服务员和厨师都是正宗的日本人，他们之间的交流也都是用日语。我点了一份 Combo，味道很不错，最起码比北京的日式自助餐要强。吃着吃着突然想起一个较为严重的问题，这些日子在网上看到国内正在上演一幕又一幕的砸日系车的大片，国内的同胞正在热火朝天地开展抗日行动，我这儿一个人居然在洛杉矶大嚼日本饭了。想到这里居然就没胃口了，赶紧结账走出了餐厅。

我记忆最深的一次吃饭经历是9月21日我姐带我去蒙诺维亚（Monrovia）吃的那顿法国餐。蒙诺维亚这个市离我姐的医院很近，这个市给我的印象特别好，2012年的春节我和我姐一家人就是在蒙诺维亚的意大利餐厅吃的年夜饭。这个市好像不是美国的城市，更像一座优雅的欧洲小镇，所以我姐现在给我打电话的时候还管蒙诺维亚叫"就咱们去的那个小镇"，我听我姐这么说也立马能明白它指的就是蒙诺维亚。那里街道干干净净，街边的小店很有特色，两旁的树木和建筑都很协调，显得整个小镇十分精致，绝没有美国式的傻大黑粗。在这条街上走一走都是一种享受，尤其在天黑以后，路边的老式街灯点亮的时候，那感觉简直就是回到了电影里的一二百年前欧洲的小镇。矮矮的街牌蠹立在街边，颜色是偏向于国内"邮政绿"的那种墨绿色，上边印着小镇的 logo："Monrovia Old Town"（老城），logo 下方是一行行白色的名字，都是附近店家的名称。颜色搭配给人感觉特别的舒服、精致，配合着周边相同颜色的铁艺街椅以及低矮的花卉，更平添了一份欧式田园色彩。

我姐带我进入一家法国餐厅，店外的墙壁是由古香古色的砖头垒成，瘦高瘦高的落地窗上搭出半圆形的遮阳伞，充满欧式文化的烙印。屋内的光线很暗，屋顶垂下几盏仿古的金属吊灯，墙上的壁灯也是同一的式样，家具也都是统一的深色系，充满了欧式文化品位。服务员拿上来的菜谱极为精致，里面其实并

▲ 蒙诺维亚小镇

没有多少道菜，但让我觉得这里的每一道菜肯定都值得细品。其实我和我姐一起来这家餐厅有点不对路子，应该是一对情侣在这里用餐才能凸显这里的情调。这种环境的法国餐厅要是在北京，肯定不是我这样的穷人消费得起的。但在蒙诺维亚，我和我姐两个人吃完一结账，算上小费才23美元，这也有餐厅中午打折的功劳，可不打折的话也不会贵出多少。唯一让我有些失望的是在这里刷卡消费得出示ID，我姐说在洛杉矶信用卡跑单是商家倒霉，所以现在查身份的现象越来越多。甭管怎样，能在这样的环境下以如此便宜的价格品尝一顿精致的法国午餐，在国内你可想都不要想了。所以在洛杉矶经常尝试一下各国的美食，那肯定是绝对超值。

韩餐我上次来美国的时候在洛杉矶的韩国城里吃过一次，印象特别的好，一水儿的韩国厨师和服务员，菜品质量也比北京的权金城、汉拿山甚至萨拉伯尔都要好。哪位来洛杉矶旅游一定要去韩国城的韩餐店尝一次，保证不虚此行。这次来美国在10月14日中午和我姐一家到罗兰岗吃韩国烧烤自助，这里的环境就不像是个韩餐店。不过的确是韩国人开的，可服务却很差，和洛杉矶韩国城那家简直没法比。你交完钱好像就完事了，上来的肉像破布条缠在一起，虽然味道还算说得过去，但给人感觉很低档。最让我不解的是这里居然加钱都没有冷面卖，韩餐吃到最后没有冷面就像上了一个月班领不到工资一样别扭。这里的雪碧也得另加钱，罗兰岗这家自助韩餐给我留下很坏的印象。

说了半天还没说到正宗的美国美食，我觉着最值得吃的是牛排。11月12日是我在洛杉矶的最后一天，第二天下午就要飞回西雅图，所以这是我姐一家人给我开的一桌送行宴。晚上我们一家人去圣迪马斯（San Dimas）最有名的牛排店吃牛排，离我姐家很近，187路巴士一站地，走也就20分钟。这家店在当地很有名，离我们家又这么近，我居然不知道。我一直就特别爱吃牛排，10年前开酒楼的时候，我有一个西餐厨师，每天都让他给我做烤牛排，而且还专要一分熟的，吃完牛排剩下一盘子血在桌上。

这家店做的牛排很棒，进到屋里一看，生意真不错。里面的装饰确实下了功夫，哪儿哪儿都是典型的西部风格，牛仔帽、马鞍子、鞭子、灯头、装饰画，还有上千条领带钉在用木板装饰的墙面上。这种风格的装饰有种一下让我回到在怀俄明州的无垠草原、蒙大拿州的荒芜旷野里的感觉，里面服务员的着装也都典型的西部牛仔。我们要的是菲力牛排，半熟的火候，再要一杯红葡萄酒，不是说红酒配红肉，白酒（白葡萄酒）配白肉（海鲜）嘛。牛排的口味那是没得说，给我最深的感触是这么好吃的牛排得趁年轻的时候多吃，不然到老了可真就吃不动的。10年前我最多一次吃了3斤多的一分熟的牛肉，今天五分熟的牛肉死也吃不下那么多了。看来岁月不饶人，再过十年这么好吃的牛排我还能吃下去多少呢？

由于洛杉矶原来是墨西哥的地盘，所以洛杉矶到处都能感觉到浓浓的墨西哥风情。墨西哥菜在洛杉矶也是遍布大街小巷，墨西哥菜的主要特色就是玉米、豆类，还有一个特色，那就是分量多，不仅在菜式上比起美式餐饮更为粗犷，而且材料多以能够吃饱、便宜为主。即使发展至今，这仍然是墨西哥菜的特点，与中国菜相比较墨西哥菜没有那么细腻，但也许正应为如此，让墨西哥菜受到一般大众的喜爱。因此，墨西哥菜也是一种属于平民的美食。墨西哥菜的口味以重辣、重油和酸咸著称，但我的感觉是墨西哥菜是最适合中国人口味的，在圣迭戈我就特别喜欢吃墨西哥大卷饼，有点类似于我们中国的春饼。就是一张薄饼里面连菜带肉带豆子裹在一起，虽然肯定不会比咱们的春饼香，但味道绝对能接受，我吃着是挺香的。

墨西哥餐里重口味的是国宝级烈酒如龙舌兰酿制的特基拉（Tequila），以后劲十足而闻名。墨西哥本土出产的辣椒超过百种，颜色由火红到深褐色，各不相同。至于辛辣度方面，体形愈细的辣度愈高，因此吃到嘴里的墨西哥菜是不是正宗，只要问问你的舌头够不够辣就行。墨西哥人爱吃辣椒可谓是世界闻名，四川人不怕辣，贵州人辣不怕，湖南人怕不辣在中国很出名，但跟墨西哥人比起来还是有点小巫见大巫。他们几乎每顿饭都离不开辣椒，墨西哥人的年人均辣椒消费量为16斤左右。墨西哥"魔鬼椒"在嘴唇边轻轻一擦，整个嘴唇就会肿起来。1992年，一名吃辣椒大赛选手一口气吞下13个"魔鬼椒"，不到20分钟就被辣死了。墨西哥是世界辣椒第二大生产国，中国是第一名，但中国有13亿人口，人均销量比墨西哥可要小许多了。我姐就曾经吃过一次墨西哥辣椒，用她的说法是把整个脸辣得都疼！墨西哥菜还有一点很另类，就是虫子居然是墨西哥菜的重要组成，据说可食用的虫子有450多种，不过我在美国去过那么多墨西哥餐厅还真一次都没见到过。

顺便说一下美国的学生餐，这次回到洛杉矶我发现外甥女每天都自己带饭，难道说学生餐不好吃吗？答案正好相反，美国的学生餐对土生土长的本地人是很有诱惑力的，纯美国式的垃圾食品，但食品越垃圾好像越容易上瘾，就像美国无处不在的快餐以及无处不在的超级大胖子。正因为学校的饭太胖人，所以外甥女主动要求从家带饭，碰都不敢碰美国的学生餐了。美国中部的超级大胖子很多，这些人天天吃快餐这种垃圾食品，而且买这种垃圾食品还得Car Thur（不用下车直接在窗口购买），真是要多懒有多懒。美国的孩子吃学校的垃圾食品不说，放学以后的活动还很少。因为每个同学的家都离得很远，所以放学到家基本上就不动了，不像国内的孩子，放学回家以后依然能聚在一起疯玩疯跑。有天晚上我带狗出去遛弯，外甥也要和我一起去，我带着孩子走了一大圈，给孩子累坏了。这让我感到匪夷所思，我小的时候能出来玩是最幸福的事情，从没觉得累过，我记忆最深的就是每天晚上家长满院地抓孩子回家，不亲自把孩子抓回家，孩子是绝对不会主动回家的，更别说觉得累了。美国的孩子放学以后就是在家，要不看电视，要不玩电脑，也加上美国的有线电视便宜，就交30多美元，第一年免费收看，以后每年4.99美元。上网费也很便宜，所以孩子整天泡在这上面对身体十分不好，外甥和外甥女现在都戴上了眼镜。

　　洛杉矶的有线电视确实很不错，国内能收到的节目这里也都没问题。我在国内很少看电视，我在北京的时候国内有什么好的节目都是听我姐从美国打来的电话中才知道的。我姐在美国就看国内的节目，台湾的、美国的节目基本不看，每个星期也是和国内的女人一样盼着"非诚勿扰"、"我是歌手"这样的节目。有线电视里的电影也很多，11月8日那天洛杉矶下雨我哪儿也去不了，就在家陪我姐看了一部很新的电影《神探亨特张》，而且这个电影里许多镜头就在我家附近拍的，让我姐一下就想起了北京。

　　说起电影，10月17日我去Plaza买东西，看AMC电影院那里贴着《007》最新一集的广告，当时我就想自己英语不行，纯英文对白的电影我肯定看不懂，等回国了再看吧。可是边走边觉得不对劲，中文版的《007》我也从来没有看懂过啊！《007》就是部眼球效应的片子，就是看个热闹，里面的情结都是胡编乱造，有什么看得懂看不懂的，即使看懂了又怎么样呢？想到这里马上又开车回电影院，结果这部片子得11月才上映。11月5日我结束纵贯横穿美国的自驾游回到洛杉矶，第二天一早和姐夫带上狗去把我的凯美瑞车还给车行。然后姐夫去上班，我带着狗走到电影院想看看《007》哪天公映，结果还是令我失望，最后到离开美国也没上这部电影。我这次在美国虽没有看上电影，但我觉得来洛杉矶旅游的中国人真值得去一趟AMC电影院看一场电影。AMC已经被中国的大连万达收购，在这里看电影也算是对中国企业走向世界的支持，而且美国的电影票很便宜，上午看的话才6美元一张票，同样一部美国大片到北京放映，怎么也得80元人民币以上吧。英文原版电影的音响效果和翻译版的会不会有差别呢？即使有也应该是原版的效果要好一些吧。我看美国大片看的不是什么明星、什么情节，就是看它的效果、听它的效果，那种地动山摇的震撼力。花6美元享受一下这种震撼不算贵吧。

　　说到地动山摇，洛杉矶本身就处在地震带上，这里所有的住宅都是木质板材搭建而成，目的就是抗震，即使实在抗不住了，砸下来顶多也就是削一脑袋大包。

第三章　情迷洛杉矶

我在洛杉矶还真有一天像是要地震的样子，11月10日下午回家，把车刚一开进院子里就觉得哪儿不对，仔细一看地上有很多树叶和树籽儿，我明明已经把院子打扫得干干净净，地面的砖缝都让我清理干净了，怎么会出现这么多的树叶树籽儿呢？我也没多想，进屋以后发觉更不对了吗，周边所有住宅里的狗都叫，这在平常肯定是听不到的，这一带所有的狗都叫是什么意思呢？我赶紧从屋子里出来，今天傍晚的天色怎么那么奇怪呢？天空被一道由南至北划过整个洛杉矶的云彩分为两部分，以西都是云彩，以东是晴朗的天空。我赶紧带狗上山看看是怎么回事，到了山上看到很奇怪的景象，视线尽头红色的地平线上方是黑黑的云彩，云彩上方是蓝色的天空，红色和蓝色被一条黑色的云彩隔开，黑色和红色的交界处被晚霞映成金色的线条。放眼望去，山下的景色在天空和云彩的衬托下显得格外安详，看到山下这么美丽的景色让我都后悔为什么要上山！

但漂亮归漂亮，这种天象绝对是十分怪异的，我就从来没见过这样的夜景，再加上周边的狗都有不正常的犬吠，我严重怀疑今夜整个洛杉矶的大地会爆发大地震。晚上回家跟我姐说了，但我姐没当回事，我观察到的这么诡异的状况她怎么一点都不在意呢？我该说的已经都说了，她要是不信那就让事实来警醒她吧。第二天一早的事实就是她安安稳稳地睡了一个好觉，我两眼熬得黑青地后悔为什么这一夜死也不睡。今天还约好了一个朋友去她家，我这儿困得昏天黑地，你说我能不为自己超人的愚蠢感悟力而感到气愤吗？

今天约的朋友是上次来美国的时候，认识的叫Angel的哈尔滨女孩。我们聊得很好，她回国四个月以后重返美国，在历经几个月的挑选以后，最终在最著名的华人富人区阿凯迪亚买了一套前院带草坪、大树，后院带游泳池的独栋别墅。本来说这次我一到美国就和她联系，没想到她回国办事，等她回到美国我又在开着车纵贯横穿美国大陆的旅途之中。她回美国以后给我打的第一个电话就是著名的桑迪飓风登陆纽约的前两个小时，当时我正在纽约曼哈顿拥堵的车流之中。我告诉她等我回到洛杉矶就去找她，等我真回洛杉矶以后又有一堆事，这眼看就要回西雅图了，必须见人家一次，不然好像故意躲人家似的。

我洗了一个澡以赶走困意，开着车去阿凯迪亚找Angel。她的家在阿凯迪亚的8街，位于市东边，环境不会像市中心那样嘈杂。这里每条街道都是很干净的林荫道，这条街的北口往西一点就是香港超市，肯定是为方便她妈妈购物的原因。开着车在寂静的街道，两边的绿地、房屋、树木好像凝固住了一样，如果不是有几声鸟叫，我都怀疑是不是在照片里面开车。她的别墅位置极为好找，只要沿着8街直着走，油门踩到底闭着眼睛开，肯定一下就能撞进她家的车库。她的别墅正好与8街垂直，车库大门正对着8街。这套别墅的外表是淡蓝色的木质房屋和砖砌结构，很有古典品位。别墅的位置又恰好在街角，草坪、大树环绕着房屋，街道的林荫路抱着自家的绿地，配合着寂静的环境犹如在明信片中的住宅一样。

　　Angel在国内是国标舞大赛的评委，这次来美国不到两个月就以特殊人才的身份顺利得到绿卡，进而在美国买下了这套一百多万美元的别墅和一辆奔驰顶级的GL450大型越野吉普，打算在美国这块土地上生根发芽。我最佩服跳舞的人那柔软的韧带，她那两条腿想上天就上天，想入地就入地，哪儿都能去。我是那种天生韧带挛缩的典型，身体极为僵硬。我也曾经狠命地抻过筋，大腿后面抻得全是黑色的淤血，结果照样是连个竖叉都劈不下去。Angel现在在美国主要是补习英文，等弟弟、弟妹办好签证就和妈妈一起搬到洛杉矶来定居。一个人在美国的生活也极为枯燥，除了学英文基本上无事可做。最要命的是她开车不敢上高速路，只能在市区里活动。美国甭管去哪里都得走高速路，这个缺陷严重限制了她在洛杉矶的活动范围。不过一个人的生活确实使她的英文水平有所提高，我和她下午去了一趟CVS买焗油膏，看她和售货员的对话比我上次来美国时提高很多。

　　到她家以后，Angel带着我参观了一下这套别墅，内部的装饰一看就很有文化品位，原来的户主肯定是一个很有修养的人，从装饰的用材到屋内的布局，从整体的色彩到局部的饰物，特别有文化的积淀。Angel告诉我，原来的户主临走时问她要不要把屋内现有的装饰都给她留下，她没好意思赚人家这点便宜，所以就让原来的户主都带走了。没想到那些装饰一带走就怎么也买不到了。这栋别墅有几十年的历史，里面的装饰物也都是几十年前买的，和整个屋子的装饰搭配很协调，现在的装饰物件想找到还能如此和谐的搭配确实不可能了。她家的餐厅是一个270°的景观建筑，坐在欧式的长条餐台边，看着窗外的草坪、绿地上的大树、街道上安静的建筑，确实是一种优雅的享受。

正因为这里所有的街道都太安静了，所以这里的治安倒是有些让人担心。Angel有天夜里一个人住在这么大的一套别墅里，睡梦中听见有人在撬楼下的门，她赶紧起来偷偷下楼看个究竟。最担心的事情确实正在进行中，一个墨西哥人正在想方设法地实施偷窃活动。Angel告诉我，来美国以后一直没去枪店买一把手枪，她在国内学过开枪，那时要是有把手枪就好了。大夜里的一个墨西哥小偷就在门外，屋里就她一个人，给她吓得赶紧跑回楼上，躲在卧室里也不敢开灯。我说恰恰相反，遇到这种情况应该主动把各间屋子的灯全都打开，故意制造一些声响，这样小偷一看家里有人就会逃走了。那些墨西哥人是图财不图命，知道家里有人的话应该就放弃了。后来我听人说，这条街道所有的住户都被盗窃过，都是那些墨西哥人干的，不过发生肢体冲突或伤人的事件还没听说过。但经历了这样一次遭遇，Angel还是不放心一个人在美国住下去，春节前就回国，准备等弟弟、弟妹一家人都办好手续后再一起搬到美国来。

真是挺可惜的一套大别墅，空置在街上，让我想起了毛主席那句话："贪污、浪费是极大的犯罪！"别墅的后院有个木亭子，很有中国特色，亭子下面就是BBQ的烧烤台，对面是一个大吧台，在里面可以打扎啤做沙拉，院子中间是一个游泳池。而且院里还有单独的音响系统。我都能想象到在洛杉矶温暖的气候下，选一个满天繁星的夜晚，大家一起烤着肉串、板筋；喝着啤酒、饮料；听着音乐，在后院的亭子里天南海北地聊着、笑着、闹着；在游泳池里扑腾着、叫喊着，把Angel家60多岁的邻居吵得痛不欲生，恨不得时光倒转，立马回到母亲子宫里面的场景。但现在看着眼前冷冷清清的院落，确实可惜了这么大的房子。话说回来，一个人住这么大的房子也不好，家得有人气才会有生活气氛，一个人压不住这么大的房子，住在里面也会影响心情。

中午Angel开着她那辆奔驰大吉普带我去阿凯迪亚市中心吃麻辣香锅，这辆大吉普是顶级配置，在国内光裸车就应该在160万人民币以上，但在洛杉矶全办下来不过就8万美元出头，相差太悬殊了。这辆车有340马力，我记得20世纪90年代奔驰600不过也就300马力，绝对的霸王级的大家伙，这也就是美国的油便宜，在中国开这么一辆车确实得是富人的专利。吃完饭我又陪她去花旗银行取现金，她在国内的卡存入的是人民币，在洛杉矶这里的银行可以每天直接提取美元现金，而且还不收手续费。也是人家 Angel 得有钱，像我这样的不收手续费也没钱可提啊。我年轻时总是抱怨，自己除了年轻一无所有，经历了几十年的磨炼，不像年轻时那么幼稚了，情况发生了翻天覆地的变化，我现在除了抱怨自己已经不年轻以外还是一无所有。

第四章
美国深秋东部游

抵达纽约 ▶▶▶▶▶

  美国东部之旅是我在上次来美国时就要走的行程,可是在我去旧金山旅游时把护照丢了,没法坐飞机飞到美国东部,只能遗憾地和美国东部游失之交臂。而且当时我姐已经给我买好了去纽约的打折机票,想退票都不行,着实让我损失巨大。这次来美国充分做好了丢失护照的准备,以免再一次遭受损失。

  美国东部最好的旅游季节就是每年的10月中旬到11月中旬这段时间,因为东部秋季的景色是最美的,尤其是遍布整个东部地区的枫叶,在这个时间段是最好的观赏时机。东部的气候也有些像北京,金秋时的气温不高不低,十分适合旅游出行。

  2012年10月20日我坐洛杉矶到纽约的航班飞往纽约肯尼迪机场,经过5个半小时的枯燥飞行(详见在美国坐飞机一节),飞机终于降落在肯尼迪机场8号航站楼的停机坪。下飞机的第一个感觉并不是时差的更替,而是季节的变换。洛杉矶的气候我感觉就像是东南亚,四季都很温暖,而纽约则更像北京,四季分明。10月20日的纽约已经进入深秋时节,秋风飒飒的景象好似把我带回了老家北京。出了机舱第一件事就是去对面洗手间把我的单衣换成了皮夹克,不然在纽约穿着单衣的我会显得极为另类。

  美国的旅行团和中国的旅行团最大的不同就是在目的地城市组团,而不是像国内一样在出发城市组团。美国的旅行社在全国各地招揽欲往纽约旅行的游客,凑够人数以后就通知纽约当地分社做接待工作,一个团里的游客可能来自

Memories of

天南海北，最后在纽约集合，由当地分社派导游和车辆到指定地点接游客。也就是说，旅行社只负责旅行目的地的安排，至于你怎么去目的地，和旅行社一点关系都没有。再有一个不同就是旅行期间的餐饮是由旅客自付，旅行社只负责住、行和游览讲解。

▲ 我认为的集合地点

这次旅行的第一个地点就是集合地，行程表上清楚地写着"Hudson News"门口。我从厕所出来一抬头，头顶上赫然写着"Hudson News"，原来旅行社这么贴心啊！生怕旅客多走一步路，就在出飞机的舱口集合。美国东部最大的华人旅行社是"美亚"，我这次报名的旅行社就是"美亚"，看来大旅行社就是不一样，一出飞机第一项服务就让我心里暖洋洋的。我把行李一扔，悠然地坐在椅子上，等待导游过来喊出我的名字。

洛杉矶和纽约有3个小时的时差，今天起了一个大早，让姐夫给我送到洛杉矶机场，然后就是换飞机票、安检、等待飞机，紧接着就是5个半小时的飞行，下了飞机开始在这里等，等于什么正经事都没做呢，一看窗外，天已经渐渐黑了下来。左等右等都见不到导游来接我，再这么等下去睡觉时间就该到了。我拿出行程表又仔细看了看，我现在是在"Hudson News"的门口啊，但行程上写

第四章 美国深秋东部游

的是7号航站楼的"Hudson News",我这才想起来我坐的飞机停的是8号航站楼,再看一看外面即将天黑的机场跑道,当时脑门就出了一层细毛汗。赶紧问了一个警察,警察告我得出这个航站楼坐机场的火车。啊?上小学时老师总是说我不爱思考,现在就在一秒钟之内我就想起了五个问题。还坐火车?我这是到哪儿了?离纽约还多远啊?火车在哪儿啊?火车时刻表在哪儿贴着呢?这可不是思考的时候,我得赶快找我的旅行团,别人家不等我接别的团友去了。我这可没开玩笑,我们这个团的团员来自五湖四海,到达纽约的地点是三个机场。我到达的肯尼迪机场是第一个,接完我们就要跑去那两个机场接团友,如果我没赶上人家可不会等,我只能自己坐出租车前往酒店。我看了一下行程安排,今晚我们住的酒店在新泽西州,这要是坐出租到酒店剩下那些天我就没钱再玩了。

想到这里脸都热了,抓起行李开始寻找火车站,是坐出租车去呢?还是有直通巴士?纽约机场真大啊!就我这个跑步的速度好几分钟连这个大厅还没跑出去呢。中间问了几个工作人员,反正又是上又是下地钻了无数个大厅终于找到火车了。原来就是国内的轻轨,英文里就是Subway和Train,不在地下的就叫Train。但一听火车确实给我吓坏了,我以为像北京似的得从首都机场一直到北京西站呢。这时导游给我打来电话,问我在哪儿呢?现在这一车人都等着去拉呱迪机场和纽瓦克机场接游客呢。我说马上就到,你就等好儿吧!放下电话我都犯晕,我让人家等什么好儿呢?轻轨一来我第一个窜进车厢,开始了我又一次的深思熟虑,我该在哪儿下车呢?我看车厢里的指示牌没有7号航站楼这一站啊,赶紧问了身边的白人,人家也是第一次来纽约,和我一样都是摸不清门路。宁可没做到也不能坐过站,第一站就下。主意已定,在车门打开时窜出了轻轨。举目四望,都是英文啊,我就想找个"7"。还别说,还真看到了第七航站楼的标志,就在我临街对面的建筑里。拿起行李箱一路小跑地进入第七航站楼,问了工作人员"Hudson News"在哪里,总算到达了指定的集合地点。

导游一看就是中国南方人,我说你们这个安排太不人性了,最起码也得告诉我下了飞机怎么走啊。导游说团员都来自四面八方,谁知道你在哪个航站楼下飞机呢?再说了,机场那么大,就连我们也不知道该怎么走啊。我一想也是,导游只能在外面等我们这些团员,他也不坐飞机不可能进入航站楼里面去啊。

主啊！宽恕他吧。

　　走出大楼，街边一辆奔驰大面包在等着我们，直接把行李装到后面，自己直接坐在了副驾驶的位置。好宽敞啊，而且还很豪华，这在美国可不常见。美国的车都是低配，能节省就节省，这和国内买车有很大的区别。我记忆最深的是 1997 年去德国旅游，大街上很多奔驰 E 级的轿车居然没有电动升降玻璃，就是用手摇的那种。奔驰车啊！还是 E 级！这个档次的车用手摇窗户玩？这不成了北京的黄面的了！这要运到中国肯定是一辆都别想卖出去。等车里的人都坐满了我才知道，我这个团就我一个人在肯尼迪机场下飞机，其他人都是别的旅行团的。首先我们得去拉呱迪机场接人，再去把别的团的旅客送到酒店，然后还要去纽瓦克机场接我们团的团友。

　　现在车还没开呢，天已经全黑了下来。这要走完所有的步骤得几点钟了？合着今天我一天就起了个早吃了顿早餐，中间什么正经事没干，然后就该赶快进酒店睡觉了。你想啊，还有两个机场得去，纽约就 3 个机场，这一晚上全跑遍了，再有，机场和机场的距离能近得了吗？去完拉呱迪机场再送一拨人回酒店然后

▼ 纽约肯尼迪机场的轻轨

第四章　美国深秋东部游

还要去纽瓦克机场，一晃就是两三个小时啊！我们的车来到拉呱迪机场，等了没多会儿上来一拨老年人，我们的车一点没耽误直接就向酒店开去。到了酒店把车上别的团友送进酒店，我再一看整个车里就属40多岁的我年轻，全是老头老太太。没事跟他们聊了一会儿，他们是从旧金山过来的，我说旧金山我去过，很好的一个城市，尤其那个大白天满大街都是光着屁股的同性恋的卡斯特罗街（Castro Street），那几个老年人都无奈地笑了笑。其中一个来自广州的老年团友问我在北京住哪里，我说了以后他竟然把我家周围的地址全都说了出来，原来他年轻时在我家后面的大学里念的书。有点他乡遇故知的意思啊！

我们的车出了机场，走了一段时间看到一堆6层的居民楼，都是深褐色的外墙砖，我这时正在迷迷糊糊地打盹儿，一睁眼看到这堆楼房好像到了北京霍营的紫金新干线小区，还没完全清醒的我都怀疑自己是不是坐在441路公交车上。再往前开一点又是一堆塔楼样的居民楼，好像车子从霍营开到了天通苑。纽约的街道两旁不再是像洛杉矶那样的平房，而是和北京一样都是楼房，真有点城市的意思了，我不会睡了一觉把自己睡回北京了吧？赶紧坐直了身体揉了揉眼睛，再仔细看了看这些貌似北京的楼房，和美国其他地方比起来确实很有北京的意思，但这里的房子都很旧，这是往好里说，其实有很多甚至是很脏。这里像北京并不仅仅因为塔楼多，更奇怪的是很多楼房的样式就跟北京好似是同一个模子里刻出来的一样，尤其那种我最反感的三叉状的塔楼，就是安华桥到安贞桥那一段路边上的三叉楼，在纽约大地上也是遍地开花。原来北京这些丑陋的楼房是有出处的，是和国际接轨的结果，接什么不好非得接这个。

我们的车来到纽瓦克机场，上车的是又一批比前面那些老年人还要老的团友。我当时就在想，在肯尼迪机场我是不是跟错团了？这个团不像到美国东部来观光的，倒像来美国东部找养老院的。一个个死气沉沉，年龄大得吓人，车里一点动静都没有，司机看着这幅场景也呆了。

在寂静的车内正好可以安心地欣赏纽约的夜景，从高速路上远眺纽约真有点国际大都市的样子，不像美国西部的城市就downtown那一片有几栋高楼，小得可怜。这里的高楼大厦一眼看不完，大约是三大片的高楼区，而且大厦里的灯全都是开着的，曼哈顿就像矗立在纽约夜幕里的海市蜃楼，绯色霓虹，耀眼异常。

　　我们的车直接扎向曼哈顿的闹市区，市中心里堵车严重，街上的行人也穿梭于汽车之中。我坐在助手席的位置上，琢磨着这里开车的感觉有点像北京，再找不到洛杉矶的文明礼让，人与人之间也没有礼貌的招呼。此情此景是我再熟悉不过的了，拥挤的道路上司机们是狭路相逢勇者胜，每辆车都没有安全礼让的习惯，并排的两辆车里的司机也都是相互不看对方，脚底下暗自使劲希望能插进队里来。在市中心里走走停停，我以为酒店在 downtown 里，问司机是不是快到酒店了？司机很怪异地看着我，那意思是我拉着这一车的人就数你小子穿的贱，还妄想住在纽约的曼哈顿市中心？舒缓了一下情绪耐心地告我得穿 Holland Tunnel 隧道去新泽西。隧道是单向两车道，从曼哈顿岛穿过哈德逊河直达新泽西州。

　　还没看清纽约曼哈顿的面貌，一下就把我们带到了另一个州。新泽西州的面积很小，在美国 50 个州里排名第 46，但人口有九百多万，是美国人口密度最大的州。那个刚死去的著名的黑人女歌手惠特妮·休斯顿就出生在这个州。新泽西州一般分为北、中、南三部分。北部和纽约关系亲密，很多居民在纽约城里工作，但纽约的生活开销很大，很多人就搬到与曼哈顿隔河相望的新泽西北部居住，有点和我们这个旅行团的情况类似，来纽约不住纽约而住在新泽西。中部大多是居民区，南部则受费城影响。

　　穿过这条差不多一英里长的哈德逊河来到新泽西，别看就这一英里的距离，一下让我感觉换了一个世界，从车水马龙的曼哈顿瞬间就进入到了田园小镇。这条隔离曼哈顿和新泽西的哈德逊河就是黄仁宇先生写的那部《赫逊河畔谈中国历史》中的赫逊河，黄仁宇曾在哥伦比亚大学做访问学者，其历史思索也与这条河流结下了不解之缘。黄仁宇先生的书给我留下最深的印象就是把历史"去道德化"，还有"以技术的角度"去分析历史。这给我看历史提供了一个新的观察分析角度。过了哈德逊河就到了新泽西，我们走的 78 号公路也没什么灯，举目望去都是黑漆漆的一片，就跟把我们带到了另一个国家似的。

　　新泽西的油价比洛杉矶便宜许多，Shell 加油站写着 3.69 美元一加仑，今天早上我在洛杉矶家门口的那家 Shell 是 4.89 美元一加仑，便宜了三分之一啊。洛

第四章 美国深秋东部游

杉矶的气味是我不熟悉的热带的气味，新鲜感很强。纽约新泽西夜晚的味道让我想起了北京的深秋或初冬，好亲切。纽约新泽西这里可能是纬度的原因，气候很适合我这样的来自中国北方的游客，就像回到了家一样。

到达酒店下车后，导游说这里不是洛杉矶或旧金山，想吃全美最差的中餐，这里的中餐厅可以有充足的保证，这里的中餐能不能称之为中餐都不好说。我把行李放进房间，一个人走出旅店，在新泽西夜色下的冷风中呼吸着略带潮湿的空气。虽然夜色已深，但今天我经历了3个小时的时差，没有一点困倦的意思。中午在飞机上也没吃饭，现在找一家饭店喝点小酒吃点小西餐不正好嘛。

走到离旅店不远的一家叫 Ruby Tuesday 的餐厅，这家西餐厅还算有点名气，在香港的分店很多，中东也有25家。走进餐厅告诉服务员就我一个人，服务员问我高凳桌行不行，我说没问题。高凳我想肯定是挨着吧台的那种，没想到这里的高凳就在屋子中间，而且整个餐厅就我一个人坐中间，严重脱离群众。服务员拿来菜单，我点的波士顿啤酒，那种特别浓郁的啤酒，味道很厚，喝一口有点甜，回口儿有些发苦的那种很传统的啤酒。西餐厅里我肯定点牛排啦，本想要个 rare 的，感觉出门在外还是内敛点好，就点了 medium 的。牛排的配菜有一长串，你可以任意点两款，我仔细研究了一下，看得懂的配菜呢，我都不喜欢，那就点两款看不懂的吧，指着菜单上的英文随便戳了两下。

手机响了起来，是我姐打来电话，问我纽约是不是天都黑了。这家餐厅里的信号不好，我又不能像在北京大街上那样放大声音和我姐通话，只能这里站一下，那里站一下，找个信号相对稳定的地方。这一屋子的白人看我东走西窜地打着电话，向我投来了不解的目光。我也是迫不得已，移动电话嘛，就得移动着打。我姐告诉我说她的 discover 卡丢了，已经挂失，我的卡是她的副卡，主卡都挂失了，我这张副卡肯定就作废了，我在东部旅行团的这几天只能用那张万事达卡，而且这趟东部游结束后不回洛杉矶，我直接和朋友开车由北往南地纵贯整个美国东部，还要由东向西地横穿美国南部，不知总共需要多少天，反正天数肯定少不了。我就一张卡能不能坚持到最后呢？这么些天千万别再把这张卡丢了，那我可真是叫天天不应，叫地地不灵，而且麻烦的是我还只会用中文叫！

Memories of

两瓶啤酒进肚以后，牛排还是没有上来。这就是西餐厅的一贯作风，说是精工细作，实则耽误时间。还好餐厅里的电视不少，播放的全是体育节目，餐厅这样做可以把电视的声音关掉光看图像，避免打扰顾客用餐，让顾客有个安静的就餐环境。安静倒是真安静，可我一天都没吃东西了，整个餐厅都能清清楚楚地听到我的肠鸣，尤其是泡了两瓶波士顿啤酒的肠鸣。

和我约好驾车纵贯横穿美国的那个朋友昨天就从洛杉矶出发了，他必须在10月25日晚上赶到纽约和我汇合，仅仅7天的时间能从洛杉矶开到纽约吗？而且就他一个人开，这可是4500多公里的长途啊！吃完饭回到旅店房间内打开电脑，登陆QQ，看我那个朋友已经开到哪里了？不错，他已经到达科罗拉多州了。这个速度应该能在25日晚上跟我会合。

已经是夜里12点多了，这时的洛杉矶也就是9点多，在电脑上和朋友联系用了一个多小时，就到了1点多了。吃完牛排又喝了很浓的啤酒，想喝点水，但美国的饭店没有电水壶，只能用咖啡机煮水喝，每次顶多也就一小咖啡壶的量。等我把开水做好，用两个纸杯来回倒水降温，最后喝完的时候已经快3点了。这次的美国东部之旅，整个行程都是自己一人一个房间，不用像去黄石公园那次旅行，得和导游拼一个房间。这样我晚上想几点睡就几点睡，不会打扰到别人。赶紧闭眼睡觉吧，明天，不对！应该是今天，早上6点就得起床。

经过3小时低质量的睡眠，我迎来了纽约2012年11月21日的黎明。把行李收拾好下到大堂，看到导游正在安排大客车的座位号，我一个人走出旅店来到空旷的停车场上。纽约的朝阳今天以红色的妆容迎接我们这批来自中国的游客，太阳就像深红色的咸鸭蛋黄儿挂在地平线之上，旁边簇拥着的几缕云彩也被红色渲染，天色还没大亮，在深红色的太阳照耀中整个天空的青黑色逐渐褪去，看来今天的纽约要展现给我们这些游客一个艳阳天。美国东部的深秋像北京，有那种秋高气爽的味道，空气的透明度也高，这和洛杉矶那种类似于热带气候的秋天相去甚远。抬头看到了人字形排列的大雁，勾起我对儿时的记忆，不知不觉地对纽约有了一种亲切感。

第四章　美国深秋东部游

纽约一日游 ▶▶▶▶▶

今天我们的目标是纽约市，这个美国第一大的都市，也是世界上最大的都市。先说一下纽约的市长吧，他叫 Michael Bloomberg，中文翻译为迈克尔·布隆伯格，但中国人习惯叫他彭博。他是全球最大的财经资讯公司彭博新闻社（Bloomberg News）的掌门人。2012 年，财富排行中跻身至第十位，个人资产 250 亿美元。他也是现任纽约市长，从 2001 年上任，连任了三届，直到 2014 年。纽约是世界的经济中心，也是世界三大金融中心之一（另外两个为伦敦和香港）。据财经日报辛科迪亚斯统计，截至 2008 年底，纽约控制着全球 40% 的财政资金，是世界上最大的金融中心。纽约证券交易所拥有全球最大上市公司总市值，全球市值为 15 万亿美元。有超过 2800 家公司在此上市。2010 年，纽约的财产所有总值为 813 万亿美元。世界 500 强企业中，有 56 家企业位于纽约。曼哈顿中城是世界上最大的 CBD 及摩天大楼集中地，曼哈顿下城是全美第三大的 CBD（仅次于芝加哥），2010 年纽约的 GDP 为 15268 亿美元，居世界城市第二。人均 GDP13.88 万美元，居世界城市第一名。

写到这儿不由得又有一番感慨，纽约这么富有，但美国却穷得全世界借钱。时光快进一下，就在那天晚上，也就是 10 月 21 日晚上我来到时代广场附近的美国债务牌前，电子屏幕的数字不断地翻动增长着，上面的数字就是美国欠世界的钱数。我拿起照相机按下快门，债务牌上的数字在那一刻留在了我的相机中，照片里清晰的显示着欠款为 16049475178728 美元，平均每个家庭欠款为 135672 美元。其中包含着中国的大量欠款，现在我们中国人一不小心居然成了黄世仁，美国却不知不觉地当上了杨白劳，这样下去卖喜儿那天也不会久远了，问题是美国这个杨白劳还有没有喜儿可卖了，即使有到那个时候你的喜儿还值不值钱得单说了。美国为了自己的利益在国外已经把欧洲盟友的国家主权信誉打压得惨不忍睹，在国内不断印钱消费，把股市炒到了 2008 年金融危机以前的高位，知道不能再炒下去了，又开始炒房市。真是使出了浑身的解数，拆东墙补西墙，奥巴马政府真是比抗战时期的张嘎子都忙。

Memories of

▲ 位于时代广场附近的债务牌

说了这么多纽约的强大之处,但几乎每一个中国人第一次来到纽约都无法掩饰失望的情绪。看到狭小拥挤的街道,年久失修的建筑外墙,混乱不堪的交通状况和想象中的纽约简直是天壤之别。纽约分为五个区,曼哈顿(Manhattan)、布朗克斯(Bronx)、布鲁克林(Brooklyn)、皇后区(Queens)、斯塔藤岛(Staten island)。我在纽约主要去的地方就是曼哈顿和皇后区,曼哈顿是纽约的中心,皇后区是一个"五彩缤纷"的区,世界各族人民的聚集地。这两个区别的不说,给我印象最深的是街道的脏乱差,满地的烟头、废纸、塑料袋,总之是垃圾成堆,我这要是到了布鲁克林或者布朗克斯得什么样啊?

还是言归正传说回我们的旅游团吧,旅游大巴车把我们从新泽西顺着78号公路带回了曼哈顿。曼哈顿其实是一个岛,300多年前,一个荷兰人用一个大约值60荷兰盾(约24美元)的小玩意从印第安人手中买下了曼哈顿岛,并命名为"新阿姆斯特丹",这宗今天想起来怎么都觉得不可思议的买卖,居然是日后成为世界金融中心曼哈顿岛上的第一笔交易。四面环水的曼哈顿里的街道命名有着自己的规律,大道(avenue)为南北向,街道(street)为东西向,除了市中心、格林尼治村、中央公园,几乎所有的街道都按数字排列,这样只要看到路口垂直的两条街道数字就不会迷路。曼哈顿和美国其他的城市有一个最明显的差别,那就是它不同于其他城市北贵南贱的布局。曼哈顿的市区按照方位分为上城(uptown)和下城(downtown)。Chinatown所在的南部叫做downtown,而中央公园以北的地区是黑人聚集区,叫做uptown。美语中的downtown又有市中心之意,那么uptown就是市郊了。曼哈顿的上城在北部,下城也就是市中心

第四章　美国深秋东部游

▲ 露宿华尔街的乞丐

在南部，典型的南贵北贱的格局分布。其中从 110 街到 160 街是曼哈顿的黑人聚居区，又叫 Harlem，音译是哈莱姆或者哈林。曼哈顿的哈莱姆区是世界黑人文化的中心，哈林爵士乐（Harlem Jazz）的诞生之地。

我们当天第一个目的地是华尔街，位于曼哈顿南部的下城。华尔街的东边是河，西边是坟墓。河在中国风水学里象征着财富，东边象征着开始、崛起、升起。西边呢？象征着结束，坟墓呢。所有这些巧合是不是就是象征着整个华尔街的命运？来到这里无一例外的都是背水一战的金融赌局，这里是赌徒的天堂，如果你没能有幸成为胜利者，这里早就给你准备好了你的归宿，那片等着你的墓地。由于时间很早，街上的行人稀少，但可不意味着街上没人，马路两旁躺满了乞丐。由于纽约这个城市就在海边，空气的湿度极大，街道的路面都是一层的水，我真不知道这些乞丐是怎么在这湿漉漉的地面上睡过这漫长的一夜。我们走向华尔街，这条街道我在电视里见过无数次，可当真看到它时简直不敢相信自己的眼睛，这条街就 800 米长，而且还极为狭小，最宽的地方也就 11 米，街道两边排列着纽约证券中心，JP 摩根等世界知名的金融公司。不过也有许多家金融

▲ 1789年4月30日华盛顿就职演说地点

公司搬出了华尔街到曼哈顿的中城或更远的新泽西。像原华尔街23号的摩根大通大楼，现改为公寓。华尔街37号的原美国信托公司，美国大通银行，现改为出租住宅。华尔街48号是原纽约银行总部，现改为美国金融博物馆。

我们最先来到的是东北角的，矗立着古老国库的分库大楼，现在是陈列馆的1789年4月30日华盛顿就职演说的地点。高高的台阶上矗立着华盛顿的铜像，旁边的墙壁上还有当年宣誓时的画像，见证着这个新兴国家的崛起。这个地点意味着美国的诞生阶段，今天我来到这里看到的是美国的顶峰阶段，而后美国的国运将向何方，几年之内就会得到答案。华尔街还有一个著名的景点就是有亚托罗·迪·莫迪卡（Arturo Di Modica）所雕塑的重达6300公斤的公牛，它可以说是华尔街的代表。1989年在纽约证券交易所外这座后来举世闻名的铜牛塑像竖立起来，宣称它是"美国人力量与勇气"的象征。由于莫迪卡没有拿到许可，所以数日之后被迁移到几条街之外的鲍林格林公园现址。没想到铜牛受欢迎的程度远远高于华盛顿铜像，在它周边聚满了等待与它合影的游客，这和华盛顿铜像形成鲜明的对比。铜牛的屁股被游客摸得闪闪发亮，看来金钱的魔力确实巨大，来自世界各地的游客都想借助它的屁股给自己带来财运。

第四章　美国深秋东部游

　　有人说犹太人掌控的华尔街是把人类智慧变为财富的地方，但我觉得华尔街是犹太人通过金融工具抢掠人类财富的地方。华尔街并不生产和创造财富，它只是将人类的财富货币化，然后通过金融手段，利用货币工具把财富掌控在犹太人自己手中，让其他民族永久地成为犹太人的奴役工具。这种把戏对犹太人来说是最擅长的，这个民族基本不通过自己的劳动创造财富，而是通过一切手段掠夺别人创造出来的财富。一战后的德国面对着大量的战争赔款和经济凋零的状况，全体国民在废墟中重新建立国家。在1918年世界第一次大战时，犹太人赚大钱，产生犹太富商，垄断了欧洲的经济命脉，包括大企业、银行都是犹太人在经营，基本行业有80%是由犹太人垄断，既有垄断也作出了贡献，这导致其他民族对犹太人反感，例如牛奶供不应求时，犹太人宁愿倒在海中也不要削价出售。1928年，马克兑美元从四五马克兑1美元，贬值到1兆马克兑1美元。1929年的世界经济大萧条，全球经济受到冲击，德国也是受害的国家，并承受着第一次世界大战凡尔赛宫条约下不平等的对待，当时的犹太人在德国是富裕的一群，却不愿拿出金钱来资助德国人，在通货膨胀高涨时，德国马克

▼ 华尔街铜牛

严重贬值，犹太人更未想过要拿出钱来帮助德国重整经济，反而在大量囤积别人辛苦生产出来的商品，准备大发其财。希特勒上台后要对犹太人进行清洗，有没有这些原因就不得而知了。

　　离华尔街不远就是世贸废墟，在"9·11"事件中共有2998人罹难，一眨眼11年过去了，可现在的新世贸还在建设中，建成后的541.32米高的自由塔将是纽约最高建筑。真想象不到美国的效率是如此的低下，11年以后我看到的还是一片工地，这要是在中国，那个亿万富翁的纽约市长早就被赶下台了。你们美国人能不能继承你们前辈的遗志，在上世纪30年代用410天建成102层的帝国大厦。要不你看看今天的中国，上海、北京的高楼大厦，那个速度、那个质量，用不了几年就会矗立在大地之上。北京到上海的1318公里的高铁，从2006年2月22日批准京沪高速铁路立项，到2008年4月18日京沪高速铁路全线开工，最后于2011年运行，从立项到运行前后不过5年，真正铺设用了3年零72天时间。

　　美国真应该好好地学一学中国人的办事效率了，比整天什么不干，光知道索取自己那点什么权利，要什么自由要现实得多。反正我现在能在京沪之间自由快捷地穿梭，但美国人从洛杉矶到拉斯维加斯得开4个小时的汽车。美国并不是不需要高铁，而且美国的地形更适于建造高铁。再有就是居高不下的失业率，这都是美国的发展潜力，美国的发展空间大了去了，就看你政府有没有这个能力，就看你的人民有没有这个能力了。现在美国工厂开始生产美国的国旗、或是美国工人开始制造塑料碗，这类的新闻居然能登上美国主流媒体的晚间新闻。失业率的窜高带来的恶果就是贫困人数的增加，15.1%的贫困人口，这创下了1993年以来的纪录。有钱的人越来越富有，越来越多的中产阶级坠入庞大的穷人行列，这就是"9·11"以后11年来社会结构变化的最大特点。所以我总有个感觉，华尔街就创造出了华尔街富翁，而美国人民的生活从2008年以后一直都在下降，尤其是中产阶级，这到底是华尔街的悲哀呢？还是整个美国的悲哀？

　　算了，我一个中国人瞎替美国人操什么心呢！世贸废不废墟跟我也没什么关系，我是来美国度假可不是来忧国忧民的，何况还是为美国人。下一个景点是帝国大厦，我要到"金刚"站在帝国大厦和飞机搏斗的地方，去看一看纽约，看一看曼哈顿岛。随着世贸大楼的坍塌，帝国大厦重新夺回纽约第一高楼的荣

▲ 帝国大厦上俯看曼哈顿中央公园方向

誉,据说站在楼顶的平台上,在天气晴朗的日子可以望到100公里以外的地点。进入帝国大厦的大厅,正对着的是写有 Empire State 的金属材质的壁画,Empire State 是纽约州的别称"帝国之州"。1931年5月1日帝国大厦正式落成,但许多办公室在40年代之前一直空置,使它在早期被戏称为 Empty State Building(空国大厦)。排队登顶的游客得有几百人,依次进行安检,可能是美国让恐怖袭击给搞得草木皆兵。电梯里有7种语言的文字提示,其中有一行中文写着"请勿碰触控制板按键"。电梯的速度应该不低,耳朵都有发堵的感觉,到观光平台只有86层,没多会儿就到达顶层。下电梯后依然是排着长长的队伍,往前一看是两个工作人员正在给每位游客照相,是俗得不能再俗的电脑合成照。像这些小儿科的玩意儿应该就是自愿参与,既能节省工作人员的工作强度,又能节省游客的时间,最重要的是能节省洗像的成本。

来到大厦的平台,准备举目四望整个纽约的市容,可看到的都是游人的头顶。平台上的人挤成了一锅粥,有力气的人才能挤到平台边缘的铁网处观看风景。今天的纽约是万里无云,我想比这晴朗的天气也不会有了。但你向远处望去,地平线的地方能看到一层灰褐色的分隔带，这个景象我可太熟悉了，爬香山到山顶俯看北京，就是有这么一层灰褐色的分隔带，典型的脏空气，像个锅盖似的盖在上空。纽约的"锅盖"虽没有北京厚，但的的确确地存在，不是我瞎说，有照片为证。我在洛杉矶 Morgan Ranch 的山上也看到有这么一个大"锅盖"扣在洛杉矶的上空，当时也照了相（见本书第三章）。如果我空口无凭地回国和朋友说起，我估计没一个人会相信纽约、洛杉矶这样的城市居然也会有空气污染。站在平台上往南望去，新世贸大楼正在施工，鹤立鸡群一般地戳在曼哈顿下城的高楼大厦之中。往北看就是都市丛林中的真正森林——中央公园，以及被中央公园分割开的上西城和上东城。往东看就是著名的皇后区，一个全世界各色人等聚集的区域。往西看则是一片平原，就是被哈德逊河隔开的新泽西州。其实帝国大厦平台最佳的观赏时机应该是夜晚，纽约的夜色那可是闻名世界，高楼大厦的灯光霓虹炫目、光怪陆离，是全世界摄影爱好者所向往的拍摄点。但据说晚间来到帝国大厦，排队时间在3小时以内，你真得烧着高香进去。我觉得这话没有夸张的成分，我这一大早就来的主儿，排队还排了将近一小时呢。

　　从平台回到大厦内，一个墨西哥裔的工作人员举着一张大板子，上面都是游客的照片，就是刚进大厦时照的电脑合成照片，土里土气看着都难受。团里的一位老年人看到自己的照片就要上去拿，我赶快跟他说了一句："那是付费的，想拿走得交几十美元。"老人一听马上跑了回来，就想躲避瘟疫一样。大厦里还有卖纪念品的商店，各种纪念品的式样都是国内旅游点的样式，毫无新意、呆滞呆板，而且我差不多敢肯定其中80%的商品都产自中国，我感觉看着都那么的眼熟。

　　走出大厦来到纽约著名的第五大道，87年前，一本叫做"纽约——情人之城"的旅游书对于第五大道做了以下描述：很少有街道能包括这么多家货品齐全受人喜爱的商店，而且其中很多商店都因拥有多家分店而享有世界声誉。可以想象得到的商店几乎都可以在这条街道上找到，人们可以想象到的商品也几乎都可以在这里找到，比如古老的银器、宝石、珍珠、装饰品等，在这里都有供应。据说在世界上任何其他城市买不到的高级商品都可以在第五大道上买到。据英国一家咨询公司对全球45个国家所做的年度调查显示，第五大道仍是全球租金最贵的零售业场所,这里商铺的年租金达到每平方米7.4万元人民币。中国人对这条大道最难忘的记忆应该是电影《蒂凡尼早餐》中奥黛丽·赫本每天早上来到纽约第五大道的Tiffany橱窗前,一边吃着手中的面包,一边幻想着有一天自己能够在高贵的珠宝店里享受轻松的早餐。第五大道不仅因为它的商业氛围闻名于世,在这条大道附近还有许多世界闻名的景点,像城市中的森林——纽约中央公园、大都会博物馆、洛克菲勒中心等,它在曼哈顿的知名度就像长安街在北京的知名度一样。但我看到的第五大道确实有点颓废,地面的烟头、杂物一点也不比北京的少,如果进入大道旁的小街里,那简直就可以说是肮脏、凌乱了。纽约很多地方像极了北京,但在城市卫生方面纽约可真该向北京学习学习了。

往北走就是著名的中央公园,我总觉得这个地方在全世界也是绝无仅有的一处景点。在水泥丛林的都市中,在弥漫着铜臭味的商业氛围中,居然会隐藏着一个纯人造的天然绿色丛林,这种规划好像世界上仅有纽约做到了。中央公园总面积达5117亩,内有休闲区、高低起伏的绿草坪、美丽的雕塑、人工湖和通俗文化活动表演区,为人们提供了一个逃脱城市生活的世外桃源。要全面游览公园,那就沿着六英里长的环园道路出发,并加入跑步、骑自行车和滑旱冰者的行列。带上一幅地图,并在著名景点草莓园(对约翰·列农的献礼)和Cleopatra's Needle(北美最古老的公共纪念碑)等处稍作停留。不管是什么季节,在此总会

▲ 杜莎夫人蜡像馆附近的骑警

举行一些纽约市特有的、具有代表性的活动——如冬天在沃尔曼溜冰场(Wollman Rink)进行滑冰运动,夏天在德拉科特剧院(Delacorte Theatre)露天观看莎翁剧作。如果有充裕的时间,坐着地铁来到中央公园里安安静静地待上一天,在钢筋水

泥的丛林中享受一下世外桃源的感觉，那可是多少白领精英们想往的事情啊！

曼哈顿最著名的除了第五大道，还有一条以百老汇、时代广场为轴心的大道，就叫做百老汇大道。附近除了时代广场，还有杜莎夫人蜡像馆，美国最著名的债务牌也在这一片地域。本来团里有蜡像馆的自选项目，但我去过拉斯维加斯的蜡像馆，感觉没有那么好，见到一比一的蜡像后倒感觉没有想象中的人物好了。再说我对美国的名人缺乏了解，就是见到蜡像也不会有什么感觉的。导游带着一部分团友去看杜莎夫人蜡像馆，我没事就在附近瞎溜达，居然看见一个穿着黄色僧衣的和尚！北京街头经常出现这种穿着僧衣骗人钱财的假和尚，这个和尚会不会是假的？他要化缘是用中文还是用英语？着装是正经的僧衣僧裤，但脚上的旅游鞋比我穿的旅游鞋都棒。头是秃的，背着一个黄布包，和北京的假和尚没什么区别。跟在他后面看看和尚在纽约都干点什么呢？和尚走得挺快，我跟着也费劲，正想着甩开他自己走，看了一眼四周，我竟然瞎打误撞地来到了时代广场！每年的新年，中央台的新闻里都播放纽约时代广场的新年倒计时活动，让我们看到几十万人在寒冷的纽约新年夜里对着超大的液晶屏幕，随着倒计时的秒数一起迎接新年的场景。在电视里看到的时代广场很大，几十万人密密麻麻地挤在一起，显得广场很气派。但当你真来到这个广场，第一个感觉就是这里不是一个广场，最多只能算是一个街道，而且还是极普通的街道，两条斜向的小街交叉形成的一小块三角地，在美国这就叫广场了。要不是眼前的景象在电视里看过若干次，我真不能相信这就是美国人每年元旦夜都堆在这儿看秒表的时代广场。

时代广场最明显的是所有的楼宇都在墙面上挂满超大型的液晶屏幕，一天24小时地播放着广告。最明显的一块屏幕就是中国工商银行的广告屏幕，它占据了整个广场最显眼的位置，而且整个屏幕都是红色，就中间有个工行的白色logo，下面是六个汉字"中国工商银行"。和这块屏幕正对着的一块屏幕也是中国的广告，是"国域无疆"传媒的广告牌，放着的都是有关中国文化的广告，其中也有大连的城市广告。新华社在时代广场也有大型的广告牌，所有这些中国广告用的都是汉字，看来是专门给来这里的中国人看的。工商银行广告牌下面的三角地是一个叫 Father Duffy 广场的地方，也不知道美国人是怎么定义广场的，这么小的地方怎么能叫广场呢？我看叫窄场还差不多。这个地方就能放下一个三角形的建筑物，这就是购买百老汇当天门票的地方。

"百老汇"实际上有三个含义：第一个概念是地理概念，指纽约市时代广场附近12个街区以内的36家剧院；第二层含义是在百老汇地区进行的演出；第三层含义是整个百老汇这个产业，这样的产业也包括在纽约市以外的地区，主要以演出百老汇剧目为主的这些剧院。纽约有百老汇演出和非百老汇演出，百老汇演出指在时代广场周围的有500个座位以上，票价也通常在100美元以上的传统表演。非百老汇演出是指远离时代广场的票价便宜的小剧场演出。非百老汇演出多带有艺术思潮的探索性质，但内容过于大胆，不为传统和保守的观众所接受。甭管是百老汇演出还是非百老汇演出，我是一部没看，首先是英文不过关，再一个就是我没有西方文化背景，怎么看都不能与剧中的人物产生共鸣。我在拉斯维加斯看过美国的经典音乐歌舞剧《狮子王》，一场下来看得我是狮子不是狮子王不是王的，但现场的所有美国人都如痴如醉，演出结束后全场起立鼓掌，时间长达20分钟。

▼ 纽约曼哈顿

时代广场的位置是第七大道和 45 街的交叉口那一片，与时代广场有 3 条街之隔的 42 街的九大道到十大道，42 街到 48 街之间的这个区域，就是世界著名的纽约红灯区。这里白天看上去和曼哈顿其他街道没有什么不同，据说在朱利安尼当上纽约市长之前，这里晚上可是莺歌燕舞，现在已经收敛了很多。我看到网上有一个纽约的前银行家现在专门从事摄影工作，工作的对象就是底层的妓女，他用照片把纽约布鲁克林一个叫亨茨·伯恩特的红灯区记录下来，那些底层的妓女、皮条客、瘾君子的生活着实让人唏嘘不已。不说别的，那些妓女不是肥胖就是苍老、不是颓废就是肮脏。那一个个长的，别说当妓女了，就是当嫖客都算是寒碜的。

第五大道的尽头就是华盛顿广场公园，这个公园紧邻第六、第七大道的区域就是著名的格林威治村。纽约格林威治村通常称西村，是纽约乃至世界知名的同性恋聚集地，这个区域里还就真有一条叫 Gay Street（同志街）的街道。这里集中混搭了很多元素和符号，有独特、前卫的，看的懂的东西，例如 20 世纪 50 年代在这里的"垮掉的一代"以及 60 年代的"民歌摇滚运动"。也有看不懂的，或不理解的文化，例如和同性恋有关的商店、酒吧、聚会，特别是村里的同性恋公园。这里只有两百多年的历史，同性恋的发源地肯定不是美国，据说是希腊，好莱坞大片《特洛伊》里由布拉德·皮特扮演的阿克琉斯就是同性恋。但美国肯定是同性恋运动的发源地，而西村又是美国纽约同性恋最早、最集中的地方，著名的"石墙酒吧（Stone Wall Bar）"就在西村。这里居住着很多的同志，他们跟自己的同性伴侣生活在一起几十年了。因为西村靠近纽约河西，加上这里有点闹中取静的幽雅，所以很多同志都往这里迁移，形成目前颇有规模的"同志村"。60 年代末以前的美国还是保守的，容不得同性恋公开活动。当时，警方对同性恋酒吧和夜总会的搜捕行动是经常性的也是毫不手软的，以至同性顾客在同性恋酒吧出现接吻、牵手都成了被逮捕的理由。就在我姐出生的前两天，也就是 1969 年 6 月 27 日夜，警察进入"石墙酒吧"进行搜查，逮捕了几名未带身份证明的男女同志，并驱散顾客。这夜，同性恋再也忍受不下去了，于是触发了一场数以万计的同性恋者与警察冲突的运动，运动持续了三天。随后不久，同性恋解放阵线在美国各个城市纷纷成立。一年后全美的同性恋组织从 100

个发展到1500个。纽约"石墙运动"被普遍认为标志着同性恋解放运动的开始。31年后,即2000年3月1日,美国内务部宣布,将纽约的"石墙酒吧"列为"国家历史纪念址",在"石墙酒吧"的内墙上记录了《石墙事件》的始末,这算是同性恋场所第一次获得的殊荣。

　　2011年6月24日,纽约州州长古莫签署了纽约州同性恋婚姻合法化法案,目前美国已经有9个州通过了同性婚姻法案。我看用不了多久,这种事态便会蔓延至全美各地。不光同性婚姻,吸食大麻合法化也大张旗鼓地在全美展开,科罗拉多州和华盛顿州已经在2012年11月通过了大麻合法化的法案。美国《波士顿环球报》2012年11月3日报道称,美国通过的这一最新法律严重挫伤了拉美国家的领导人参与反毒战争的积极性。墨西哥、伯利兹、洪都拉斯和哥斯达黎加的领导人们于12日表示,由于美国国内两州将大麻合法化,使得禁毒更加困难,他们将考虑减少各自政府在打击大麻走私方面的力度。这下拉丁美洲的那么多国家不知道又会有多少人加入到贩毒大军里来,美国又会有多少青少年加入到吸毒大军里来。

　　在曼哈顿百老汇东街街角有一座林则徐的塑像,林则徐穿着一身清朝的官服屹立在纽约曼哈顿的大街之上。2000年,铜像周围又被辟为著名的"林则徐广场",2005年的"国际禁毒日",纽约市政当局将华埠东百老汇街命名为"林则徐街"。可见美国还是有有识之士能认识到毒品的危害,但不知是太民主了,还是政客需要选票的缘由,反正吸毒合法化已经在美国开了口子,泛滥成灾的那天看来不会久远了。我就奇怪,美国的法律是维护社会秩序的还是破坏社会秩序的?

　　这个问题先放一边,咱们就单说法律,美国的法律现在连违法必究都不能做到了。美国目前有1200多万的非法移民,其中80%是西班牙裔,主要集中在美国和墨西哥交界的几个州。这些非法移民来到美国以后都是投亲靠友,做着一些低档的工作,如果找不到工作那只有靠偷抢为生。洛杉矶就经常发生墨西哥人来华人家里偷抢事件,他们的恶名早在洛杉矶尽人皆知,大家都希望美国政府赶紧严格执法,把这些社会的不安定因素彻底铲除。但哪知天有不测之法,政客需要选票的时候就会想到,这1200多万人在美国的亲朋好友最起码也得在

纽约自由女神像

几千万人，如果让这些非法移民合法化必然能得到更多的选票。于是就开始忙碌着与人民的期望相反的事情，不但不赶走这些非法移民，反而要将这些已经非法的改变成合法的，目前已基本通过，让这些非法移民先持有临时移民身份，十年后换成绿卡。看来违法必究在美国已经out了，这样做的下场肯定是鼓励更多的非法移民偷渡到美国来。金融危机受到伤害最深的就是美国的中产阶级，如果非法移民再合法化，受到伤害的依然是中产阶级，庞大的中产阶级是美国的根基，美国这种自掘坟墓的做法只能是需要选票的政客的需要，而不是美国国家利益的需要。从同性婚姻合法到吸毒合法，再到已经非法的还要合法化，我不知道这样下去美国的未来要走向何方？这种方式就像已经喝出一身病的酒鬼，幻想着靠医生开出的药物继续维持五迷三道的生活一样不靠谱。

纽约值得一逛的景点确实不少，如果哪位自驾游的旅客来到纽约，最好还是不要住在曼哈顿里，这里的旅店想找到200美元以下的确实没戏，不如就到皇后区或布鲁克林区找家旅店，然后乘坐公交系统就能把所有的景点都逛到。曼哈顿里面可是寸土寸金，想找个停车位十分不容易，即使能找到，停车的价格也让人难以承受。10月26日我那个自驾游的朋友来纽约和我汇合，在曼哈顿玩了一天，光找停车位就用了很长时间，我们在世贸大厦附近找到的停车位是半小时收取12美元。这要把纽约所有的景点逛完的话，停车费我估计得几百美元，这几百美元要用来加油，让你的车跑上几千公里绝对没问题。所以在纽约旅行的最好方式就是乘坐公交。

纽约地铁是美国纽约市的快速大众交通系统，也是全球最错综复杂，且历史悠久的公共地下铁路系统之一。站数约在470个左右，官方统计为468站，地下铁3层。商业营运轨道长度有1000公里出头。到2013年底北京是442公里，1年以后北京市轨道交通线网运行总里程将达到660公里，到6年以后将会突破1000公里。如果在纽约实在是玩累了不想坐公交，你还可以像在国内一样招手打车，这在美国的其他城市可是办不到的。像美国第二大城市洛杉矶，想坐出租的话只能电话预定，要不在家电话预定，要不在大街上找家餐厅或酒店，让人家帮你预定，十分麻烦。纽约街头随处可见黄色的出租车，招手即停，和国内一样方便。

第四章　美国深秋东部游

　　我们下一个项目是参观自由女神像。自由女神像坐落于曼哈顿南端的自由岛，它的建成是通过报纸发起的法、美两国普通民众的捐款，因为资金不足还耽搁了数年。塑像是法国人民为纪念美国独立战争100周年而赠送的礼物，由设计埃菲尔铁塔的阿里克赛·埃菲尔和雕塑家弗德里克·巴塞尔设计。我在巴黎的塞纳河边曾经见到过小一号的自由女神像，今天就要近距离观看这座"原装"的雕塑了。顺便说一下，日本东京不知道哪根弦搭错了，非在东京也弄个自由女神像，15米高的迷你版。北京有许多房地产开发商为了蒙蔽一些崇洋媚外的买房人，就把自己建的小区起个外国名字，像"威尼斯水景花园"、"波士顿小镇"什么的，显得极为低劣，没有文化的表现。你也不看看威尼斯和波士顿有北京这种几十层高的塔楼堆在一起吗？但这多少只是个别没文化的开发商干出的事情，你日本东京却来个迷你版的自由女神，这可是政府行为了，政府就一点没感到脸红吗？

　　我们所有的团员登上轮渡，参观的路径是围绕着曼哈顿岛，从纽约湾的角度观赏曼哈顿，顺便到位于自由岛的自由女神像看一看。在海上遥望曼哈顿真能感觉到曼哈顿岛的雄伟，这么一个四面环水的小岛能成为世界金融中心一定有它的原因，在轮渡上看曼哈顿一下让你感觉到这里就该是世界金融中心。新加坡、香港、上海都有很多摩天大厦，也都是金融中心。但当你在纽约湾海面上遥看曼哈顿岛时，你会匪夷所思地忘记那几个地方，整个视线、整个想象、整个感觉就集中在这个金融中心之上。世贸大厦的工地后面就是华尔街，那里的一切都只有一个量化标准——金钱，什么正义、理想、艺术、情操都要等待金钱的搅拌，使之充分发酵以后才会以另一幅面孔出现，那个地方站着说话的永远都是金钱，躺在地底长眠的永远都是真理。就像在这个岛上的联合国总部，现在哪儿还有什么正义可言，阿富汗、利比亚，西方国家想打就打，打伊拉克更是没有经过联合国授权的，美国不也是说干就干了吗？

　　"不识庐山真面目，只缘身在此山中"。我在曼哈顿里面游览的时候，感觉就是一个"乱"，曼哈顿满大街的小商小贩居然没人管，街道上垃圾到处都是，行人也像北京一样不守交通法规。若要说能有印象的，就是在帝国大厦楼顶俯看曼哈顿的时候，才能感觉到曼哈顿让人震撼的景象。但现在我坐在行驶在纽

▲ 在纽约湾的游轮上遥看曼哈顿

约湾的游轮之上遥看曼哈顿,这个视角的视觉冲击力比在帝国大厦楼顶上还要强。一下子就感受到了曼哈顿的奢华、曼哈顿的雄伟,根本看不到里面的混乱、里面的嘈杂。

曼哈顿最著名的富豪区——上东区,完完整整地呈现在眼前。以纽约市市长以及财经新闻机构彭博社的创始人布隆伯格为例,他住在曼哈顿上东区的一处联体别墅中。纽约市市长官邸——格雷西公寓(Gracie Mansion)并不能满足布隆伯格对住房的要求。上任以后,布隆伯格还是住在自己曼哈顿上东区79号大街的豪宅中。该联体别墅建于1899年,5层楼高,总面积为650平方米。上东区不仅房子价格执纽约牛耳,就连教育等费用都是最贵的,这里一个小学生

的学费一年就要 1 万多美元。目前流行的美剧《绯闻女孩》所讲述的就是曼哈顿的上流社会阶层，展示的是那里富家子弟的生活。《福布斯》400 富豪榜中的大人物有 38 位住在曼哈顿，可见这里的住户都是美国的顶级富豪。虽然上东区住着纽约最富有的人群，但是从列克星敦大道往东的第三、第二、第一大道住的却是蓝领阶层，并且越往东住宅的价格也越便宜，因为那里距地铁和主要的公立学校区更远。

　　中午导游把我们带到曼哈顿岛上无畏号航空母舰的停靠港，我在圣迭戈自驾游的时候已经参观过航母，所以这个景点我就没有随团参观。导游告知我集合的时间，让我自己去吃午饭，下午还在这个停车场集合。我一个人沿着 46 街

▲ 横跨纽约湾连接曼哈顿和皇后区的大桥

闲逛。46街是一条小街，街两旁都是四层的小楼，楼的外墙有铁制的消防楼梯，这种楼梯在美国西部加州的地震带上的建筑极为普及，尤其是旧金山的楼房，无一例外地安装在楼房外面。这条小街对我有很强的亲切感，是因为街道两旁的银杏树，让我找到了老家北京的感觉。独自一人来到了第九大道，这条大道的两侧挤满了世界各地风味的餐厅，现在正是中午的饭点，每家餐厅的生意都格外红火，餐厅外的餐位都是人满为患。我发现美国人特别喜欢在露天就餐，甭管是在美国西部的旧金山、圣迭戈、洛杉矶还是西雅图，也不论是在美国东部的纽约、波士顿、费城还是华盛顿，午餐、晚餐甚至是早餐，美国人都喜欢在餐厅外的遮阳伞下的餐桌上享受自己的美食。这要是在温暖的加州北部我还能理解，现在可是十月底的纽约啊！纽约的气候和北京差不多，这个温度在户外吃饭还不得灌进一肚子凉风？后来我在去哈佛大学参观的那个早上，看到美国的大学生就在餐厅外的餐桌前边聊边吃，真是打心里佩服人家。

这条大道的餐厅一家挨着一家，每家餐厅门口都有一个放着菜谱的小台子，

第四章　美国深秋东部游

路过的行人可以挨家翻看他们的菜谱,在进入餐厅前就计算好了这顿饭的价格。北京这样的餐厅不是没有,但确实只有类似这样的西餐厅才会有这种很人性化的服务。我在一家名为Yum Yum的泰餐厅吃的午餐,里面的服务员还真都是纯纯的泰国人,他们之间的交流用的全都是泰语。这家餐厅不大,味道却是极佳,比我在北京吃的山寨泰餐要棒得多。像这种位置在曼哈顿市中心的餐厅,如果换到北京,而且还是一家异国风味的餐厅,那价格都不用考虑,绝对不是工薪阶层能随意消费得起的。但在美国,著名的旅游景点或闹市区的餐厅,价格和普通餐厅没有什么不同。我一顿饭下来也就20多美元,而且吃的是正宗的异国风味。

从餐厅出来一看时间还早,就顺着大道一直往北走。隔着中央公园两条街道的57街是一条充满艺术气息与高级餐厅的街道,这里的餐厅可就不是我这样的人能随便进去吃顿午餐的地方了。闻名于世的卡耐基演奏厅为57街增色不少,这条街上有个笑话,观光客问一位手提着小提琴的老先生:"请问如何才能抵达卡耐基演奏厅呢?"老先生回答说:"只有不断地练习、练习、再练习。"这也就是观光客问演奏厅怎么走,这要是问去红灯区怎么走,老先生该怎么回答呢?

57街9号是全世界最知名的商业地址之一,一栋高耸的建筑矗立在这里,颇具视觉冲击力的全黑色玻璃窗,大理石的外墙立面,具有能俯瞰中央公园美景的无与伦比的优越位置。总共50层的建筑物却有24层空无一人,其中包括最高的三层。即使在如今不景气的房地产市场中,这栋被称为9West的大厦的空置率在纽约高端写字楼中也是独一无二的。时尚女鞋品牌NineWest就创立于此,并以这个地址给自己命名。轰动全世界的500

▼ 酷似北京的纽约居民楼

亿美元的麦道夫诈骗案的主角麦道夫就曾经在这里办公。这座大厦的租金确实有些高，每平方米的租金达2000多美元，但我想这不可能是大楼空置的主要原因，曼哈顿租金贵的大厦多了去了，怎么就偏偏这里租不出去呢？是不是因为麦道夫诈骗案的缘故？

　　到了集合的时间我们一起上了大巴车，下午第一个景点就是纽约大都会博物馆。大都会博物馆号称是西半球最大的博物馆，位置就在著名的第五大道上，它占地8公顷，馆中收藏了300多万件珍贵文物和艺术品，内容几乎涵盖了世界各国的文化、艺术、科学和宗教。在这里，可以看到完整的公元前15世纪的埃及神殿，它的总重量为800吨，据说拆的时候为了确保原貌，还给每块砖上都打了标号。但我最感兴趣的还是中国馆，想看一看有多少中国的古董被美国人淘了过来。所有展厅进口的墙上，都有一行不大的字写着某某展厅，都是赞助的。这里所有的装修、家具、鲜花都是赞助的，美国有钱人真是那么有文化吗？其实在美国赞助是可以扣税的，扣的税比赞助的钱多，不然谁送你钱！我姐所在的那家医院每年都有慷慨的捐赠人捐给医院数以百万计的善款，但每年从医院拿到的订单数量可是他捐赠的几百万的数倍，真是没有无缘无故的爱，也没无缘无故的恨！原来中国人比老美伟大得多！在中国赞助都是血汗钱，居然还有那么多人干！这要换了美国可没有人这么傻了。中国的媒体经常批判中国没人为善，中国没人为善中国红十字会能传出那么大的事件来？媒体还经常宣扬洋人如何乐善好施，但很少说为善之人各会得到什么？但有人说正是这些可能别有所图的善行者，才给了美国一个如此规模的大都会博物馆。那要这么说美国政府可就太没脸了，堂堂世界第一经济强国，如果没有捐赠人连个博物馆都开不起吗？我就不信没了张屠户还吃不上猪肉了。中国这么多博物馆哪个会失去捐款就得关门了？慈善这个事情如果图回报还叫慈善吗？那不就成了投资吗？例如我从小资助一个贫困孩子到他大学毕业，他工作以后所挣的钱不能回报给我，应该去资助像他一样的贫困孩子，这才叫慈善嘛！如果他工作以后挣钱都回报给我了，那我就是典型的投资了，就失去慈善的意义了。干什么就是干什么，不能变了味儿，就像茶叶就要有茶香，我就不信谁会去茶叶店里买一斤包子味的茶叶。

第四章　美国深秋东部游

　　大都会博物馆我最想看的是埃及馆和中国馆。埃及馆就在一进门的右手边，确实给人以很强的视觉冲击力，这个埃及馆的大门就是把埃及金字塔的石材全都移到了这里。进入馆里石器时代埃及民居的模型、彩绘陶器、石头棺椁等文物都展示在参观者面前。其中一双纯金打造的人字拖，样式和21世纪我们现在穿的人字拖基本没什么区别，但这可是几千年前的古董啊！在里面还能看到传说中的木乃伊，木乃伊里的人体器官只有心脏得以保留，因为古埃及人相信心脏是思维和理解的器官，必须留在木乃伊内。古埃及在这点上倒是和中国古人的观点一致。现代医学的研究表明，大脑是人类思维和理解的器官，认为心脏具有思维理解能力纯属迷信，是最不科学的解释。但近些年随着心脏外科医学的发展，通过心脏移植手术确实发现心脏确有这方面的能力。秘鲁的没有见过世面的一个村妇移植了一个大城市里古惑仔的心脏，那个古惑仔就是由于地下赛车赌博而丧命的，移植了他的心脏以后，这个农村妇女也开始不安分起来，经常要从事一些冒险的活动。北京的一个50多岁的男性移植了一个年轻的风流男性的心脏，居然在50多岁时也开始臭美起来，而且对舞会、歌厅这些娱乐场所流连忘返，差点导致与老伴离婚。这种性格突变的例子在全世界都有发生，看来古埃及和中国古人的智慧以现代医学还是无法解释的。

　　苏州园林也被仿建在博物馆的主楼二层的北厅之中，中国馆苏州庭院的门口，外圆内方的建筑加上门口的一对石狮，感觉就像来到了苏州。园中飞檐、雕梁、鱼池、凉亭，室内对联、掸瓶、八仙桌、太师椅一应俱全。大都会博物馆收集了大量的中国文物。幸亏这些文物都保存在了大都会博物馆里，这要是在中国文革时期，肯定被红卫兵小将砸个粉碎。

　　我一个人先走出了大都会博物馆，在门口的台阶上坐下来。大都会门口有个黑人吹萨克斯，韩国人来了就吹韩国的曲子，把韩国的国旗立在前面，还打立正敬军礼，听到他吹的韩国乐曲好多韩国人都给钱。等韩国人走了，大批的华人游客出来，这个黑人马上收起韩国国旗，拿出青天白日旗立在面前，吹奏的乐曲马上换成了"月亮代表我的心"，还时不时地挥舞青天白日旗，果然又有大批的台湾游客给他钱。等中国游客出来的时候，他又吹中国国歌，挥舞中国国旗。我真是佩服这个黑人的眼力，就连我都没分清哪些是大陆游客，哪些

Memories of

▲ 吹萨克斯的老黑

是台湾游客,这个黑人居然能看出来。

等所有的团员都出来以后,我们坐车前往联合国总部。联合国大厦在曼哈顿第42—45街的东端,洛克菲勒用850万美元买下这19英亩的土地送给联合国。虽然坐落于曼哈顿,作为联合国总部之地,这19英亩的土地不是美国领土,在联合国总部四周,用两米多高的黑色的铁栅围起来,以便与美国的领地隔开。大厦位于东河岸边,面向东河,西面有一个小广场,广场上飘扬着联合国成员国192个国家的国旗,还有两个特别的雕塑,一个是卢森堡送给联合国的"枪管扭曲的枪",人们一看就知道其含义:不要武器,不要战争,要和平;另一个是意大利送给联合国的"破碎的地球",意思是说人类赖以生存的地球,已经被战争、人为破坏、环境污染等糟蹋得不成样子了,号召人们拯救地球。我小时候第一个记住的联合国秘书长是佩雷斯·德奎利亚尔,然后的加利、安南、潘基文,我感觉联合国的作用一日不如一日,小布什发动的伊拉克战争都没有联合国授权,确信无疑就是一个侵略行为,怎么样呢?算了,不说了。只可惜今天是周日,我们无法进入大厦参观,这是我纽约行程中最令人遗憾的事情。

在联合国北边一点的马路西侧,一幢巧克力色的大厦矗立在街边。外墙是通体的玻璃幕墙,我估计是一个商务中心的大楼,借助距离联合国很近的地理优势,能让整个大厦的租金提升许多。但导游告诉我说这是世界上最高的居民楼,有80层,是民宅,每套150平方米,住在里面的并非富人,而是经济拮据之人。居民楼?民宅?我相信如果没人告诉你,任何人都不会这么认为的。民宅怎么会是从上而下的通体玻璃幕墙?居民楼怎么没有通风换气的窗户?而且外表如此高级的大厦居然是给穷人住的"经济适用房"？这座民宅的位置可是在曼哈顿啊！纽约的曼哈顿啊！美利坚合众国纽约市的曼哈顿啊！而且是曼哈顿的中城啊！"啊"得我都要吐出来了，也没想明白到底是怎么回事。

离这里不远就是洛克菲勒中心，它的整个区域占地22英亩，涵盖第五大道至第七大道，介于47街至52街之间，由19栋建筑围塑而成。区域内涵括餐厅、办公大楼、服饰店、银行、邮局、书店等，甚至还有地下铁通道贯穿连接。洛克菲勒中心被誉为美国财富的象征。通用电器公司、时代华纳公司、美联社等公司都在这里安营扎寨，"9·11"之后，又迁入许多大型公司。该中心还建有全美最大的剧场，拥有近6000个座位的无线电城音乐厅。每天在这里工作的人员就有65000人，还要迎接来自世界各地的20万游客。难怪比尔·盖茨说他这一生真正佩服能挣钱的人只有一个，那就是洛克菲勒。1989年10月31日，日本三菱土地公司花13.73亿美元的高价收购洛克菲勒中心19座大厦中的14座，美国人对象征美国经济的洛克菲勒大厦被日本人买走大声惊呼，甚至担心自己成为日本的第41个县。但没过多久日本就以半价把洛克菲勒中心卖回给美国，算上汇率这笔生意亏了880亿日元，日元高位的时候曾经突破了80日元兑1美元，想想吧，这单生意给日本造成的危害。

从美国人对洛克菲勒中心的态度能看出洛克菲勒家族在美国的地位。2011年洛克菲勒家族投资天津滨海新区于家堡金融区，这是个总投资额达2000亿人民币的世界最大的金融区。史蒂文·洛克菲勒三世说："我们有信心把于家堡打造成为世界一流的金融区和金融创新中心。"史蒂文·洛克菲勒三世，这个洛克菲勒家族的第五代传人惊叹："在美国从来没有见过像滨海新区这样如此大规模的建设场面，这个地方一定可以创造奇迹！"比较未来于家堡的洛克菲勒中心和曼哈顿的洛克菲勒中心，史蒂文·洛克菲勒三世认为，即将建设的于家堡洛克菲勒中心依然会带有洛克菲勒风格和理念，同时融入更多中国元素。之前，他甚至将其家族的一些珍贵资料提供给设计公司，希望在设计时能展现洛克菲勒的风格，但又不显得生硬。

从洛克菲勒中心出来我们来到了时代广场，这个让巨型液晶屏幕包裹的广场。华灯初上的时代广场，所有的建筑物都被刺眼的液晶屏幕上的广告所包围。

Memories of

▲ 纽约的街道

被百老汇街与第七大道切割出来的纽约时代广场，有另一个响亮的名字——"世界的十字路口"每天有近50万人次在此川流不息，每年则吸引着4000万来自世界各地的游客，这是全美人气最旺的地点，也是户外广告的黄金地段。我今天上午来时代广场时，由于天色很亮，这些广场广告的效果和晚上比起来那可真是不可同日而语。

　　10月底的纽约，气温比洛杉矶低了许多，穿运动短袜感觉凉了，气候和北京有些类似。不光是气候，大街上的一个景象简直就像让我回到了北京，居然看到有卖煮玉米的，这幅在北京胡同口经常能看到的画面，活生生地出现在纽约曼哈顿的大街上。我买了一个尝尝和北京卖的是不是一个味儿，玉米甜得像点心，北京卖的甜玉米跟这里的比简直就不能说有甜味，我买的这个玉米是不是转基因的啊？怎么会有这么甜的玉米？旁边的小店里卖着精致的点心，在洛杉矶我曾吃过我姐的白人同事做的美式点心，唯一受不了的就是甜度太大，点心本身的味道基本上都让甜味盖住了。在这家小店我买了一个点心，想给自己的时代广场之行留下一点印象。把点心放进嘴里一嚼，怎么那么甜啊？甜得我一个大老爷们在大街上直想挠人。现在我都能想起2012年10月21日站在时代广场的我当时的表情,彻底给腻坏了。

　　晕头晕脑地在时代广场附近的小街里瞎转,夜色下前方一块不停闪烁的电子牌引起了我的好奇。走过去看到电子牌的数字不断地变化着,难道是记录噪音分贝的仪器?不像,因为数字太大,从头到尾念一遍都费劲。我从后往前地数了一下这串数字的位数,马上就反应出来了,这是美国的债务牌。以前在中央台的经济新闻里见过这个牌子,在电视里看像那么回事,在大街上真是不起眼的一块牌子。上面赫然写着:16049475178728 美元,平均每个家庭欠款为135672 美元。数字还在不断地上升中,隔个几秒钟数字就会变化。

　　这个著名的债务牌下只有我这么一个中国人,我本以为这里能成为纽约著名的一个景点,没想到根本就没人理会它的存在。这就跟每个美国人对债务的态度一样:那是国家的事,跟我没关。那是政府的事,着急的不应该是我。借债是国家政府的事,花钱的可是你们每个美国人啊!你可以说政府从没往你的手里送过一分钱,但你们美国人所享受到的低物价是怎么来的?为什么美国人一个月的收入能买四千升汽油?而中国人只能买五百升?为什么美国人 5 个月

▼ 夜色下的时代广场

的工资就能买一辆雅阁车？而中国人得50个月的工资才能买一辆雅阁车？这种例子真可谓信手拈来，这么低的物价水平你们美国人凭什么能享受？跟这16万亿没有关系？

费城华盛顿之旅 ▶▶▶▶▶

2012年11月22日的早晨，天还没完全大亮，我们所有的团员就像一百多年前的华人劳工一样被赶上了大巴车，继续我们的美国东部之旅。随团旅游我最不适应的就是每天早起这段时间，正睡得五迷三道，最主要的是通过一天的曼哈顿之旅，整整一夜我的大脑里堆满了有关财富的意念，活活被饭店的叫早电话惊醒。本来在梦中的我满脑子正享受着无数极为高端的愚蠢创意，叫早铃声残忍地一下把我踹出梦境，孤零零地一个人眼睁睁地躺在现实中黑漆漆的房间，当时恨不得把叫早电话里那个女服务员给娶了的心都有。

那天我们的目的地是美国最老、最具历史意义的城市——费城。大巴车带着我们离开新泽西州，登上了通往宾夕法尼亚州的建于1926年的本杰明·富兰克林大桥，这是当时世界最大的单孔桥（1.75英里），它横跨特拉华河，这边是新泽西那边是费城。宾夕法尼亚州是美国最初建国时13个州里的一个，由于它的地理位置处于正中，北边6个州，南边6个州，而且由于它在美国建国时的特殊作用，所以被称为"拱顶石州"。

费城（Philadelphia）是希腊语，译为兄弟之爱。作为美国的第一座首都（1790—1800），费城成为美国的历史名城。它在美国独立战争时期地位重要，1774—1775年两次大陆会议在此召开，通过独立宣言；1787年在此举行制宪会议，诞生了第一部联邦宪法；费城当知无愧地成为美国现代民主的诞生地。我们的大巴车进入费城，费城交通比较拥堵，从而建立大量的隧道以保护老城区的原貌。费城看着是老，不愧为最具历史意义的城市，只是老得有些旧，很多地方都有年久失修的痕迹。

费城对美国的历史意义极为重大，目前流通的美元纸币上有两个地方就是费城的著名景点。独立宫印在了100美元纸币的背面。2美元纸币的北面则是独立宣言签字会场。既然聊到美元，还真得说一下这2美元的纸币，我姐来美国已经17年了，别说见到，就是连听说都没听说过美国有两美元的纸币。我在西雅图的白人警察朋友，在美国生活了50多年，也没见过2美元的纸币。后来我在克强家真的见到了这款纸币，克强还送了我一张，现在还在我家书房的写字台玻璃板下压着。还有就是大面额的纸币，基本上也是没人知道。所有人都认为100美元的纸币是面额最大的美元，其实不然，美国曾经有过500、1000，甚至是5000、10000美元的纸币。500美元券正面是威谦·麦金莱（Willim Mckinley,1843—1901）肖像。背面是面额小写"500"字饰，字体大小不一。1000美元正面是克利夫兰（Cleveland,1827—1908）肖像，背面是美国国名及大写"One Thousand"字饰。5000美元正面是麦迪逊（Madison,1751—1836）肖像，背面是面额小写"5000"字饰。10000美元正面是西蒙·P.蔡斯（Chase,1751—1836）肖像，背面是面额小写"10000"字饰。这些500、1000、5000、和10000元大面额钞票，美国财政部已于1969年命令收回，不再流通。

　　我们的大巴车停在了老城附近，以便我们参观费城的所有历史。我们先参观的是自由钟博物馆，门前排起了长长的队伍，原因不是人多，而是进去得做安检。十多分钟以后我来到博物馆的门口，一个老黑用中文冲我说："没包的先进来。"我还本能地以为他在冲我说英文，老黑又一次冲我说了一遍我才缓过神来。所谓自由钟，按中国标准，并不大，只有一米高。这是自由钟博物馆的镇馆展品，这座铭刻着"向普天下所有的人宣告自由"的大钟不仅是美国独立的体现，也是自由和正义的象征。据说，独立钟在美国建国时曾作为自由的象征在费城敲响，南北战争时，它又作为解放黑奴、还其自由的象征在美国全国展出。自由钟被安放在展厅的一个凸形玻璃房子里，光线十分好。1752年美国人自己无力造出大钟，要在英国伦敦浇铸成后运到费城。自由钟运到费城在试音的时候就裂了，有两名费城的工人用原有的金属重新制造了大钟。1846年2月22日华盛顿生日纪念日，大钟在鸣响了几个小时之后又出现了锯形裂纹，从此以后这个大钟再也没有敲响过。看着有一条长长裂缝以致不敢再敲的费城独立钟，心中有一种自豪感油然而生。何故？因为，我国所有寺庙几乎都有钟楼和鼓楼，而那些老古董的钟和鼓，有谁听过有哪一个钟发生过被敲得裂开不敢再敲的？我国古代的铸造技术已经独步天下了。与我国浇铸技术相比，他们（英国与美国）简直望尘莫及。美国人用一个伪劣品当做国宝，我是打心眼里佩服，真佩服他们这种嘎子劲儿。这要换做中国，不知道又该有多少人怀疑中国的历史了。

在我马上要走出博物馆的时候，看到了一张巨幅的照片，达赖！本来对美国历史的那点崇敬一下就甩得无影无踪，对这个博物馆的严肃性也顿然消失。本来一个让人敬仰的博物馆居然上演这么一幕拙劣的表演，你美国从英国分离出来是向往民主、自由、平等，所以达赖分离中国就该支持吗？那按照这个逻辑，林肯发动的南北战争就应该是反人类的啊！你为什么不让美国南方人民追求他们的民主、自由、平等呢？你为什么要武力镇压南方人民独立的正义要求呢？美国开国的宪法一直沿用到今天，里面明明白白地写着各州有脱离美国联邦的权利。严格地说美国南北战争就是严重违宪，不过北方政权以解放黑奴的幌子掩盖自己需要大量劳工的真实原因。这场违反宪法的战争造成109.5万人（还有记载是150万）的死亡，却托起了一个美国历史上的伟人——林肯。怎么你自己干的事情就都是正义的，别人干的事情就都是邪恶的呢？这是什么逻辑？

从自由钟博物馆出来，旁边的独立宫和与它对面的宪法中心之间是宽阔的草地，我在低头走路时，迎面来了一个女孩用英文跟我说："我爱你的帽子！"我的帽子是军绿色的棒球帽，正中是一个红色的五角星，很有中国文革时的特色。我在洛杉矶我姐的家中，一个来家里装净化水系统的美国白人告诉我，看到我的帽子让他想起了毛泽东。不过这个女孩说爱我的帽子，还是感到很意外。可能是年纪的原因，不大相信美女的夸赞。这要是20几岁的时候那肯定就认为人家对我有意思啦！现在这个年龄还这么想就有些幼稚了，你说爱我的帽子？怎么会呢？这还能骗了我吗？明明是爱上帽子底下那个人了嘛！

我们下面要去的是独立宫，1776年7月4日，包括杰弗逊和富兰克林在内的北美13个殖民地的代表在这里签署了美国独立宣言，向全世界宣告美国的诞生，1777年，第一面美国国旗在这里展开，1787年在这里诞生了美国国家宪法。这是一座两层的旧式红砖楼房，乳白色的门窗，乳白色的尖塔，塔上镶嵌着一

第四章　美国深秋东部游

座大时钟，塔顶就是当年悬挂自由钟的地方。独立宫的两翼还有两座对称的小楼，一样的红色砖墙，一样的建筑风格，分别是当年的旧议会大楼和旧市政厅。这里参观是免费的，只是为控制参观者数量得领免费票。我一直还沉浸在那张达赖照片的情绪中，索性连独立宫都不进了。

旁边的小楼里还展出女裁缝罗斯夫人制作的第一面美国国旗，由于当时的美国只有13个州，那时的美国国旗的左上角肯定不是现在的方形排列的50颗星，而是组成一个环形的13颗星。其他的13条红白相间的条纹为底，左上角的蓝色方框都和现在的美国国旗一样。也就是说现在的美国国旗是星条旗，那时的美国国旗是星圈旗。这面旗子1777年在国会上被正式采用为国旗，罗斯夫人的家也因此被称为"古老的光荣诞生地"。

走在费城的大街上，看到报刊摊上有《时代周刊》，封面是习近平的照片。我赶紧凑过去看了看，照片底下写着一行英文："Next leader for the unfree of world."和我估计的一样，一定是没什么好话。老板看着我拿着《时代周刊》站在那里傻笑，很理解地冲我端了端肩，摇了摇头。那个意思是说咱们都是老百姓，

▼ 第一次大陆会议会址

▲ 国会大厦

封面上写的和咱们无关。没错！真是这样，如果对手开始骂你了，也就证明你的实力已经威胁到它了，封面上这么说习近平我觉得倒不是件坏事，中国国力弱的时候人家都懒得骂你呢！以目前中国的国力，美国要是不骂还觉着心里不踏实呢。让美国踏踏实实骂吧，反正我也没少骂美国，谁也不亏。但世界局势的未来肯定不会由打嘴仗决定，时间不用长了，3到4年两国的实力自然会给出一个客观的答案，一个历史的答案。

  我们离开费城向着美国的首都开去，整个下午我们就在华盛顿参观。华盛

◀◀◀◀◀ 第四章　美国深秋东部游

顿原是一片灌木丛生之地，只有一些村舍散落其间。1789年，美国联邦政府正式成立，乔治·华盛顿当选为首任总统。当国会在纽约召开第一次会议时，因为建都选址问题引起激烈争吵，南北两方的议员都想把首都设在本方境内。国会最后达成妥协，由总统华盛顿选定南北方的天然分界线——波托马克河畔长宽各为16公里的地区作为首都地址，并请法国工程师皮埃尔·夏尔·朗方主持首都的总体规划和设计。新都尚未建成，华盛顿便于1799年去世。为了纪念他，这座新都在翌年建成时被命名为华盛顿。法国人设计的华盛顿市，像巴黎的城市规划呈放射状而不是纽约的那种井字形。华盛顿的政治地表，建筑师以"中轴线"展开，从西向东为林肯纪念堂、二战纪念广场、华盛顿纪念碑、国会大厦。站在这条中线的高点都能看到其中的任何一个建筑群，视野开阔，一马平川。所有的建筑都以白色作为主要基调，配上古典的设计，庄重典雅，而整个城市也彰显其气度磅礴。

位于最东边的美国国会大厦坐落在一座名叫詹金斯的83英尺高的小山包上，美国宪法规定华盛顿的建筑物不得超过国会大厦的高度。美国人把国会大厦称为Capitol，把它看做是民有、民治、民享政权的最高象征。国会大厦1793年9月18日由华盛顿总统亲自奠基，1800年投入使用。1814年第二次美英战争期间被英国人焚烧，部分建筑被毁。后增建了参众两院会议室、圆形屋顶和圆形大厅,并多次改建和扩建。

　　雄伟壮丽的美国国会大厦的西北区是华盛顿精致的一面,而东南区则是其丑陋的一面。东南区距白宫也就10公里左右,算得上是白宫的"后院",却是华盛顿最贫穷的地区,以毒品交易和暴力犯罪猖獗而闻名。当地媒体曾有个统计,华盛顿至少有70个帮派。还有媒体说,华盛顿的帮派多达200来个,每个帮派少则10来个人,多则100来人。虽然近年来帮派火拼少了许多,警方也抓了不少帮派头目,但各色帮派还是跟韭菜一样,割了一茬儿又一茬儿。当地媒体曾经报道,华盛顿一个月内发生15起谋杀案,死者包括一名来自英国的年轻政客。与此同时,该市抢劫案比去年同期上升14%,使用致命武器进行攻击的犯罪增加18%。政治家、游客皆成目标,可见犯罪有多猖獗。为了应付罪案,华盛顿市警察局局长拉姆齐宣布首都进入"犯罪紧急状态",所有警官取消休假,加派人手到街上巡逻,还把警员人数从3800增加到4150人。然而就在拉姆齐宣布的当晚,华盛顿标志性建筑国家纪念碑附近,又发生两起蒙面歹徒持枪抢劫游客的案件。国家林荫大道因靠近白宫和国会,一向被公认为是华盛顿治安较好的地方,也是游客常去之处。由于这个地方已发生多起劫案,人们甚至讽刺说,如今连白宫和国会山也不安全了。市长威廉姆斯誓言,将在30天内将犯罪率降低一半。为此,华盛顿市议会对当地18岁以下的未成年人发出警告:晚上10时以后不许出门,否则"见一个抓一个"!

　　我去的时候国会大厦正在施工,外面搭起了许多脚手架,这彻底打碎了我进去参观的计划,只能拿着相机在附近瞎转悠。10月底的华盛顿真是最迷人的季节,所有的树叶都在这一阶段改颜换妆,将夏季的颜色毫无保留地褪去,悄悄地换上了只有在深秋时特有的颜色。黄是黄得那么妩媚,红是红得那么烈焰,绿是绿得那么清透,大自然好像对美国东部的秋季有种偏爱,故意给它罩上一层最自然的面纱,面纱里呈现的每种颜色都是大自然巧夺天工的色彩,绝无半点矫揉造作,间或掺杂其中的枯枝烂叉,在黄、绿、红相间的叶子中都像是精心挑选的装饰,简直就是大自然有意赠给美国东部的装饰材料。

　　下一个景点是美国总统的府邸白宫,白宫(The White House)是一座白色的二层楼房。1792年始建,从1800年以后成为历届总统的官邸,1902年美国总

◀◀◀◀◀ 第四章　美国深秋东部游

▲ 国会山

统罗斯福首先使用"白宫"一词，后成为美国政府的代表。位于美国华盛顿市区中心宾夕法尼亚大街1600号，北接拉斐特广场，南邻爱丽普斯公园，与高耸的华盛顿纪念碑相望。1800年，第三任总统杰弗逊（Thomas Jefferson）吩咐每天早晨打开总统官邸房门，公民可以在不影响总统办公的前提下参观官邸，这是杰斐逊民主思想的一个具体体现。在欧洲的经历告诉了他，社会公众对政府首脑的办公室都很感兴趣。那时，前来参观的人不少，杰斐逊本人也会在某一休息时刻走出办公室，与素不相识的客人握握手，表示欢迎。消息传开，有更多的人远道赶来，就是为了见见杰斐逊。杰斐逊有时仅凭一封友人的介绍信就会请陌生的来客共进下午茶。杰斐逊杰弗逊总统之后的一段时期，所有希望见总统的人，都可以大摇大摆地踱进白宫。据记载，林肯曾在一次晚会上与6000人握手。1901年9月，麦金利总统在纽约出席一个盛大的音乐会，在与客人握手时遇刺身亡。从此，白宫停止了总统与常人的见面。从"9·11"之后，美国人如果想进入参观，需要提前半年向自己所在州的参议员提出申请；而外国人如果想进入，需要提前半年向本国驻美使馆提出申请。不过这对于我们这样普

▲ 深秋时节的华盛顿

通的游客来说，几乎就是不可能的了，所以我们只能在院外观看。

　　隔着我们游人的是白宫的绿色铁栅栏，栅栏下部还有铁丝网，怎么看怎么像白宫正处于战争状态之中。导游告诉我们想要照相得去马路对面，这里离白宫的栅栏太近没法取景。我走到马路对面，取景的进深是够了，但栅栏前杂乱的游人又实在太多，看来在白宫照相是别想让你心满意足了。这栋二层的小楼上方矗立着美国国旗，前面是闻名遐迩的白宫南草坪，在白宫前方的围栏外有一个石柱，是美国高速公路自华盛顿市的测量起始点。我在后来的自驾车纵贯美国本土的时候，去美国最南点的基维斯特，那里有个美国高速路的0公里起点，这些都是在美国极具标志性的地点。

　　和白宫遥相呼应的是华盛顿纪念碑，华盛顿纪念碑是为纪念美国首任总统乔治·华盛顿而建造的，它位于国会大厦、林肯纪念堂的轴线上，是一座大理石方尖碑，底部面积为39平方米，高169米，纪念碑内有50层铁梯，也有70秒到顶端的高速电梯，游人登顶后通过小窗可以眺望华盛顿全城、弗吉尼亚州、马里兰州和波托马克河。华盛顿纪念碑内部中空，其内壁上嵌有各个国家、美国各州

◀◀◀◀◀ 第四章 美国深秋东部游

市、各大团体及名人所赠的石碑188块，其中包括清朝宁波府所赠的文言文石碑，上刻清朝徐继畬在《瀛环志略·卷九·北亚墨利加》中的一段话："华盛顿，异人也。起事勇于胜广，割据雄于曹刘。既已提三尺剑，开疆万里，乃不僭位号，不传子孙，而创为推举之法，几于天下为公，骎骎乎三代之遗意。其治国崇让善俗，不尚武功，亦迥与诸国异。余尝见其画像，气貌雄毅绝伦。呜呼！可不谓人杰矣哉。米利坚合众国之为国，幅员万里，不设王侯之号，不循世袭之规，公器付之公论，创古今未有之局，一何奇也！泰西古今人物，能不以华盛顿为称首哉！"落款："大清国浙江宁波府镗，耶稣教信辈立石，咸丰三年六月七日。"典型的中国式思维产物，不知道美国人看了这些对自己国父的夸赞会有什么想法。

华盛顿纪念碑的建造过程可谓波折不断，开始建了一点儿就没钱了，好容易攒足了捐款，1854年又发生南北战争，致使已建了50米的纪念碑停工。等战争结束后，1876年开始重建时又找不到相同的石材，所以现在人们看到的华盛

▼ 华盛顿纪念碑

顿纪念碑外表是两个颜色。这个纪念碑可是美国首都的标志性建筑，就这么凑合出来了。看来当年的美国人也是够混的，你就不会把下面 50 米的石材给扒掉吗？为你们的国父不值当这么做吗？现在看这个纪念碑简直就像个山寨工程一样，反正我是没看出来它的庄严、它的肃穆，当时我真实的第一反应是乐了出来，这两色的纪念碑咋那逗呢？你这是华盛顿纪念碑呢？还是华盛顿搞笑碑呢？你这是怀念华盛顿呢？还是嘲笑华盛顿呢？一个碑两色，看来美国人 100 多年前就玩上混搭风了。

当年华盛顿是在盛情难却的情况下当上了美国的第一任总统，历史记载下的这个段落是客观事实，但为什么盛情难却，不同的历史学家就有不同的说法了。主流的说法肯定是赞扬华盛顿的美德，不贪恋权势。但在那个年代的美国，当这个总统确实是费力讨不着好的事情。美国独立的起因是英法战争，英国从当时还叫美洲殖民地的美国大量搜刮钱财，而美洲的人被掠夺以后还得不到相应的政治地位，于是 13 个殖民地群起反抗，曾经在英军里服过役的华盛顿带领的是美洲的民兵组织，在法国人的帮助下赢得了战争。但这 13 个州的人谁拿华盛顿当回事呢？美国那时是个松散的联邦，总统既指挥不动军队，也指挥不了各州，各州不提供军饷，于是军队解散了。美国总统是要钱没钱要权没权，还得平衡这 13 个州的利益得失，而且还没人对你满意。华盛顿家里不缺钱，他有从他哥哥那里继承下来的弗农山庄（Mount Vernon），他还娶了富有的寡妇 Martha 做妻子，在家里可以过十分富足的生活，没必要抢着去干那总统的苦差事。华盛顿当了 2 届总统，然后回家做富家翁一直到 1799 年 12 月 14 日他去世的那天。这一年两个伟人相继离世，在这之前的 10 个月零 7 天，中国清朝时期的乾隆皇帝也是驾鹤西去。

在华盛顿纪念碑和林肯纪念堂之间，建有一个约 610 米长的长方形水池。因为可以倒映出林肯纪念堂和华盛顿纪念碑的倒影，被称为"倒影池"。在新闻照片里经常看到这个倒影池，甭管是反对越战还是美国的性解放运动，这个倒影池都是绝对的主角。倒影池水多的时候，整个华盛顿纪念碑都倒影在池中，像一把白色的利剑冲着林肯纪念堂就扎了过来。

我们的大巴车带我们来到一个叫潮汐的美丽湖畔，湖边种满樱花。这里就是华盛顿的樱花园，美国 1912 年从日本引种的 3000 棵樱花树，就种植在

▲ 倒影池

这里。每年的3月26日至4月10日，是华盛顿的樱花节，总会吸引上百万游客。岸边矗立着一座通体洁白，有着半圆形穹顶，希腊式长立柱的圆形亭式建筑，这就是杰斐逊纪念堂。是为纪念美国功勋卓著的也是最博学的第三任总统、独立宣言起草人托马斯·杰斐逊而修建。杰斐逊是美国第一任国务卿，独立宣言的作者，也是政教分离的倡导者。纪念堂正面十根大圆柱，托起三角形的门楣，上面是五个人围坐在圆桌旁的大理石浮雕。这是起草《独立宣言》的场面，中间站立陈词的是托马斯·杰斐逊；左侧是本杰明·富兰克林（Benjamin Franklin）、约翰·亚当斯（John Adams）；右侧是罗杰·谢尔曼（Roger Sherman）和罗伯特·利文斯顿（Robert R. Livingston）。厅内，大圆顶下，四门通透。中央是托马斯·杰斐逊站立的铜像，目光坚毅，左手持券。

潮汐湖湖水一片湛蓝地安坐于蓝天之下，对面的华盛顿纪念碑高高耸立，在蓝天与湖水之间，两架军用的直升飞机巡弋其间。身后的纪念馆里矗立着杰斐逊的铜像，在美国历史上，托马斯·杰斐逊堪称集哲学家、政治家、外交家、科学家、发明家、建筑师、音乐家于一身的哲人。托马斯·杰斐逊在自拟的墓志铭中写道："Author of the Declaration of American Independence, of the Statute of Virginia for religious freedom, and Father of the University of Virginia."（美国独立宣言和维吉尼亚宗教自由法令的作者，维吉尼亚大学之父）。其实，杰斐逊不但在《独立宣言》中宣告了"人人生而平等"的民主理念，他也是提出并促成了美国两党制政治格局的先驱。1826年7月4日，美国建国五十周年纪念日，托马斯·杰斐逊离开人世。8年的总统生涯，他负债离开白宫，并在晚年一直为债务而困扰，是第一个死于贫困的美国总统。他弥留时的最后一句话是："今天是四号了吗？"现在美元之中2美元的纸币正面印着的就是这位伟大的总统。

我们下一个参观的景点是一位在美国历史上更为著名的总统，美国第16任总统亚伯拉罕·林肯。林肯纪念堂（Lincoln Memorial）是一座白色大理石建筑，建筑结构模仿古希腊的雅典卫城，一圈36根石柱代表林肯去世时美国所有的36个州。纪念堂顶部护墙上有48朵下垂的花饰，代表纪念堂落成时美国的48个州，上端护栏上刻着48个州的名字。拾阶而上，穿过高大的廊柱，透过一个没有大门的门洞，抬眼便是高大的林肯坐像，他端坐椅中，手安放于椅子扶手两边，神情肃穆。塑像是当时美国著名雕刻家Daniel Chester French创作的（哈佛校园的"三大谎言"雕像也是出自该大师之手）。站在林肯纪念堂门口的台阶上，顺着林肯的目光望出去，华盛顿纪念碑倒映在绿树掩映的倒影池中。越过华盛顿纪念碑，更远处便是国会大厦。这个台阶也非常重要，1963年8月23日，20万人在林肯纪念堂东阶外至华盛顿纪念碑前举行和平集会，著名的民权运动领袖黑人牧师马丁.路德.金在纪念堂东台阶上发表了《我有一个梦》的著名演说。台阶地面的石头上刻着：我有一个梦想。马丁·路德金。

从林肯纪念堂出来，左手边是越战纪念墙，右手边是韩战纪念碑。越战纪念墙位于美国华盛顿中心区，坐落在距离林肯纪念堂几百米的宪法公园的小树林里。该纪念碑用黑色花岗岩砌成的长500英尺的V字形碑体构成，用于纪念越战时期服役于越南期间战死的美国士兵和将官，该纪念碑选中了耶鲁大学21岁的建筑专业学生林璎（建筑学家林徽因的侄女）的设计方案。按照她的解释是，好像是地球被战争砍了一刀，留下了这个不能愈合的伤痕。黑色的、像两面镜子一样的花岗岩墙体，两墙相交的中轴最深，约有3米，逐渐向两端浮升，直

▲ 越战墙

　　到在地面消失。V型的碑体向两个方向各伸出200英尺，分别指向林肯纪念堂和华盛顿纪念碑，通过借景让人们时时感受到纪念墙与这两座象征国家的纪念建筑之间密切的联系。后者在天空的映衬下显得高耸而又端庄，前者则伸入大地之中绵延而哀伤，寓意贴切、深刻。闪闪生辉的黑色大理石墙上依每个人战死的日期为序，刻划着美军57000多名1959年至1975年间在越南战争中阵亡者的名字。

　　韩战纪念碑虽然名叫纪念碑，但并不是一块碑，而是一个三角形的区域。韩战纪念碑由三部分组成，一部分是19个与真人尺度相仿的美国军人雕塑群。这些士兵全副武装，身着雨衣，头戴钢盔，每个人都警惕地望着周围，紧张而又恐怖，战地的残酷气氛弥漫在整个园区。这些雕塑是写实的，雕塑被拉成散兵线，撒开在一片长满青草的开阔地上"搜索前进"。第二部分是一座黑色的花岗岩纪念墙。在这座墙上，隐现着浅浅蚀刻的许多士兵的脸部，这些形象不仅是写实的，甚至可以说是真实的。因为所有这些脸部，都是根据韩战新闻照片中美军各个兵种的无名士兵的真实记录，临摹刻摹的。纪念墙的花岗岩是磨光的，开阔地

Memories of

的塑像群因此而映射在墙上。随着人们的脚步移动,两组形象便流动地、互为背景地融合在一起。让人们仿佛置身战场,再次领略到战争的残酷。墙的尽头雕刻着全美人民都熟知的那句名言:"Freedom is not free"。(自由不是白来的)。第三部分,是一组置于地面的小方座,上面刻有方字。地上刻有一段话:"OUR NATION HONORS HER SONS AND DAUGHTERS WHO ANSWERED THE CALL TO DEFEND A COUNTRY THEY NEVER KNEW AND A PEOPLE THEY NEVER MET. 1950 KOREA 1953。"意思是:"我们的国家以它的儿女为荣,他们响应召唤,去保卫一个他们从未见过的国家,去保卫他们素不相识的人民。"

　　这段话在其他国家的人们看来,非常煽情。但在中国人看来,却别有一番滋味。因为那些面孔充满恐惧的美国士兵面对的,同样也是一群响应了中国号召的中国儿女,前去保卫一个他们从未见过的国家,去保卫他们素不相识的人民。这些美国士兵拥有武装到牙齿的装备,而当年我们中国的士兵是什么条件呢?据参加韩战的美国士兵回忆第一次见到中国士兵的情景:在零下二三十摄氏度

▼ 朝鲜战争纪念园

的朝鲜，他们被一帮光脚穿着草鞋的中国士兵所俘虏。当时从中国南方调往朝鲜的志愿军穿着单衣就进入了酷寒的朝鲜战场，就靠小米加步枪阻挡住了联合国17个国家的部队。部队的武器装备绝对是相差甚远，差不多就剩二维作战对付三维作战方式。新中国当时还没有自己的正规空军，而美国空军却可以肆无忌惮地轰炸志愿军官兵。由于空中轰炸，后勤粮食补给的火车不敢有火车头，就靠人推火车的方式往前线运输粮食。在这种情况下艰难地和以美国为首的联合国部队打了将近3年时间，最终迫使美国签订了《朝鲜停战协定》。当时拥有核武器的美国死也没想到百业凋零的新中国敢于出兵对抗美国这个强大的国家。第二次战役以后，美国一度引起包括美国在内的参战国恐慌，麦克阿瑟屡次叫嚣要将战火燃至中国大陆。当时的美国参谋长联席会议主席布莱德雷在国会的听证会上作证时就说了："如果我们将战火燃至中国大陆，同共产党中国全面开打，那么我们将在错误的时间、错误的地点、同错误的敌人、打一场错误的战争。"

▲ 朝鲜战争纪念墙

美国发动的越战虽然没有打赢，但这几十年来好莱坞拍摄的越战电影得几千部。韩战他们也没打赢，但这几十年来拍过几部电影？韩战是美国至今不能正视的一场战争。今天的中国没像日本、韩国那样成为奴才国家，不能忽视这场战争的作用。我为有这些勇敢的前辈而感到自豪，没有他们的牺牲，我真不能想象今天的生活将是什么样子！在韩战纪念碑的雕塑前面，一个美国的华人导游讲解着这场战争中国部队的死亡人数，我身旁一个70多岁的团友说了一句："这么多人都白死了。"我当时身不由己地大声脱口而出："谁说白死了？这些人怎么就白死了？"今天中国的所有成就没那些牺牲的将士我们可能拥有吗？今天的中国还是民国时期的那个懦弱的中国吗？美国现在敢肆意欺负中国吗？别说中国了，一个小小的朝鲜你美国现在敢打吗？伊拉克、阿富汗你美国说打就打，朝鲜呢？不还得死皮赖脸地六方会谈吗？

参观完韩战纪念碑我们今天的行程就要结束了，在回旅馆的途中路过了肯尼迪艺术中心，与肯尼迪艺术中心紧挨着的就是水门大厦。这个由于政治丑闻而"名声大振"的建筑坐落于波托马克河旁，水门大厦有12层，共有251个房间。因为发生过水门事件，所以水门大厦是华盛顿的地标性建筑。2009年7月这座大厦曾经公开拍卖过，但仅仅2500万美元的叫价居然没有一个人回应，拍卖被迫停止，目前里面住着华盛顿政府的高级官员和实习生。

当晚我们入住的酒店是Holiday Inn，酒店的客房里有中文提示。不过让我想象不到的是这个档次的酒店床单居然不是每天一换，而是每客一换。假日酒店在中国可是属于中档酒店，是不是现在打着环保的旗帜开始节约成本了？如果是Motel这类的汽车旅馆，每客一换还将就能让人接受。不过仔细想了想，在美国拉斯维加斯的五星级高档酒店里好像也是这样，太让人难受了。

尼亚加拉大瀑布 ▶▶▶▶▶

11月23日这天是整个旅程中最无聊的一天，当天的目的地是美加边境的尼亚加拉大瀑布，整个一天基本都在大巴车中度过。中途有两个购物点要去，一个是巧克力加工厂，一个是康宁玻璃中心。

当天的美国东部都在下雨，有点和北京深秋的秋雨相像，稀稀拉拉地下了一整天，气温也骤然下降。我穿着加厚的皮夹克、牛仔裤都感觉浑身直打哆嗦。美国旅行团安排的购物点都是以参观的形式面对游客，美其名曰了解美国的巧克力文化。但我的感觉好像这家巧克力中心是把中国旅行团的形式照搬到美国来，这么多来"参观"的游客居然都是华人，这幅景象就像在中国境内或东南亚的团队游一模一样。反正我是没有买一分钱的巧克力，一进入中心我就能明白这是个宰游客的地方。不过确实和国内或东南亚有所区别，美国的导游在这里是拿不到回扣的。

中午我们在一家华人开的自助餐吃午饭，里面连服务员带客人，一水的华人。

第四章　美国深秋东部游

导游告诉我近几年中国来美的游客急剧攀升，很多华人都在美国干起了旅游定点餐厅的生意。我在美国著名的大峡谷旅游的时候，卖午饭的地方就两个窗口，一个是中餐，一个是西餐。来自全世界的西方游客就在西餐窗口排队，但人数还不及中餐窗口的一半多，看来美国将来的旅游市场也得被咱们中国人占领。这刚每年140万的中国游客，美国人就有点应接不暇了，那2012年8300多万的中国出境游客要是有十分之一来美国旅游，美国的旅游公司还不得瘫痪了？说实话这里的自助餐十分合算，11美元的价格有虾有蟹，食品种类也是超级多，我真算不出来这家餐厅的利润来自哪里。自助餐在美国是不收小费的，这里的服务员完全靠工资生活，饭店的经营成本必然有所提高。但11美元的价格确实有些离谱，我在西雅图买一瓶红星二锅头还要将近28美元呢。这家餐厅给我的印象很好，但就是在结账的时候还是让我心里有点不舒服。这里的规定是用现金结账11美元，如果用信用卡结账加收1美元。这不是欺负人吗？我这人一向就是人不犯我，我不犯人。人若犯我，我就生气！今天恰好我身上没现金，觉着已经到手的便宜没占成。就像在北京坐公交，本来1元人民币的票价已经很十分便宜，但有公交卡后，4毛人民币的票价已经习惯了，再让我花1元人民币买票就跟要我命一样难受。美国有许多地方都有现金优惠，不光是饭店，很多加油站门口都打着大幅广告："现金加油优惠1美分。"

　　下午唯一的活动就是康宁玻璃中心，我是没有一点参观的欲望，美国的玻璃器皿或工艺品在国际上也没什么声望，要买也要去卢森堡啊。我一个人在中心外的屋檐下压腿抻筋，那里的保安看着我都奇怪，从没见过下雨天一个人在展馆外干这种勾当。我也被保安看得不好意思，直接走进中心内部，不干别的就是上厕所。美国卫生间确实不错，值得中国学习。不光里面干净，各种设施还都很齐备，除洗手液、烘干机、干纸巾外还有专门给婴儿换尿布的台子。这里的手纸质量还都很棒，不像在北京，车里得必备一卷手纸。在美国就连在人迹稀少的海滩，临时搭建起来的简易厕所里都有手纸。

　　下午停车休息的时候，我们来到一个集市。集市里码放的都是农产品，最多的是超大型的南瓜，为7天以后万圣节准备的南瓜。西方的万圣节有点类似于中国的鬼节，万圣节里唱主角的就是南瓜与鬼怪。这一天全美国都充满了节

Memories of

日气氛，最明显的是所有商店都会布置上蜘蛛网、女巫、吸血鬼、骷髅头等。很多人家门口都开始摆上南瓜灯，这就跟中国的春节一样也要几乎过上半个月。万圣节当天，很多人家都会有Party，Party上吃的、喝的都要做成稀奇古怪的鲜血淋漓的样子。据美国万圣节协会的统计，万圣节应景商品的销售总额仅次于圣诞节，2008年就达到了50亿美元，2009年又增加了10亿左右。呈现在我眼前的南瓜有几千个之多，小的也就柿子那么一点，大的高度有我半个人高，差不多将近一米的高度。我都不知道这些美国人买这么大的南瓜该怎么抬回家去，喜欢动手的美国人会把南瓜买回家，把瓤子掏空，刻成各种表情各异的鬼脸，然后在里面放上小灯摆在门口。而门口摆着南瓜灯的家庭，就表示他们欢迎Trick or Treaters。在万圣节当晚，一定会有扮成小鬼的小孩子，三两成群，提着小南瓜灯，到附近人家敲门要糖果，冲开门的大人做着狰狞得表情叫："Trick or Treaters"（不给糖就捣乱）。我的小外甥和外甥女在我离开洛杉矶之前就已经开始盼着10月31日万圣节的到来，本来还想看一看在美国鬼节的夜晚，他们俩会把自己打扮成多么血腥恐怖的样子，但这次的美国东部之旅过后，我就要和朋友一起自驾车纵贯横穿美国大陆，肯定是来不及在万圣节赶回洛杉矶了。

　　夜色降临时雨越下越大，我们终于到达了美加边境的水牛城。平时我一般不吃晚饭，但今天一天都在寒冷的雨中度过，身体热量明显消耗过多，还是跟团里的团友一起进入了水牛城唯一的一家Food Court。进去以后看到这里的布局有点像北京大商场里五层或六层的美食广场，各种小吃一应俱全，但好在这里大部分都是中餐，只有几家墨西哥餐掺杂在其中。我把所有的门市问了个遍，千万别以为我有多大的食量，因为这里的门市都只收现金，不能用信用卡。我从头到尾一个不落地把所有门市问完，终于知道今天我的晚饭是泡汤了，我都怀疑我是不是被扔到了埃塞俄比亚，怎么信用卡就没一个人认呢？团友们很热情地给我现金，越热情我倒越不好意思起来，逃一般地出了餐厅。外面的雨越下越大，风也跟着狂舞，走在空旷的大街上，好像能听到尼亚加拉大瀑布的咆哮声。好吧！直接回酒店睡觉，明早在酒店的餐厅再吃吧。回到房间直接睡觉，从晚上9点多睡到早上6点半。中间夜里12点07分我姐还来电话，她那里还是晚上9点07分，告我手机已经给我重新充值，一不小心还冲了两遍，一共有

640 分钟。对于像我这样从不主动给别人打电话的人来说，64 分钟都是巨大的浪费，何况这 640 分钟的通话时间，我都想回到那个 Food Court 里摆上个摊儿，卖我这张 640 分钟的电话卡，而且也绝不收信用卡，专收现金！

　　第二天早上起来看到外面还是下着淅沥沥的小雨，美国的天公不作美啊！这要是艳阳普照的日子肯定能在大瀑布的边上看到彩虹，看来我来的不是时候啊。下到餐厅准备大快朵颐一番，没想到餐厅里摆放的都是又甜又腻的西式早点，一股奶油味活活把我推出了餐厅。回到房间把东西都收拾好，直接来到停车场，上了我们的大巴车。天还没有完全大亮，天空飘着像南方梅雨季节那样的毛毛细雨，好像连打湿你头发的能力都没有，但空气给人感觉很湿很凉，阴沉的天空也带给人丝丝的寒意。

　　我们的大巴车根本就没开两分钟，导游直接让我们全体下车，原来我们住的地方离大瀑布是这么近，难怪昨天我都好像听到了大瀑布的咆哮声。尼亚加拉河原为印第安的家乡，"尼亚加拉"在印第安语中意为"雷神之水"，印第安人认为瀑布的轰鸣是雷神说话的声音。在他们实际上见到瀑布之前，就听到酷似持续不断打雷的声音，故他们把它称为"Onguiaahra"（后称 Niagara），意即"巨大的水雷"。

　　让尼亚加拉河闻名于世的是位于美国水牛城和加拿大大瀑布两城之间的尼亚加拉大瀑布，这个瀑布无疑是世界最出名的瀑布，它以每分钟 4200 万加仑（1 美加仑约等于 3.7 升）的流速从 20 层楼高的高处狂泻而下，形成了这一世界奇观。尼亚加拉河横跨美国纽约州与加拿大安大略省的边界，是连接伊利湖和安大略湖的一条水道，河流蜿蜒而曲折，南起美国纽约州的水牛城，北至加拿大安大略省的杨格镇，全长仅 56 公里，海拔却从 174 米直降至 75 米，上游河段河面宽 2000 米—3000 米，水面落差仅 15 米，水流也较缓。从距伊利湖北岸 32 公里起河道变窄，河道变窄，水流加速，在一个 90 度急转弯处，河道上横亘了一道石灰岩构成的断崖，水量丰富的尼亚加拉河经此，骤然陡落，水势澎湃，声震如雷，形成了尼亚加拉瀑布。尼亚加拉瀑布的水流冲下悬崖至下游重新汇合之后，在峡谷里继续翻滚腾跃，在不足 2 公里长的河段上，以高于大瀑布的流速每小时 35.4 公里跌荡而下 52 米的落差，演绎出世界上最狂野、最恐怖、最危险的漩

▲ 尼亚加拉大瀑布

涡急流，冲进漩涡潭后又一个蛟龙翻身，经过左岸加拿大的昆斯顿、右岸美国的利维斯顿，冲过"魔鬼洞急流"，沿着最后的"利维斯顿支流峡谷"由西向东进入安大略湖。

尼亚加拉瀑布号称世界七大奇景之一，与南美的伊瓜苏瀑布及非洲的维多利亚瀑布合称世界三大瀑布。瀑布由"马蹄瀑布"（在加拿大境内）、"美国瀑布"和"新娘面纱瀑布"组成，其中后两个在美国境内。尼亚加拉的三条瀑布流面宽达 1160 米，虽然分成三股，却是同一水源，同一归宿——尼亚加拉河。尼亚加拉河 6% 的水从美国瀑布流下，其他 94% 的水是从马蹄瀑布流下。因而在加拿大境内的瀑布被称为"大瀑布"，在美国境内的瀑布则被称为"小瀑布"。马蹄瀑布的水量大，水冲到河里呈青色，而美国瀑布的水则呈蓝色。尼亚加拉瀑布的水在尼亚加拉河下游形成了一个长湖，主航道是加美领水分界。

尼亚加拉瀑布的磅礴气势刺激了人们丰富的想象力。有人描述说那深不可测的水国坟墓里，永远有着浪花和鬼魂，巨大得无物可与伦比，强悍得永远不受降伏。尼亚加拉瀑布的磅礴气势刺激了人们探险的强烈愿望。每年这里都有一些冒险者涉水在大瀑布横切出的峡谷边缘寻求刺激。1901 年，密执安州女教师安妮·埃德森.泰勒将自己装进一个木桶里从瀑布上冲下来,希望为学校集资,她和自己的小猫毫发无伤,可也没获得多少资助。如今,木桶的仿制品在大瀑布博物馆里展出,每年被几百万人抚摸。2003年10月21日,一名名叫科克·琼斯的美国男子跳入尼亚加拉瀑布,结果奇迹般生还。许多杂技表演艺术家也经常来到尼亚加拉瀑布一展身手。最早在尼亚加拉瀑布上走钢丝的人是法国走钢丝演员查理.布隆丹,1859年,他从一条长335米,悬于瀑布水流汹涌处上方49米的钢丝上走过。至今,还没有人打破他创下的记录。2005年"高空王子"科克伦用一根27公斤的竿子平衡,在大瀑布上表演走钢丝。2005年6月15日,一名61岁加拿大老人在大瀑布上的一根650英尺长,400英尺高的钢丝上一天两次行走,为儿童慈善团体等集资金。

　　导游带我们到瀑布跟前的时候,我才感受到那些探险者的伟大。别说让我在瀑布上冒险,就像我这么干站着都能感受到它那震天动地的气势。声音的巨响、大地的震颤、激起的水雾、游人的惊诧,这就是在大瀑布前每天都上演着的一幕。

▼ 连接美加两国的大桥

Memories of

深秋的美加边境被层林尽染的秋色所笼罩,原本绿色的树林现在却被枫叶红的叶子和温暖的鹅黄色叶子包裹,掺杂其中,间或出现的嫩绿色叶子显露出不肯褪去的盛夏的影子,大自然的鬼斧神工把震撼的瀑布与浓郁的秋色融为一体,让我们这些来自世界各地的游客完全浸淫于这片美景之中。

跟着导游我们一起下山,在栅栏前排起了长长的大队,这里是乘坐游船的入口。"雾中少女"(Maid of the Mist)号游船是尼亚加拉河游览项目最为有名的,自1846年开始,这艘著名的游船便日复一日、年复一年地引领游客与瀑布亲密接触。游船取名"雾中少女"也与印第安人有关。据说300年前,居住在当地的印第安人震慑于自然的威力,于每年收获季节时选一天,集合全村少女,酋长站立中央,引弓对天放箭,箭尖下落,离哪位少女最近,这一少女即被选为代表,被送上独木舟,舟中装满谷物水果,从上游顺着激湍冲下,坠入飞瀑中,于是人们都说尼亚加拉瀑布的雾气,便是少女的化身。

说来奇怪,我到黄石公园旅游的那天是公园当年最后一天营业,黄石公园每年就是五到十月开门迎客。今天呢?当我们这拨游客乘坐完雾中少女号游船,

▼ 深秋的美加边境

第四章 美国深秋东部游

尼亚加拉大瀑布就要关门歇业。真是巧合啊，这两个在美国极具盛名的旅游点只要我往后错过哪怕一天的话，那只有到明年才能弥补这个损失。在栅栏前排队等待的游客得有1000多人，由于还没到开放时间，每个人都有点急躁的情绪，现场多少显得有些混乱。但就在这混乱的地方，许多松鼠却若无其事地在人群面前左蹦右跳，而且还时不时地扒一扒人的裤脚，明白无误地向你挑明它们的想法：找你要吃的。看来美国的动物保护真是做到了极致，松鼠居然敢在1000多人面前毫无惧色地讨要吃的，这要换了我，敢不敢一表人渣地在1000多只松鼠前面站着都是问题。

栅栏终于打开了，我们一拥而进。走到河边重新排好队伍，工作人员给每位游客发了一件淡蓝色的套头雨披。我姐告诉我说乘游轮看尼亚加拉大瀑布肯定浑身淋个透湿，但今天领到雨披所有的顾虑都没了，雨披把我围了个严严实实，长度一直到小腿以下，就连脸部露在外面的部位都很小，完全会把水雾和人体隔离开来。雾中少女号游轮开到岸边，我们这些游客争先恐后地往游轮的二层甲板上跑。因为一层只有在靠近围栏的地方才能看到瀑布，而且视线肯定不如没有顶棚的二层甲板开阔，所以二层的甲板上已经只有往河里掉人的地儿了，想再上来一个人都不可能。所有的游客都是你蹭着我、我蹭着你，幸好有蓝色雨披，不然真成了贴面舞会。

游轮开始启动，船上的游客开始兴奋起来，一个个张着双臂大声嚎叫着。我本打算把相机从雨披里拿出来照几张相，但甲板上太拥挤，根本就腾不出手来。而且即使拿出来，能照到的都是人们的双臂和头顶，我还是依然保持站姿比较靠谱。甲板上人挨人地挤在一起，而且还有塑料雨披的原因，我们每个人都快要站热了的时候，游轮驶入瀑布区。漫天的水雾给我们的脸部带来一丝清凉，脖子以下还是热得厉害。游轮上的广播早已被游客的嚎叫声所淹没，随着水雾越来越大我们的游轮离瀑布越来越近；随着距离瀑布越来越近，二层甲板上的游客越来越少。确实像我姐告诉我的一样，游船到达瀑布下方的时候，整个游船被水雾包围，随着游船与瀑布距离的接近，水雾也变为瓢泼大雨。瀑布砸向水面的巨响以及水流俯冲而下产生的震动，使我们的游船颠簸异常。游客的尖叫声早已被瀑布巨大的咆哮声所掩盖，耳朵好像失聪一般，眼前都是慌乱的人

Memories of

▲ 游轮驶往大瀑布

群在晃动，就像是在一个轰隆作响的锅炉车间里看一场无声电影。

我的鞋子在 10 秒钟内彻底湿透，裤子不光露在雨披外的部分，就连雨披盖着的部分都湿透了。我也不知道这些水是怎么穿过雨披把我浑身浇了个遍的，就连头发都像是刚从澡堂子出来一样。二层甲板上的游客纷纷逃命般地冲向一层，我也跟着人群跑到一层。由于瀑布砸下来的水冰冷刺骨，我每走一步腿和脚都得被"冰镇"一下，看来我姐说得一点没错，那个淡蓝色的雨披真是不管用。二层甲板上的雨水像个小瀑布一样砸向我们一层的甲板，我们所有的游客就像被泡在河里一样，尤其游船转弯的时候，甲板的水都掀起了波浪，高度差不多到了脚踝的部位。尼亚加拉大瀑布的纬度位置差不多在沈阳和长春的中间，想想吧，10 月底的温度，再让冰冷的瀑布水泡一下的感觉，身体从里到外彻底冻了个透，我敢说现在这一船的游客个个都是吃冰拉冰的主儿，冰到身体里都不带化的。

回到岸上，导游看着我们这群性感的湿身游客，很可气地问我们要不要换身衣服。哪儿换去啊？怎么换啊？从里到外都湿了，我换几件啊？还是现实点吧，我把自己的身体想象成个 30 几度的肉熨斗，正在从里往外地熨烫着我的内裤、内衣、裤子、袜子、鞋！只可惜这个肉熨斗温度太低，不能很快把所有的衣服熨干。其实也不用着急，这不，老天又开始不失时机地刮起寒风来了，我估计用不了多一会儿这个肉熨斗的温度就会飞速提升。

到了午饭时间，我们又回到了昨晚去的那家 Food Court，我依然是没现金，为了避免团友的热情，我还是到旁边的商店逛一逛吧。这是一家旅游纪念品商店，里面的商品都是有关大瀑布的纪念品，但怎么看都觉得眼熟，好像这些纪念品的风格和北京天意里卖的有些类同，如果不出意外的话应该都是中国制造。在临出商店时看到架子上挂着的布包，差点没乐出来，布包有白色和军绿色两种颜色，挺时髦的方形背袋包，上面清清楚楚五个大字：为人民服务。百分百毛泽东题字，真不知道美国人能不能看懂这五个汉字，但价格着实不便宜，55美元一个。

回到车上拿出我包里的面包、香肠和苹果，这就算午饭了。下午的行程比较长，我们从尼亚加拉大瀑布到马萨诸塞州的波士顿要开7个半小时，基本上是一个正常上班人员一天的工作时间。车里的团友们差不多都被淋得透湿，所以车里的暖风开得很大，本来想用这7个多小时的时间给我写的上一本书再校对一下，但手捧着书没一会就被热风吹得五迷三道，迷迷糊糊之中脸上涂遍了甜蜜、头发丝挂满了幸福地睡了过去。如果不是我姐来的电话把我吵醒，我真不知道这一觉我还有没有醒的时候，太舒服了！本来在行驶的车上睡觉就特香，而且是在经历了大瀑布的震撼全身湿透以后，在热风吹遍全身的情况下，随着汽车的颠簸、伴着车里的音乐、混着湿鞋发出的潮骚、连着满脑子不着调的梦境，真仿佛进入仙境一般，这时候就是白送我一媳妇儿，我都会毫不犹豫地给踹马路对面去，简直是太舒服了！我姐告诉我第二天晚上在纽约的酒店已经帮我订好，还说地点是在长岛，难道是宋美龄居住的那个叫长岛的地方吗？

在我睡觉的这几个小时，坐在我周边的团友把我的书拿去看了起来，几个团友还有声有色地探讨起书中的内容。等我醒来以后开始不停地询问书中的情节，我也极为配合地、毫无廉耻地、眉飞色舞地和团友们交流起来。车内的气氛一下活跃了许多，我俨然成为团友中间的重要人物，所说的每一句话好像都是问题的最终答案，庆幸的是人家还都给我面子，任我一个人天南海北、云山雾罩、呲牙咧嘴地坐在座位上胡说八道。

　　坐在我身后的是一对来自成都的、在加拿大温哥华定居多年的夫妻，我们由于年龄原因谈得最为合拍，你一言我一语地好不热闹。我发自肺腑地对那个成都男人说："全团50几个人，我就看你长得像有钱人！"随着我这句话的停止，整个车厢陷入一片死寂之中。他媳妇睁大双眼，双手手心朝我举起来放在两耳边，惊讶地说："什么？他像有钱人？你别逗啦！"然后坐在座位上心情急迫地想听到我的反驳意见。我也没接她的话茬，一声不响地安坐在位子上。周边的团友全都以为我肯定是什么精通奇门遁甲、麻衣神相、达摩相眼、柳庄相法的高人，所有的人用一双双期盼的眼神活活将我掩埋，不一会儿所有的人又用欲语还休的神态把我刨了出来，大家还拿出众星捧月般的崇拜把我高高举起，一个个地离开座椅，屁股悬在半空就等着我把这句深不可测的话语挑明。尤其是这句话中的那个成都男主人公，面部表情显然已经背叛了他的年龄，明明想听到我说出逻辑严谨的具体剖析，但又碍于面子假作矜持，左眼与右眼的距离、嘴角与鼻梁的角度、脚踝与耳朵的位置、头皮与额头的分界全然不是一分钟以前的样子；整个身体在庄严与乞求之间徘徊、整个思维在混乱与期待之间交错、身体的交感神经与副交感神经严重错搭、皮肤的酸碱平衡瞬间崩溃、体内雄性激素与雌性激素完全倒置、全身的维他命 K 与维他命 B6 大打出手。我要再坚持下去估计就得出人命了，全身都能感觉到半空中几十双充满了期盼的眼睛喷射出来的目光的重量，身体彻底被这偌大的压力所屈服，心不由己、极不情愿、迫不得已地说出了我的答案："不信你们自己看嘛，他长得多像赖昌星啊！"嗨！原来是这么个"长得像有钱人啊"！几十个悬在半空中的屁股立马都摔回了自己的座位上，那对成都夫妻的肉体从充满意淫的架在空中的神往中一下就摔回到了充满潮骚气味的衣服里。

　　这对夫妻移民温哥华已经七八年了，老婆在成都时还是个公务员，据她自己说由于不会应酬，更不会讨好上司，在单位干得很不开心，一下狠心就移民到温哥华了。刚开始在超市做收银员，现在在蒙特利尔银行做柜员。老公在温哥华做中加外贸生意，已经完全适应了加拿大的枯燥生活。我们聊起了他们眼中的加拿大，这个国家很有意思，不像美国那样统一使用英制计量单位，也不统一使用公制计量单位。加拿大距离用公里,加油用升,身高用英尺,面积用平方英尺,重量用磅,温度用摄氏度,公制和英制混合使用。加拿大的消费水平要高于美国,汽油在加拿大1.5加元1升,不光比美国,就是比北京都要贵一些。房子也贵,美国加州最贵的房价是旧金山,但他们到旧金山旅游时都惊叹那里的房价能这么便宜。乘公车的月票要85加元,比波士顿和洛杉矶都要贵很多。加拿大的消费税是12%,这在美国我可是没有见到过。他们住在加拿大的人经常抽时间到美国的西雅图或者波特兰采购,尤其是波特兰,那可是免税的城市,价签上多少钱就是多少钱,就像在中国的超市里买东西。在温哥华的超市,你要是看上一件标价300加元的东西,买到手就得336加元了。

  我问那位女士加拿大的经济怎么样?她说和美国差不多,都是那种半死不活的样子,就像她工作的蒙特利尔银行,现在的业务主要就是靠华人。蒙特利尔银行可是加拿大五大银行之一,前台已经都是华人员工。因为现在加拿大也和美国一样,就是华人有钱,他们银行柜员的推销对象都是华人。加拿大的银行要收服务费,取一次钱收一次费,付一次支票同样收一次费。美国的银行和中国的银行一样,这些都是免收服务费的。加拿大的银行和国内不同,银行的前台都没防弹玻璃,这样方便柜员和客户近距离交流,和客户都快脸靠脸地交谈了。她在银行工作的时候遇到几次打劫,其中一次很有意思,一个白人排队到她的面前,伸手拿出一张纸交给她,上面写着:"2000加元,三四秒钟。"她当时没明白什么意思,还问人家你的卡呢?账号呢?驾驶证呢?那个人就是小声地对她说:"钱!钱!钱!"她这才明白过来遇到了她这一生中的第一次抢劫银行!但她的抽屉里只有一点钱,都是小面额的现金。因为如果要拿1000加元的话就必须通知经理,在旁边的保险柜里取,并且只有经理才能打开那个保险柜。那个白人就让她把抽屉里的那点现金给他,最后这个白人劫匪只抢走了160加元。抢完钱劫匪就走出银行,她用口型告诉站在大厅里的经理那个白人抢劫,经理明白过来后看着那个劫匪开车离去,立马把大门窗户全部关闭,同时报警。经理过来问抢走多少钱?得知只有160加元后给经理美坏了,恨不得要发她红包。由于经理记住了那个劫匪的车牌号,第二天劫匪就给抓到了。但令我感到不可思议的是居然几天以后就给放了,而且确认那个劫匪还是抢银行的惯犯的情况下。我问为什么呢？她的回答让我哭笑不得，因为金额太少，不值得判刑。合着加拿大抢银行不是按照性质定罪，而是按照金额定罪。那个劫匪真应该来中国抢一次，你看你一分钱没抢到的话得判多少年！我问她按照加拿大的逻辑我要是在加拿大的银行没抢到钱是不是就没事了？要是那个劫匪没抢到钱的同时还丢了钱呢？是不是政府还得给他补助？

　　她说第二次更有意思，我当时真是脱口而出："啊？还有第二次？"她说："当然了！我遇到的还算是少的呢！"这帮加拿大人是不是视抢银行如探囊取物一般？不过按照加拿大抢银行罪的定性方式来说，肯定会出现这种长江后浪推前浪的结果。她说第二次劫匪跳进柜台里，因为加拿大的银行没防弹玻璃，而且也不像国内有业务窗口。加拿大银行就是矮矮的一张桌子，坐在椅子上都能露出整个上半身的柜台。碰到个儿高的劫匪都不用跳，直接就迈进来了！那个劫匪手里拿着针筒让银行的人员拿钱，经理怕出事故也跑了过来把保险柜打开，由于时间不够只拿走了2000加元，但劫匪十分知足。在中国要是抢银行就抢到这点钱别说高兴了，匪徒肯定自己就撞柱子自杀了，出门还不得让同业人员羞死！更可气的是他的抢劫工具居然是针筒！这在中国拿针筒抢银行只有一个死法，疼死的！让气愤不过的群众一顿暴打，再让警察一顿狠揍，活活给疼死的。太气人了！敢拿个针筒抢银行？太看不起人了吧！

　　由于我们这个团是在美国东部旅游，这里的中餐那可真是恶心他妈给恶心开门——恶心到家了！我问她温哥华的中餐怎么样？她骄傲地对我说整个北美洲的中餐就应该属温哥华的最好，粤菜、川菜都特别好吃，因为当年很多香港知名大厨都移民到温哥华，所以那里的中餐水平自然是最棒的。我这次来美国第一站就是西雅图，本来打算和朋友一起开车到温哥华，顺着5号高速路也就两个半小时的路程。但我护照上的美国签证不能往返于美加两国，必须有单独的加拿大签证。下回去美国的时候真得提前在北京把加拿大的签证办好，开着车好好在温哥华转一转。温哥华也像西雅图一样，是个多雨的城市，而且温哥华的雨比西雅图还多。看来去温哥华旅游也得在夏季，冬季可真得被雨雪困在家中不能动弹。不过说实话，落基山的风景很棒，是我一直向往的旅游景点。这对夫妻把手机里的在落基山旅游的照片给我看，确实是人间仙境，美得都不真实了!

　　这对夫妻还给我讲起了温哥华的趣事,温哥华有个温哥华岛,面积达3.3万平方公里。这么大的地方就两部出租车,出租车司机也都是兼职的,你家有事打个电话给他,他再从家里开到你的家,然后去目的地。我真想象不出来3万多平方公里的地方这出租费一次得多少钱啊?而且据说这么大的岛,岛上的居民都互相认识,你想骗个谁、坑个谁都没这个机会。

　　还有一个他们的白人同事,有一天在公司里当着所有员工的面大骂老板,指天跺地发誓要辞职,大爷我不伺候了!大爷在这里是一天都待不下去了!一个月后这个白人又当着所有员工的面问老板还能不能回来继续上班,就一个原因:没钱了!这个白人一个月以前干嘛去了?难道不知道自己一个月以后就没钱了吗?说到白人我马上问了一下他们温哥华黑人多不多?他们说温哥华基本没黑人,那里的安全还是有保障的,去旅游肯定没问题。随着我们之间谈论的话题逐渐深入,夜色也开始慢慢降临,我们的大巴车驶入了美国最有文化的城市——波士顿。

美国最有文化的城市——波士顿 ▶▶▶▶▶

　　马克·吐温曾经这样描述美国最有特点的三个城市,纽约人见到你会问:"你有多少钱?",费城人见到你会问:"你的父母是谁?",波士顿人见到你会问:"你知道多少?"通过马克·吐温的描述我们可以看出波士顿是一个极为重视文化的都市,这主要得益于以哈佛大学为首的众多著名学府。这里是美国第一所学校和第一所大学的诞生地,也是美国第一个拥有图书馆的城市,无怪乎波士顿会得到"美国的雅典"的美誉。

　　波士顿创建于1630年,是美国最古老、最有文化价值的城市之一。听到这个城市的名字,蹦到脑子里的就是两件著名的历史事件——"波士顿倾茶事件"和"莱克星顿的枪声",他们都是美国独立战争的标志。1775年4月19日,美国的波士顿打响了美国独立战争的第一枪,爆发了著名的莱克星顿和康克得战役，由此发动了美国的独立战争。波士顿是美国东部新英格兰地区最大的城市，这里的人在美国以保守闻名，以正统自居。我姐一家原来在这个城市生活过4年，还在这里买过房子，说实话那幢别墅和现在洛杉矶的可真是没法比。姐夫当时在哈佛大学攻博士后，我姐在摩托罗拉公司做软件设计工作，公司里的白人曾经和她说洛杉矶的美国人就根本不能称作为美国人。我姐说洛杉矶的墨西哥人和华人比例很大，那个白人马上反驳我姐："洛杉矶的白人也不是美国人！"可以想见波士顿的白人是多么的保守、多么的排外。

  我们的大巴车停在了唐人街附近，下车后导游让大家自己找餐厅吃饭。我一个人打算先逛一逛唐人街。波士顿的唐人街，与旧金山、纽约的唐人街号称美国的三大唐人街。其实也就是大巴车停在这里了，不然我肯定是不会来唐人街闲逛的。因为唐人街给我的印象就是脏乱差，甭管是纽约、旧金山还是洛杉矶，都是让人感到落魄户的样子。我在旧金山的唐人街里吃早茶，里面的店员根本听不懂我说的中文，那里都是广东话、福建话、客家话的天下。洛杉矶的唐人街都快被越南人占领了，我去那里时居然看到西贡商场，唐人街里怎么会出现西贡商场？纽约的唐人街就更别说了，我在网上看到说纽约的唐人街极度繁华，我真不知道他从哪个角度、以什么姿势、用什么思维总结出这个结论。纽约的唐人街与其说是繁华不如说是热闹，与其说是热闹不如说是杂乱。如果夜里开着飞机往纽约唐人街投40吨炸弹，把唐人街里里外外地炸一个遍，第二天早起我敢保证没一个人能看出来这里被炸过，昨天这儿多乱今天还是觉得这儿多乱，唐人街的那些小老板该干什么还干什么。

  但据说波士顿唐人街是美国众多唐人街中居民素质最高，生活条件最优越的一个。走到唐人街正门，华埠牌楼上刻四个大字："天下为公"，这可是孙中山的墨宝。反面则刻着"礼义廉耻"，蒋中正的亲笔题字。虽然蒋委员长的题字高悬在牌楼之上，但牌楼下面的街面可是有些不顾礼义廉耻了，垃圾扔得满地都是，好像让我回到了纽约。两边的街上偶尔能看到青天白日旗，这好像是所有美国唐人街的logo，大陆人很少在唐人街插国旗。但不可否认的是美国有许多唐人街都是由大陆人控制，像纽约的唐人街是福建人的天下，波士顿的唐人街则是广东人说了算。但在唐人街的中国人都是那种家族作坊式的店铺经营

第四章　美国深秋东部游

模式，老一代移民在美国扎下根，等孩子长大了子承父业继续经营家族生意。这如果在20年前，中国出国的人数很少，来到美国那可是开洋荤啦！现在我相信国内任何一个二三线城市里的人，来到美国任何一个唐人街都会感到一种心酸、一种无奈、甚至是一丝怜悯。现在中国来美国留学的年轻人也越来越多，他们的思维更加前卫，唐人街这种老气横秋的状态很难吸引到他们的眼球，照这样下去唐人街的没落真就是个时间问题了。

　　走在波士顿深秋夜色下的唐人街，有种很特殊的感觉，从空气留给我的印象来说，洛杉矶是热带的气味，波士顿是欧洲的气味。空气的味道肯定是敌不过餐馆里传出来的味道，唐人街里中餐馆肯定是鳞次栉比地排满了街道两边的门面房。美国人的口味和品位似乎永远无法体会到中国菜细腻幽微的感觉，所以据说中餐馆外卖中卖得最好的总是甜酸鸡、古老肉，而甜不唧酸不溜的梅酱亦成为美国普罗大众最爱的中餐调料。所以这儿的中国餐馆可以分为两种，一种是做给中国人吃的，另一种则是做给本地人吃的。对于后者，如果中国人去吃饭，点菜时一定要提高警惕，否则极有可能吃到一嘴"改良"中国菜。在国外遇到广东人开的海鲜酒楼怎么都觉得怪怪的，首先你餐厅的中式装修就好像和海鲜不搭配，再一个人家美国人做的海鲜一点也不比中国人做得差，而且海鲜这种食材进了西餐厅总觉着很贫民化，但一进了中餐厅好像就是奢华的象征了。我看了看周边的餐厅确实有许多都是打着海鲜的幌子，一想也是，波士顿龙虾可是驰名全美啊！现在也正是吃龙虾的季节，到了波士顿谁不想试一试正宗的波士顿龙虾呢。其实波士顿龙虾只是借用地名给这种虾命名，并不是原产波士顿的最好吃，在美国吃波士顿龙虾最好的地方在美国东岸最北边的缅因州，那里的纬度最高，海水温度最低，海洋的洋流也更适于龙虾的生长。由于再过三天我就要和朋友一起自驾车去缅因州，所以今天在波士顿肯定是不会吃这里的龙虾了。

　　又在附近找了找有没有适合的餐厅吃晚饭，生怕找到"改良"中餐的餐厅，但从店外怎么区分这家店是传统中餐还是改良中餐呢？正在我迟疑之间，冷冷的空气中传来了涮羊肉的味道，那种在中国北方冬天里经常闻到的味道。哇！天气凉吃一顿涮羊肉可是绝佳的选择啊！而且涮羊肉对大厨的手艺要求极低，

Memories of

▲ 我在波士顿唐人街吃涮火锅的小店

就是小料的配制这一项而已。涮羊肉横不能再出个改良版吧？就是它了！直接走进这家餐厅，有点类似于国内的呷哺呷哺那种小火锅的形式。沿着墙边有一溜的吧台，顾客就坐在高脚凳上，沿着吧台排成一溜自顾自地吃着，如果把高脚凳撤掉，那这些顾客就跟马厩里的马一样了。我没坐在墙边，而是找了一个有服务台的吧台坐了下来。每个顾客面前都有一个小火锅，底下压着一份点菜单。这里的服务员很多都是勤工俭学的中国留学生，中文交流起来很方便。天气既然这么凉，我还是来份羊肉吧，又配了几个素菜，一直吃到我满头大汗，结账加小费才18美元。算错了吧？北京的羊肉在农贸市场里还得40多一斤呢，我这儿连肉带菜加啤酒地一顿猛造，把汗都吃出来了才18美元？在美国买18张报纸的钱！我赶快又问了一遍那个漂亮的女收银员，结果得到的回答依然是18美元。怎么说呢？我当时真是无法表达我的感激之情，唯有让我对女收银员以身相许到她的洞房才能使我没有任何愧疚之心。在那个秋风飒飒的波士顿唐人街的夜色里，那个漂亮的女收银员死也不会想到一个来自北京的旅游者会对她产生了如此复杂、抽象、荒唐的情感集合，在她还毫无知觉的情况下，我已经被自己感动得眼中噙满了口水。晚上11点钟到酒店打着羊肉嗝上床睡的觉，结束了 11 月 24 日的行程，而且经过整整的一天，跑了接近 800 公里的路程，兜里才少了 18 美元。睡梦中我真想不到这么安逸的一个城市会在我离开 142 天以后发生轰动世界的马拉松爆炸案。

2012 年 11 月 25 日早上被客服叫醒，起床后拿出了我的早餐，面包、香肠连吃了几天，看着这些我都反胃，还剩下点面包和香肠直接扔垃圾桶里，实在吃恶心了。面包和香肠在我小时候一年只有学校春游和秋游的时候才能吃到，不光是我，我身边所有的同学基本上都是和我一样。想想吧，这是多么难得的美味，一年就两次啊！比现在很多女孩一年打胎的次数都少！诶？我这脑子怎么把这俩东西放一块了？反正甭管怎么说，面包、香肠在我小时候绝对是珍馐美味，可现在却成了我极为厌恶的丢弃之物。面对着墙面的镜子，我由衷地对镜子里面的自己说："牟鹏，你长大了！"镜子里的我反馈出极为赞同的表情。行了！别感慨了，赶紧穿衣服吧，我这身材也不好看，对着镜子瞎看什么呢？马上就要集合了，我这还一个劲地"长大了，长大了"。再不下楼大巴车非扔下我一人走了不可。

今天我们要去的地方是世界最著名的高等学府，哈佛大学和麻省理工学院。这两所大学其实在一起，都位于剑桥城，麻省理工学院靠南一些位于查尔斯河畔。

哈佛大学原名剑桥大学，美国的清教徒牧师约翰·哈佛将自己的一半遗产和 400 本图书捐给了大学而得名哈佛大学。1639 年的时候哈佛捐了 779 英镑，按每年增长 6%，每 12 年翻倍的增长率，到 2011 年已经翻了 31 番，相当于至少增长 11 亿倍。美国总统中有八位出自哈佛大学，包括现任总统巴克拉·奥巴马，这里还是 44 位诺贝尔奖得主和 30 位普利策奖得主的母校。在此求学的中国著名学者也很多，包括林语堂、赵元任、陈寅恪、竺可桢、梁实秋、梁思成等人。我姐夫也是哈佛大学的高材生，有次吃早饭的时候不知怎么回事和他聊起了哈佛大学。用他的话说是在哈佛能学到的知识在别的大学也都能学到，唯一的区别是等你毕业以后找工作的时候，你能说有无数毕业于哈佛的同学。这是什么？美国人可是最强调自我、最鄙视乱攀亲戚的，同学是同学、你是你！这种说法确实没错，但只限于美国的一般人。如果你是哈佛毕业的，或是像剩下的常青藤联盟的七所大学以及与之类似的学校毕业的，例如斯坦福、加州理工，那就

Memories of

▲ 哈佛大学里的哈佛广场

要用另一种标准去衡量你的能力了。在这一类大学毕业的学生都被美国及世界顶尖的公司抢走，如果你能有这样一帮在世界级企业工作的同学，20年以后你的社会人脉、行业人脉将是什么样子？对名利的崇拜可不是中国人的专利哦！

　　哈佛大学有许多流传于世的名言，随便举个例子：Only has compared to the others early, diligently diligently, can feel the successful taste.（只有比别人更早、更勤奋地努力，才能尝到成功的滋味。）这句话在中国古代就有啊："早起的鸟儿有虫吃。"不是一个意思吗？为什么从哈佛传出来了就是名言？那我要说早起的虫儿被鸟儿吃呢？难道不是更为客观的评述吗？再来一个例子：Please enjoy the pain which is unable to avoid.（请享受无法回避的痛苦。）这句名言让我想起了心理学中对一个单词的定义：当一个人陷入一种痛苦之中，并且长久不能摆脱这种痛苦，而后会慢慢地喜欢上并享受这种痛苦，这种现象就叫自虐。最让我反感的一句哈佛名言是：Perhaps happiness does not arrange the position, but succeeds misarrange the position.（幸福或许不排名次，但成功必排名次。）这就是典型的功利主义了，一个学校这样教育学生吗？在极为注重平等、人权的美国，这么功利的口号能成为名言，是不是只有在哈佛才能见到。如果这句话反过来说我觉得倒是更合适一些："只有拼命追求所谓的成功才会在乎排名的高低，

第四章 美国深秋东部游

但幸福你永不需要在乎它的排名!"

哈佛大学在网上最出名的是一张名为《凌晨四点的哈佛图书馆》的照片,告诉世界所有的人,哈佛大学是个不夜城,但"不夜"的不是娱乐而是读书。我在上一本美国的游记中曾经写过中美教育的不同,中国的基础教育学习量极大,而美国的高等教育学习量极大。我承认那句话,努力是通往成功的捷径。但努力只是一部分,并不是全部,就是说光凭努力是推导不出成功的。就像连儿童都知道的那句名言,爱迪生说:"天才是百分之一的灵感,再加上百分之九十九的汗水。"但爱迪生的原话可不是这样,爱迪生真正的原话是这样的:"天才是百分之一的灵感,再加上百分之九十九的汗水;但那百分之一的灵感是最重要的,甚至比那百分之九十九的汗水都要重要。"所以要想找到对"断章取义"最好的阐释,那么爱迪生这句名言最为合适不过了。门捷列夫的化学元素周期表你能想象是在梦中得到的吗?1869年2月14号星期五早上,门捷列夫三天没睡就想化学元素周期的事,想着想着累得不行了睡着了,一睡着之后就出现一件事。他居然做梦,梦见了他即将要发现的这个周期表完整地出现在梦境之中,

▼ 哈佛大学校园

所有的元素安放其位,他醒过来立刻把它写出来,那么这就是我们现在所知道的周期表。还有莱布尼茨是如何发现二进制的?是努力吗?当然不是,是看到了中国的太极图使他豁然开朗。

没有努力肯定是不成,但光凭努力还是远远不够的。就像北京的新发地菜蔬批发市场里的那些辛苦的菜农,每天凌晨2点到5点是最忙的时候,而且还是在室外,不是在图书馆里,一年365天没有一天休假,要是努力就能成功的话,以这个逻辑就能推导出任何一个单位的员工都是不努力的人!任何一个单位的领导都是最努力的人!在现实社会中显然不存在这种逻辑,努力只能是成功的一部分,并且大多数没有成功的人,不成功的原因绝不是因为没有那些成功的人努力而造成的。哈佛大学里还有一句名言:现在偷懒瞌睡流的口水,将成为明天的眼泪。(Now drips the saliva, will become tomorrow the tear.)如果改成"现在整天不睡觉流的眼泪,将成为明天躺在医院里流的口水"也挺不错,而且更加客观一些。

我当然是开玩笑,但哈佛大学毕业生的成功不能归功于夜里4点还在看书,在美国其他大学你也夜里4点看书,学习肯定也差不了,但毕业以后可别想有哈佛毕业生那样的待遇。人光凭自己的主观能力还是有所欠缺的,还应该善于创造一个客观的人文环境,以此来相辅相成,这就是中国传统文化里的阴阳相合,整体平衡的观念。

我从大巴车向外看去,10月底的波士顿秋意正浓,远处一片片红黄绿相间的树叶在秋风中摇曳,美国东部秋天的气温和北京差不多,但美国东部的秋意要比北京浓许多。距离哈佛大学已经很近了,看到车窗外的牌子上写着"剑桥城",怎么英国的地名搬到这里来了?仔细一想,可不是嘛,哈佛大学原来的名字就是剑桥大学。这里的一砖一瓦、一草一木都有浓重的文化气息,难怪马克·吐温认为波士顿是最有文化的城市。我在北京住的地方也是学院区,清华、北大以及原来的八大学院等,这些中国重要的大学都在我家附近,大学对我来说肯定不陌生。但波士顿这座有着众多大学的城市(波士顿大都会区拥有超过100所大学,超过25万名大学生在此接受教育)和北京的学院区比较起来有很大的不同,这里的大学是没有围墙和栏杆的,大多数都是由校园发展起来的小

第四章　美国深秋东部游

▲ 全是谎论的哈佛铜像

镇慢慢和城市接壤，最终融合成一体，哈佛大学校园里找不到名字，跟社区也是联通着的。北京的大学被形容为最纯净的地方，我想其中的原因就是严格地把大学与社会隔离开来，让学生们远离社会的喧嚣、社会的风气、社会的现实，能安安静静地在一个相对封闭的区域内专心于学术领域。可世界最著名的哈佛大学却完全是敞开式的，回到国内以后如果人家问我哈佛大学的大门朝哪边开，我会毫不犹豫地告诉他："哈佛大学就没大门。"

我们下了大巴车，第一个要去的地点就是著名的哈佛铜像。铜像为什么这么有名呢？我想是哈佛大学的名气，再有就是名人崇拜的原因。在哈佛铜像的周围，每天都有数以万计的参观游客，而且好像无一例外地都要摸铜像的脚，据说这样可以给自己的后代考学带来好运。反正我看到的中国人都是争先恐后地摸着铜像脚部的鞋头部分，整个铜像就那双皮鞋干净，而且还锃亮得直刺眼。其实这个哈佛铜像是雕塑家想象出来的，这雕像的底座刻着：John Harvard, Founder, 1638（约翰·哈佛，创立人，1638年）。就这么短的三句话居然隐藏着三个世界著名的谎言。谎言一，这个雕像并不是哈佛本人，而是一名叫霍尔（Sherman Hoar）的学生。1884年，哈佛校方找到了雕塑家法兰西（Daniel Chester French），要为约翰·哈佛塑造一座纪念铜像。哈佛先生都死了200多年了，并且由于1764年哈佛楼的那一场大火，把所有约翰·哈佛先生的图片资料都烧毁了，这个法兰西先生就从哈佛大学1882级的学生中，挑选出霍尔为模特儿雕塑成了这座哈佛铜像。从此，这座高高地坐在椅子上，右膝上放着一本书，目视前方，故作沉思状，并与哈佛的崇高和智慧联系起来的人就被误认为是哈佛本人了。谎言二，约翰·哈佛不是学校的创办人，而只是一名把自己遗产和书籍捐赠给学校的牧师，多亏这位英年

Memories of

早逝牧师的捐赠，哈佛才能在艰难世道中得以保留。谎言三，哈佛大学不是建于1638年，而是建于1636年，1638年是哈佛去世的时间。合着大家虔诚膜拜的人物居然和哈佛一点关系都没有，还好我没有"哈佛崇拜"的心里，不然又磕头又摸脚地忙活了大半天，都不知道给谁忙活呢！

说实在的，如果这里没有图书馆的话我真找不到一丝的大学印象，简直就是个北京的普通大院。里面匆匆而过的行人和北京的街道上的行人没有什么区别，虽然也能看到手抱书本的学生，但众多来自世界各地的旅游者却把学生人数的比例降低了很多，看不出那么浓重的学术氛围。本地的居民这一大早上的也在大学里闲逛、跑步，居民小区的感觉倒是凸显出来。我身边一个本地的中年妇女带着自己的大狗在校园里散步，大狗看见前面几十米处有一只雌孔雀，这只大狗二话没说就窜了过去，雌孔雀受到惊吓，一下子飞到了10多米的树上。我仰头望了望孔雀，低头看了看大狗，跟二傻子一样呆呆地站在原地。这是我这辈子第一次看到孔雀会飞，我原来一直以为孔雀和鹅一样都是只能行走的动物。看来哈佛大学就是哈佛大学，刚一进来就能长知识。

我们来到院外，这是个叫"哈佛广场"的地方，真是卖什么的都有，完全就是个哈佛的CBD。地铁也直接开进广场里，公车也直接开进来，一片歌舞升平的景象。真不是我瞎说，我居然看到了这里还有卡拉OK厅，在美国最热闹的纽约、洛杉矶、旧金山这样的大城市我都没见到过，却在美国最保守的波士顿哈佛大学校园见到这样的娱乐场所，着实出乎我的意料。这个广场许多家小店都很精致，充满了人文关怀的气氛，看着这些小店都觉得很有文化。我妈在我来波士顿前告诉我，"哈佛广场"附近有一家卖玻璃艺术品的小店，如果能找到那家小店，那里的玻璃艺术品得多买几个带回国。可我在附近转悠了半天，就连卖钻石的我都给转出来了，就是找不到哪家是卖玻璃艺术品的。

导游带我们来到广场东南角上的一个餐厅，看来这应该是这里最火的一家餐厅。这刚几点啊，餐厅是人满为患，在波士顿10月底的早晨，连餐厅外的座椅上都坐满了顾客。其实我来这里就是上个厕所而已，这里的西式糕点看着都难受，尤其是早饭，我可绝对吃不下那些又甜又腻的东西。这里的生意兴隆还得托美国人天生慵懒的福，全世界平均每天下厨时间最少的国家是哪个？据美国 NBC 电视台的报道，美国人以平均每天花费不到半小时烹饪而勇夺桂冠。说美国人懒也好，说美国人生活高效也罢，美国百姓对饮食要求不高是实话。虽然同属西方发达国家，美国人的生活显然不如欧洲人过得精致，这一点可以从美国人的饮食习惯看出，美国随处可见的麦当劳、汉堡王等快餐连锁体现了美国人简单快捷的生活方式。美国人的生活节奏快于欧洲人，美国人因为没有闲暇时间坐在街边享受咖啡而创立了星巴克咖啡连锁，这样人们只需要花几分钟的时间抓上一杯咖啡，然后边走边喝就行。

波士顿的麻省理工学院和西部的加州理工大学一东一西地坐落于美国大陆，这两所最知名的理工科院校是多少国内学子所向往的学术圣地啊！麻省理工建于咸丰11年，我这么说非把美国人听晕了不可，其实就是1861年，也就是咸丰皇帝死的那年。得！我又给绕回来了！这所大学到2009年为止总共出了78位诺贝尔奖得主，可见麻省理工的名望可不是忽悠出来的。工程系是全世界各地的学子公认的最难读的科系，美国政府甚至曾经说过，如果麻省理工不在了，将会危及美国国家安全，这么大的一顶帽子可不是谁都能戴上的。这里的学生一个个地看着就是那么精明，大脑发达得就跟长了一脑子肌肉似的。从这所大学出来的著名华人有钱学森、贝聿铭。

麻省理工离哈佛很近，在哈佛广场坐地铁两站地就是麻省理工。虽然哈佛也是世界著名的学府，但好像和麻省理工之间能"和平相处"，但它真正的对手加州理工大学，可是和它有很深的"渊源"。2005年，一些加州理工学生来到麻省理工，向准备加入麻省理工的学生散发T恤衫。这种T恤衫看上去很像麻省理工的校服，但背面却印着："因为并非所有人都能加入加州理工。"这下可把麻省理工的学生们惹火了，直接把报复的对象定为加州理工的镇校之宝，即在每年的开学和毕业典礼上，加州理工学院都要鸣响的一尊大炮。

2006年，麻省理工的学生编造了一家子虚乌有的公司"豪和塞尔搬运公司"，用伪造的文件骗过加州理工学院的保安。随后，一家真正的搬运公司把这尊加农炮从西海岸的加州运到了东海岸的马萨诸塞州。把这尊大炮摆放在麻省理工校园内的一处空地上，紧邻一片草坪，炮口对准加州理工所在城市帕萨迪纳的方向。炮筒上套着一个超大号的麻省理工校戒，附近地上的一块牌子上写着："前

Memories of

▲ 麻省理工学院

任主人——加州理工学院，装扮成豪和塞尔搬运公司员工的麻省理工恶作剧者于2006年3月28日盗取了这尊加农炮。"加州理工学院校长、前麻省理工教授戴维·巴尔的摩称麻省理工此次行动是一个"富有想像力的回应"。加州理工学院学生会主席托德·金里奇说，加州理工肯定要把大炮要回来，而这次事件预示着"未来新一轮的较量，而这正是令许多加州理工学生激动之处"。这件事要是我这样的人干的，那就是典型的从小到大都不务正业。但麻省理工的学生干这件事就是智慧灵光的闪现，这种把戏要是我亲手完成的，肯定被警察抓去，判几年先不说，最起码没人给我一个"富有想像力的回应"的评价。

麻省理工的主楼是一个写有麻省理工全称和它的创始人威廉·巴顿·罗杰斯名字的建筑，门口有8根白色的大圆柱子支撑着，房顶有点类似于华盛顿国会山的圆顶，看着确实有点气势。不过联想到在麻省理工的学习过程，总觉着这个建筑像个高压锅，在这个高压锅里把自己压烂了，也就差不多能毕业了。麻省理工的学生觉得最奢侈的东西就是睡眠，谁要是能安稳地美美地睡上一觉，那真是对自己最好的奖赏。据说很多学生正常的睡眠时间也就3个多小时，而且还不是一天两天，就这么长久地支持到毕业为止，理工科学生好辛苦。

第四章 美国深秋东部游

在校区里闲逛走到了查尔斯河边，这条 6 英里长的河可是波士顿的灵魂，它把波士顿和剑桥城南北隔开，站在麻省理工的岸边遥望波士顿的 downtown，整个景象都倒立在深蓝色的水中，加上波士顿深秋的气温，真好像要把波士顿迷人的秋季景象在水中进行一番"保鲜"。查尔斯河岸边，或远或近，有的白壁金顶，有的红墙巍峨，掩在苍翠树木中，给查尔斯河又添上了一道人文景观。两岸有很多公园，都是免费的。很多大学生以及周围居民周末到这儿跑跑步、读读书、聊聊天、晒晒太阳。这条河每年端午节的时候都要举办龙舟赛，龙舟赛从 1979 年就开始举办，2012 年已经是第 33 届了。参加龙舟比赛和武术表演的不光有中国人，也还有喜欢中国文化的美国人。虽然都是业余比赛，但丝毫没有减少参与者和参观者的热情以及剑桥城的热闹节日气氛。当年我姐夫在哈佛念书时，我父母来波士顿每天都要在河边散步，波士顿给他们老两口留下最深的印象的就是查尔斯河。

新英格兰地区最为出名的便是它变化莫测的天气，有时 3 月会像烤炉，6 月像冰箱，7 月打哆嗦，11 月又会直冒汗。今天的气温可是不高，我们来到海边

▼ 遥望波士顿

Memories of

的长港码头,准备坐游轮观赏整个波士顿的 downtown。这个建于 1710 年的长形码头是美国的第一码头,曾一度成为美国最繁忙的码头,也创出不少美国第一。1790 年,美国首次完成环球航行的 Columbia Rediviva 远洋轮就从这里出发直达中国。而在 1895 年,Joshua Slocum 在他首次的单人帆船环球航行中,也是在这里登上浪花 (Spray) 号踏上征程的。

上到我们的游轮,海面的风很大,还好我穿的是一件厚的双层皮夹克,别的团友被风吹得都不敢在甲板上站着,只能跑回舱内隔着玻璃看海景。我父母对波士顿的感觉就是一个字:旧! 10 多年前他们在这里住过半年的时间,回国

▼ 波士顿海边的住宅

◀◀◀◀◀ 第四章 美国深秋东部游

给我讲述的见闻都是围绕这个旧字,这在我心里烙下很深的烙印。但今天我来到这里看到的却是另一番景象,秋日下的波士顿展现在我眼前的是一种"深邃",哪儿哪儿都充满了厚重、哪儿哪儿都显示出底蕴,绝不像一般的都市表现出的无所不在的浮躁、千篇一律的嘈杂。也许是我来这里的时间整个城市还没有完全醒来,也许是我们的游轮距离陆地稍远,耳边唯一的声音就是游轮冲击海面的波浪声,远处的downtown就像静止在明信片里的画面,加上深秋时节波士顿凉凉的空气,眼前的景象仿佛完全凝固住了一样。海面上游弋着许多白色的私家游艇和帆船,被蔚蓝的天空和湛蓝的大海夹在其中,好似精心设计出的画面,

Memories of

▲ 波士顿海港

一下让自然的风景灵动了许多。我眼前的波士顿和我父母讲述中的波士顿简直是天壤之别，这里的景色我真是无法借用文字来表现，我甚至都怀疑上学的时候我的语文是不是跟体育老师在操场上学的。

这个码头里最著名的就要属"宪法号"军舰，它是世界上服役时间最长的军舰，而且从未打过败仗，可谓战绩辉煌。它于1797年10月21日下水至今还在服役之中，现在战舰上的55名船员均为美国海军现役军人。这艘战舰最为出名的两次海战是于1812年8月19日下午在波士顿外海600海里处，击沉英国军舰HMS Guerriere号，和12月29日击沉英国的另一艘名为Java的战舰。就在我来到这里的67天前，也就是2012年8月19日，这艘200多年的老舰从波士顿港口出发进行了一次10分钟的巡航，以纪念那场发生在200年前的海战。"宪法号"安静地停泊在港口，桅杆上的帆不可能撑起来，三根桅杆孤零零地戳在甲板上，让我怎么也想象不出它当年乘风破浪、勇歼敌船的雄姿。

回到岸上以后导游带我们去参观波士顿的历史名迹，体会一下当年那些被欧洲教会排挤的清教徒乘"五月花"号横跨大西洋，来到美国这块土地以后的

第四章 美国深秋东部游

艰辛创业史。波士顿市中心有块面积达 59 英亩的土地，这个公园与其邻近的公共花园（Public Garden）都是波士顿城最为核心的地方。这就是美国最早的国立公园波士顿公园，1634 年以来，这里就是一个公共园地。公园主要被用作一个公共开放的公园供人们在此进行休闲娱乐活动。这个公园是典型的英国式花园，是城市中难得的绿洲。现在这儿是波士顿人休闲的理想场所，还能看到音乐家、表演家、演说者的表演。2007 年 8 月 27 日，两名青少年在波士顿公园被枪杀，其中一颗子弹击中附近的马萨诸塞州议会大厦。此后实行严格的宵禁，又遭到无家可归者的抗议而取消。公园外路边的街道是保留最好的新英格兰街道，路灯到现在还是烧煤气的，白天也不能关上。从节能环保的角度看这确实有些浪费，但当你深处这片有着深厚美国文化底蕴的区域里，煤气灯给你带来的感觉那可绝不是现代的街灯能做到的。

波士顿公园是波士顿自由之路的南端起点，所谓"自由之路"是一条从波士顿公园 (Boston Common) 到查尔斯顿 (Charlestown) 之间的一条由红砖铺成的，曲折延伸 3 公里多的街道，沿途多为 17、18 世纪的房舍、教堂和独立战争遗

▼ 游轮上遥望波士顿 downtown

Memories of

址，是波士顿历史发展的重要之路。将波士顿当地的名胜古迹由导览步道结合，让所有人以步行的方式畅游波士顿城市风光，进一步了解美国历史起源。对于观光客来说，自由之路是认识波士顿最好的起点。参加团队游的我不可能把这3公里多长的自由之路走完，但大客车带着我们走马观花地把途中主要的景点都走了一遍，终点是市中心最热闹的地方，在老市政厅附近我们所有团员都下车自由活动，顺便吃午饭。

老市政厅 (Old City Hall) 前面立有三座雕像，左边是本杰明·富兰克林，100美元上的那位；右边是乔赛亚·昆西（Josiah Quincy），波士顿第三任市长；而中间那个，竟是一头驴子。说起这头驴子，就不能不提美国历史上第7任总统——安德鲁·杰克逊（Andrew Jackson）。当年杰克逊竞选总统，对手把他叫作公驴（Jackass），以讥笑他长着一张驴脸。不曾想杰克逊欣然接受这一外号，并把驴作为自己的竞选标记，让对手大跌眼镜。后来驴子就成为杰克逊创建的民主党的吉祥物，一直延续至今。

再往前走就是波士顿最著名的昆西市场了，昆西市场有170多年的历史，这里的美食街号称世界第一，有许多老字号餐馆和小吃店有很高的声誉。市场外是挤满了艺术家和贩卖艺术品的小贩。昆西市场汇聚了各种各样的美食，这

▼ 昆西市场

第四章　美国深秋东部游

里有正式的餐厅，也有快餐小吃，人们能品尝到众人追捧的法国菜的高雅，也能领略土耳其菜的拜占庭风格，而风靡全美的亚洲美食更是比比皆是。对绝大多数来波士顿的游客而言，尝尝波士顿当地的特色小吃是必不可少的，其中新英格兰风味的海鲜浓汤和龙虾卷最受游客欢迎。喝海鲜浓汤、吃龙虾卷并没有特殊讲究，顾客们自己找位子坐下，然后手里捧着食物就这么吃起来，不用顾及优雅与否，只管享受手中的美味，这是美国人的生活方式。

每年的夏末秋初是龙虾上市的时节，在美国新英格兰地区的渔村里有一种暴殄天物的说法，当地人称他们"穷得只能吃龙虾"。的确，在龙虾大量上市的时候，这里的龙虾非常便宜，龙虾这种在其他地区被视为海中珍宝的海鲜失去了高高在上的尊贵，开始主动挑战人们的味蕾极限。不管你是否是海鲜控，昆西市场里的海鲜浓汤和龙虾卷都值得尝一尝，感受一下两百年古老集市的味道，感受一下舌尖上的波士顿。由于今晚和我一起驾车旅游的朋友就要和我在纽约汇合了，明天我们就可以去最好的波士顿龙虾产地缅因州，那里才是波士顿龙虾的"天堂"，我生怕在这里吃龙虾以后再去缅因会有味道上的比较，不能一下让我感受到最为纯正的波士顿龙虾的鲜美口味，今天还是选点别的东西吃吧。市场里热闹非凡，可能是快到万圣节的原因，太妃糖苹果是美国万圣节最具代表性的食物之一，深受小朋友的喜爱，昆西市场里的太妃糖可谓是千奇百怪，从式样到包装，从颜色到大小，从材质到价格叫人目不暇接。我看到最新奇的是水果太妃糖，直接把巧克力酱糊在一个大苹果上，正儿八经地摆在橱窗里和其他的太妃糖一起售卖。

昆西市场不是那种简易的露天市场，整个市场在一栋古老的建筑之中，里面的环境也是井然有序，更像是一条建在大厦里的精致的饮食购物街。对这里的好感不是凭借我的视觉，而是通过我的嗅觉。市场里众多餐厅散发出的气味不像是西餐厅里的风格，没有我讨厌的那种奶油芝士、西式面包的味道。一个年轻漂亮的白人女店员主动地向我问好，还给我推荐起店里的特色美食，温柔的语气、和蔼的态度、暧昧的眼神，就像要准备嫁给我一样。从这里往前数二十五个字都是我的臆想，当时那个女店员根本就没搭理过我，以我的英文水平和这副"尊荣"从来就没奢望过美女服务员对我这号的能真像对待"上帝"

▲ 波士顿 downtown

一样有什么微笑服务，只要不对我讥笑服务我就感恩不尽了。

其实我就是在她的店里买了一杯海鲜浓汤，人家犯不着哭着喊着非我不嫁。女人都喜欢长得坏坏的男人，并不是喜欢像我这样长坏了的男人，我那深不可测的面庞马上能让人想起一部著名电影——《苦菜花》，就这个长相唯一能让我感到庆幸的是自己是一个男人，不然的话每次相亲的时候我都得糊着面膜去。

说到在美国看到的美女，记忆最深的是在美国加州总能看到叫"白墨"的墨西哥裔女孩，其中有很多长得特漂亮，身材也不是普通墨西哥人那种五短身材，

第四章　美国深秋东部游

白墨女孩一个个地高挑、性感，腿那叫个长，就跟屁股长肩膀上了似的。我在圣迭戈的 Outlet Mall 里闲逛时和一个白墨女孩撞到过一起，那个女孩真有一种"惊艳"的美丽，也加上那时的我比现在坐在家里写书的我要年轻好几个月，没有现在这么难看，她那天使般的面孔和我这添屎般的面孔几乎贴在了一起，在我和她相互深情凝视的三秒钟里，当时我想娶她的心情就和她想啐我的心情是一样的迫切。

在昆西市场里吃完午饭从市场西门出来，对面就是著名的法尼尔厅（Faneuil Hall），独立战争爆发前，波士顿市民经常在这里集会，讨论独立与自由等大问题。美国人叫法尼尔厅"自由的摇篮"（Cradle of Liberty），现在是博物馆。今天的法尼尔厅门口依然是集会，依然是抗议，上百个年轻人在这里振臂高呼，我也不能完全听懂他们在这个"摇篮"外又争取什么自由，大概是需要有更多属于自己的自由支配时间。这大星期四的，你们一个个地就不上班不上学吗？能跑这儿来抗议不是挺自由的嘛？看来这些年轻人的自由时间已经多得可以没事儿就抗回议了，老板已经让你们有跑这儿来争取自由的自由时间了，你们还不满意吗？让你们来中国的私企里上一年的班，你们就会知道在中国上班比在美国上坟都难受。看着我无奈的表情，街边的老乞丐豁着牙给了我一个"无齿"的微笑。

离集合的时间还早，我转身向东冲海边走去，在万豪酒店边的长椅上坐了下来。对面就是地铁站，波士顿地铁也是按颜色分线路，分为红、蓝、橙、绿四条主要干线，有点类似于洛杉矶的地铁。但街上的行人和洛杉矶有很大的不同，并不是因为气温的原因导致的着装不同，而是每个人的神态，确实有些像马克·吐温说得那样，一个个地看起来都挺有学问，整齐划一地显出文质彬彬、道貌岸然、衣冠禽兽的样子。说到学问，想起了网上的一个笑话：孔子见老子。孔子问："您最近可好？"老子说："不过尔尔。"孔子问："您的学问研究得如何了？"老子说："陈陈相因，不甚了了。"孔子说："听说您还给人讲课？"老子说："以其昏昏，使人昭昭。"孔子一听，老子是高人啊，每句都是叠字成语。于是孔子说："愿与君饮酒畅谈！"老子说："咦，我的杯杯呢？"

集合的时间到了，我回到了大客车上。朝着纽约的方向驶去，意味着我将结束美国东部的这段旅程，而明天马上就要开始我的自驾车旅程，心情有些抑制不住地兴奋。多么难得的机遇，和朋友两个人一起走遍美国大地。人就要善于抓住机会，拿出只要给我一个支点，马上就能撬走你媳妇儿的霸气，向着自己的目标勇往直前。明天！就在明天！我将由北到南纵贯整个美国大陆，再由东到西横穿整个美国大陆，一路上会有什么样的美景？一路上会有什么样的危险？一路上会有什么样的奇遇？我将在单独的一章与大家分享。

第五章
旅游杂记

美国田园乐 ▶▶▶▶▶

  近些年来随着国内生活水平的不断提高,各个城市都开始兴起去郊区享受田园乐趣。北京周边的新型农家乐十分火爆,城里人可以在农村包上一小块地,种上自己喜欢的蔬菜水果,平时当地农民可以代为看管,自己有时间就来享受一下田园生活。远离城市的喧嚣,回归自然,体验一把当农民的滋味。

  在美国除了市中心那么一点地方高楼林立,围绕着市中心的大多都是独门独户的住宅,都有属于自己的前后院落。前院由于面对街道一般都是花草树木,后院完全就是自己的空间。业主想种草坪种草坪,想修个泳池就修泳池,基本上每家每户都在后院种一些水果,甚至是蔬菜。我姐家也不例外,后院种的果树有柿子、柠檬、牛油果,还有我不认识的应该是产墨西哥水果的果树。2012年的柿子已经结满枝头,冰箱的冷冻柜里还有不少去年没吃完的柿子。2011年年底我到洛杉矶的时候,我姐家的车库里堆满了成熟的柿子,再开冰箱的冷冻室也是满满的柿子。美国的柿子没有中国柿子扁,是长圆形的,味道和国内的扁柿子倒是一样。这下好,去年的柿子没吃完,今年的柿子又把树权压得低低的,再不摘又该烂在树上。可能是加州土壤的问题,也不用施肥也不用打药,到了季节直接采摘就可以了。不光我姐家,每家每户都是这样,所以自家院落的修整是美国家庭劳动最重要的一项。

  我在美国这段时间也干了一些农活,很有新鲜感,很有意思。最早是在西雅图,July的家门口种了几棵果树,有时没事在门口晒太阳,随手摘下水果用手擦擦就吃了，绝对无农药、绝对有机、绝对天然、绝对绿色。主要是味道出奇的好，就拿梨来说，我真没吃过这么好吃的梨，甜咱们就不说了，就是那个香啊，就跟香水似的，香到这样的程度还有那样的甜度，真是我这辈子吃过最好吃的梨了。梨树的旁边是苹果树，味道也还不错，主要是吃着放心，天然无污染。但自家的水果不知为什么没有商店里的好看，一个个长得歪瓜裂枣，没有一点的卖相，好在都是自己家人吃，也无所谓。苹果树的旁边是一种我不认识的水果，有点像李子，但颜色是紫红偏粉的颜色，很鲜艳，这要是在野外碰到，我估计我是不敢吃它。太好看了，不像食用的水果，甚至看上去都没有食欲，完全就是一个摆设。既然这么漂亮我就管它叫梅子，等摘下来试着咬了一口，哇！从舌尖到舌根，从牙齿到牙龈，真的是连假牙都能感受它的美味，真恨不得自己是个反刍动物，能把它藏在胃里，什么时候想吃的时候再给倒回来嚼一遍。但奇怪的是不知道为什么，松鼠能知道它成熟的准确日期，一夜之间就能把它摘个干净。所以人得时不时地尝上几个，味道差不多就得赶快摘回家，不然说不好就一个晚上一年的累累果实就被松鼠偷去了。美国的果树没人管理，我们真正能干的也就是剪一剪枝杈，而且一年也不见得剪一回。所以在美国说农家乐有些不太确切，我觉得应该叫田园乐。

9月11日早，我和叔叔来到院子里一起修剪树木，很有意思，各种工具很齐全。美国家庭的工具箱比中国的大很多倍，小到铲子改锥，大到除草机、切边机，大大小小堆满了车库。不到美国很难想象，因为美国的人工很贵，别管是庭院的修剪还是房屋的装饰，都得亲力亲为，相应的工具是一个都不能少。July 邻居家有两艘小游艇，我看见男主人带着孩子就在光天化日之下修着游艇，这得多大的工程啊？钣金、机械、油漆、电路、车工、钳工、铣工、刨工，哪个环节都不能掉链子，别说女人了，就连我这样的都想嫁给美国男人了。美国女人就是碰到别人牵来十头骡子，也绝不会把自己丈夫换出去，太好使了！一个个跟金刚葫芦娃似的，就没有他们不会干的事儿。

我和叔叔就是瞎起哄，这儿剌剌那儿锯锯，反正不到半小时也铺了一地的树杈子，我是挺有成就感。至于果树怎么样了？那得问美国男人了。院子里除了果树还有不少装饰的树木，有的像大芭蕉叶，有的像小型棕榈，还有的像沙漠植物。有的圆有的方，还有自然垂落的式样。我们干了一上午，没别的，就是胆儿大，真敢下剪子，咔嚓咔嚓地也剪满了两个大垃圾桶。在这里还得说一下美国的垃圾桶，美国是一星期收一次垃圾，所以家庭的大垃圾桶就和北京所有小区里的公共垃圾桶一样大小。垃圾有两批人来收，一批是生活垃圾，另一批是园林垃圾。垃圾费也是交两份，完全的两个部门。自家院子里的植物不加整修可是要挨罚的，所以有很多华人买了美国的房以后，又得收拾草坪，又得修剪树木，还要每天的浇灌，负担实在是太大，索性就把草坪活活改成水泥地的篮球场了。洛杉矶只要不是珍稀树种，在大街上能见到的除了橡树，自家其他的树你砍了也没人管你。

　　9月12日上午，叔叔突发奇想，想把后院的一颗小柏树移到前院来。我一看树也不大，肯定没问题。找了个铁锹在前院先挖个坑，一挖才知道土质层很薄，下面都是石头，还是最硬的鹅卵石。石头数量极多，根本就没有多少土，难怪邻居家都是买的腐殖土、营养土和表层土，挖出坑来一层层地往里填土。而且鹅卵石太硬，根本下不了铁锹，光听见刺耳的能让人起鸡皮疙瘩的"兹儿兹儿"

▼ 我在西雅图剪草坪

Memories of

声。回车库拿出短把儿镐，一点一点地往出刨，刨出的坑有多大石头就有多多，基本上就没有土全是石头。叔叔把柏树移过来，我到后院半箱半箱地铲出腐殖土，抬到前院把柏树埋起来。西雅图好像谁家后院都准备个大桶，就是秋后收集落叶在桶里与土混合，明年就会有自家的腐殖土了。别说，自家的腐殖土是真黑，而且土质松软，加上西雅图多雨的气候，早把腐殖土沤得黏黏的，别说是树，就是我光脚踩上去都得长个儿，沤出来的土那叫个肥啊。

家家户户室外都有水龙头，便于浇花浇树，因为西雅图是多雨城市，所以没有像洛杉矶那样的自动浇水系统。皮管子也都是每家必备的工具，抻出管子一顿猛浇，叔叔又找了几个树杈子从三个方向把树支牢。其实西雅图基本上没什么风，应该用不着支树。

隔了两天 July 买来汽油加到割草机里，我们开始用除草机修剪草坪。我肯定是头一回碰这个东西，先得看阿姨怎么操作。拉线启动，把手上边的压杆是机器开关，下面的拉杆是自动前进。机器启动以后，用双手的大鱼际压住压杆儿，其余四个手指往手心一勾，割草机就会自动向前割草，你只要把住方向就好，要不是来美国估计我一辈子也不会碰一下割草机的。割完草以后拿着耙子开始满院子地耙碎草，自己割草时一点没感觉，等耙出来一看，足足能装一个大垃圾桶。

在西雅图干的最离奇的农活是在 11 月 14 日早上，由于早饭做得太丰盛了，结果没收住，吃饭吃顶了。正愁着来点什么大运动量的活动能帮我消消食，叔叔在楼下叫我，而且还特急。我赶紧下楼问什么事？叔叔跟我说："我看中了路边一棵松树，老想给移到家里来，你阿姨就是不让。今儿趁你阿姨送孩子上学，你跟我走一趟，咱俩把那棵松树给扛回来种在前院，前院一松一柏多好看。"我有点迟疑，美国的法律条款细如牛毛，谁知道随意伐树是什么罪过？在中国都没敢把大街上的树挪家里去，这跑美国来了，我倒大白天的公然伐树？而且美国人看见了一般不直接与你接触，人家直接打电话报警。别我们把树挪回家，再让警察给堵屋里，我明天还得回国呢，会不会临走临走吃个小官司？

我这儿正满脑子翻江倒海，叔叔已经把铁锹、斧子、手套都放在大塑料桶里整个端了出来，二话没说就和我一起抬着去挖树了。走到一条较为僻静的小道，一颗不到3米高的松树矗立在路边的土坡上，周围都是杂草。我看着应该没问题，周边没有主路，而且这一带看着就像没人管理。废话少说，抓紧时间给它挪了吧。我上去拿铁锹把松树的根挖出来，幸好周围的土质松软，一点都不费劲。但没想到松树的根系十分发达，这时带来的那把斧子可就用上了，拿着斧子三下两下把根系剁断，抽出松树就往家走。叔叔本想把松树放到大塑料箱里我们两个人抬着，我掂了掂分量，我一个人扛回去肯定没问题，我就连走带跑地把树扛回家。在前院用镐刨出一个大坑把树放进去，再到后院铲了腐叶土，种在前院的柏树旁边。这棵松树的形状真是好看，地盘儿特别大，像个塔一样。再长几年当个圣诞树那是相当地棒啊！

从西雅图回到洛杉矶以后就一直忙着旅游，圣迭戈啊、墨西哥边界啊、黄石公园啊、总统山啊、盐湖城啊、丹佛啊，反正一直就没歇着，直到10月11日才第一次干了点农活。那天下午下雨，给我姐美坏了，心情极好。这和西雅图形成明显的反差，西雅图巴不得有个晴天晒晒。在洛杉矶我姐感觉下雨特有情调，我姐一觉着有情调就闲不住，把我叫到前院一起收拾起院子来。先是把前院的地灯全给换了，换上新买的地灯。美国家家户户院子的草坪里都插着地灯，晚上看着十分漂亮。这种地灯是太阳能的，不用费家里的能源，白天晒一天晚上自己就亮了起来，既节能又美观。我在北京的家楼下就是花园，晚上都要靠供电维持照明，确实消耗很多的能源。不光我们小区，我看国内的小区好像都是这样。如果国内也都采取太阳能方式，那就可太绿色环保了。

我姐边干边感慨一年多没这样的好天气了，这跟西雅图正好相反。加州在整日阳光的暴晒下，让人们整天都躲在屋子里看电视。突然赶上这么一个阴天，还下起了小雨，难得出来透透气，在这种天气下干活心情都愉悦。我姐把前院的玫瑰剪下来许多，让我到车库后面的小院铲一些土，把这些玫瑰种在小塑料盆里。前院的玫瑰是我姐在沃尔玛买的，一盆玫瑰9美元，这下自己嫁接玫瑰能省下不少。

洛杉矶的墨西哥人特有意思，由于他们把整个洛杉矶的园丁行业垄断，所以别管谁都得找他们做这些事情。他们在人家干活，看人家种的花好就直接拿回家，再把这些花50美元卖给邻居，或下一个有需要的顾客。他们偷了人家的从不脸红，而且你发现了他也无所谓，顶多就是把偷到的东西还你，就跟没事人一样，不存在一丝的歉意。你找他要，他居然跟没事人似的让你拿回去，显得他特大度，特体贴你。

别说下雨天干活就像小时候下雨天踢球，特别的舒服。这一下午觉着浑身的懒筋都给抻开了，心情也特别地舒畅。趁着高兴劲儿去超市买了发酵苹果汁和哈根达斯冰激凌回来吃。晚上天气凉了还把壁炉生起火来，烧的炭是用锯末和蜡做成的，只要把外面的包装纸点着就可以，能烧三四个小时。孩子们烤 Marsh Mallow，一种类似棉花糖的东西，软软的，串在铁钎子上，烤出来外焦里嫩，是美国孩子酷爱的食物。

第二天，也就是 10 月 12 日。我早上送孩子们去学校，看见家斜对面的邻居找了帮墨西哥人把家里来了个大清理。这个工程可是巨大，把院子里的大树给锯了，绿植已经把窗户都盖住了，全都修剪成型，前后院所有的草坪植物也都重新修剪造型。墨西哥人带着工具爬到大树的顶端，把巨大的树杈给锯断，整个大树就留了一个主干，其他的树枝和所有的树叶全都运到院外。剪下来的枝杈当时就放到粉碎机里，直接把锯末都喷进停在粉碎机前面的大卡车里。整套程序极为专业，从大型设备到施工人员，而且都是家族式的公司，数量极多，遍布洛杉矶，这就是为什么园丁业被墨西哥人垄断的原因。

下午两点半我姐下班回来吃了一点饭，看时间还早我就和我姐接着整理前院，今天主要是用切边机给草坪割边。草坪铺完以后过一段时间不但长度增长了许多，面积也开始加大，并不是扩大很多，只是四边的草坪开始漫过绿地的边角，直接爬上地砖很不好看。我姐从车库把切边机拿了出来，一个大约长两米多的机器，头部有个半圆的罩子，里面是一卷硬塑料绳，抽出十几公分，一按开关马上就高速旋转，就用硬塑料绳抽打地砖和草坪的界线，齐刷刷地就把草坪切割整齐。切边机旋转的速度极快，抽打出来的草根甚至石子儿要打到人脸上可不是小事儿，隔不了几分钟，切边机的硬塑料绳就会被抽断，也会飞出来，千万要加小心。由于我是新手，第一次用切边机，所以前院两块草坪还没切完，里面的硬塑料绳就用完了，只能暂时收工。我姐又把后院的芦荟全都挖了出来，栽到前院草坪周边的绿植带里。

第五章　旅游杂记

　　过了两天，也就是10月14日，由于是休息日，我和姐夫一起把前院最后一点工作干完。除了把剩下的一点草坪边角切割好，修剪绿植，再把高出来的土给清走，重新铺上腐化的树皮。绿植主要是一些类似小型棕榈的植物，都是针叶植物，就是一片大叶子上都是由无数针叶组成的，但每根针都十分的坚硬，而且还有倒刺，每一片大叶子中都窜进不少杂草，得把植物修剪以后再拿钩子把杂草勾出来。绿植带里的土地原来是拿白色的石头覆盖，我们重新把这里清理了一遍，高出的土和石头全都铲到大垃圾桶里，倒到车库后面的小院。再把腐化过的树皮扑在绿植带里，显得十分好看。美国的树皮都是回收后经过腐化的处理，打成两三公分的小片，深褐色的。把它铺到裸露的土地上也是十分的好看。正好车库里还剩下三大袋子腐化树皮，一点没糟蹋全都给铺上了。

　　我和姐夫一人带着一个草帽，穿一身破衣服外加一个破手套在院子里干着，我姐带着孩子们在屋里学习。好一幅家庭田园生活的美景，特有家庭温暖的感觉，真是羡慕一个家庭能这样的幸福。谁不想有这么一个幸福之家呢？我发自内心地想：我将来要有这么一个家该有多好啊！不由得让我想起了20年前一首红遍中国的由潘美辰演唱的歌曲：《北京的金山上》："北京的金山上光芒照四方，毛主席就是那金色的太阳……"好了，直接唱最后一句："巴扎黑！"

　　那天其实没干多长时间，主要是由于头天晚上遛狗的时候，在商店里看到一个在美国特别有名的饮料，我从来没喝过，包装也很诱人。所以就买了一大听尝了尝，结果是咖啡饮料。这下好了，晚上根本就别想入睡，一直到早晨四点多才睡着，八点多就起来吃早饭。这再一干下来还真觉得挺累，就这天干活印象深刻。

　　10月18日早起我送孩子回来吃完饭，8点40分开始整理院子，先把车库前的水泥一点一点地铲进大垃圾桶，总共4袋差不多三百多斤。然后把车库前的两大袋沙子铺到车库后小院里，整整把小院铺满了一层，别说还真是好看。车库前还有几摞砖头也移到后小院码放好，美国的砖头质量可不是一般的好，截面是正方形的长条砖，密度极大特别沉，我一次只能搬4块。院子里的东西清理干净后开始清理后院的地砖，有这么几百平方米的六边形地砖。主要是砖缝里的杂物和土，用硬塑料的扫帚一排砖缝一排砖缝地扫，千万不能着急，只要砖缝干净了，那地砖的表面就更不用说了。

　　从早晨8点40分一直干到下午2点20分，整整5小时40分钟的时间，累坏我了。干完刚10分钟我姐就回来了，看到院子焕然一新，每个砖缝都清理干净，真就感觉换了一个后院似的。这次清理出7大桶垃圾。第二天给收垃圾的气坏了，中午我出来到门口，看到总共7个垃圾桶，垃圾工把4个垃圾桶翻倒在地上对我发泄不满，而且很多垃圾就洒在马路上，我赶紧拿出扫帚扫干净，结果就马路上这点垃圾又装了两大桶。

　　第二天早上开车送完孩子后我去超市买啤酒，晚上我姐好多朋友来家里开party，我想索性就把后院彻底收拾出来。我姐说后院的大蹦床孩子们现在基本不玩了，在网上直接给卖了就好。那我今天就拆蹦床，这个蹦床有4米高，地下用20多个沙袋压着。我把沙袋搬到车库后的小院里，把沙子倒出来，加上昨天倒在这里的沙子，这样后小院就被白白的沙子整体覆盖，看着还特别干净。蹦床必须用专门的拆卸工具，各种螺丝螺母、垫圈皮垫、长短铁管、弹簧蹦垫全都卸下来放车库里。最难的就是主卧室外面院里的按摩大浴缸，得4平方米多的大小，家里两个大人两个孩子都能坐在里面，谁也不挨着谁地享受波浪按摩。听着是挺惬意，可谁没事会老在这里泡着呢？加州夏天太晒，冬天在露天浴缸里泡澡还多少有些凉，所以我姐一家刚搬过来的时候就用过一次，这么多年了完全就是个摆设。趁这次我在家把它收拾出来，也挂在网上，谁爱要谁要，一分钱都不用花，自己直接拿走就行。但好几年不用的东西，里面有雨水和树叶，都把水泡成深褐色了，我得把这些脏水彻底掏干净。连接电动浴缸的总闸门我找不到，下水口更不知道在哪里，索性往浴缸里加了几百升的水，我戴着草帽，穿着大背心、大裤衩、拖鞋就跳进大浴缸里，一点一点地往外掏，整整一个半小时，才算把浴缸搞定。

　　最后再把院子重新扫一遍，这下整个院子就像是别人家的一样，彻头彻尾地发生了质的改变。我姐晚上回来真是大吃一惊，明明就是自己家的院子，可是看上去面积得大出了一半。她马上拿出相机拍了照，把照片用电脑传回家里，让我爸妈也看一看。别说，不要钱的东西是受欢迎，上午刚把浴缸的资料放在网上，晚上一对白人夫妻就来看按摩大浴缸，感觉十分合算，但浴缸太大太沉，

▲ 我打扫出来的后院

只能第二天雇几个人开着大皮卡来拉。下午还有人来买蹦床,交了20美元的定金,也是第二天开大皮卡来拉。效率是真高,一天就把老早就筹划干而一直没干的事情彻底解决,心情特别地痛快。而且第二天我就要去纽约,还要开车横穿和纵贯整个美国大陆,这一天要是没有完全干完的话,真不知道还能不能抽出时间。我姐和姐夫平时也是特别地忙,根本抽不出时间干这些,如果我不帮忙指不定又得等到哪年哪月了。

由于姐夫要去旧金山和上海开会,我就提早结束美国的自驾之旅,11月5日就赶回洛杉矶,以便帮我姐接送孩子上学或上补习课。刚回来那天夜里停电,当时是凌晨2点,由于之前两天的时间就经历了3个小时的时差,所以我以为自己倒时差没倒过来。可打开百叶窗一看,天已经开始亮了,起床发现已经是5点50分了。在我离开洛杉矶这20天里,姐夫把家里一颗摇摇欲坠的大棕榈树让墨西哥人给砍掉了,不然的话看着很危险,遇到地震或大风,万一倒下来正好能砸到屋里。

墨西哥人做事情是管杀不管埋,把树给锯了,落了一院子的锯末和树叶,姐夫大概整理了整理，但还是很乱。我就早上起来扫院子，还找邻居借了两个大垃圾桶，一直到中午12点半，整整收拾出了7大桶树叶和锯末，总算把后院恢复到我去纽约之前的样子。

看着干净整齐的后院，我趁热打铁般地建议我姐赶紧把草坪重铺，趁我走之前把院子彻底整理好。我姐询问了墨西哥人，好消息是人家草坪估价2100美元，还有一种自长草2700美元，就是如果哪一块草坪死了，别的地方的草会自动长过来，总是保持草坪的青青生机。坏消息是目前这块草坪必须要用专用的药剂分4次彻底杀死，完后才能铺上新的草坪，时间需要两周左右。如果那样的话我已经离开美国回北京了，不能把最后的收尾工作彻底完成。最后我姐还是决定让墨西哥人来把后院的最后这一件事完成，我回国以后我姐传来崭新的后院照片，效果真是棒啊！

11月8日早上，我看着垃圾工把整整的7桶棕榈树叶收走了，依然是十分气愤地撒了半桶的垃圾在马路上，我等他们走后出去给收拾起来。美国的蓝领工人都给惯坏了，稍微比平时干得多一点就怨气连天，好像这根本不是他们的本职工作，就欠让他们来北京看看我们的环卫工人是在什么样的气候条件下，怎样地完成高强度的工作的。

把垃圾桶还给邻居后，我回到后院把车库后面原来堆放的木板全都拿出来，挨个地把它们锯成一米多一节的规格，这样才能放进垃圾桶里。弄好了以后完成最后一点工作，就是大浴缸搬走以后，地上墙上还留下走电线的钢管，钢管用卡子和螺钉固定在地面和墙面之上。找来改锥卸螺钉，不料时间太长了，螺钉已经锈死，用改锥根本不行。只能来硬的了，找了个大镐，活活把钢管从地上和墙上拽出来。由于钢管太长，还得用锯子把钢管锯成几节才能放进垃圾桶里，锯这个可比木板费劲多了，一个小时以后总算全部完工，活生生地又把所有的垃圾桶都装满了。这下非得把那帮子垃圾工气死，心里一定在想，这家子怎么每天都这么多垃圾啊？

在北京，除了小学时老师带我们捡过麦穗，确实没干过这类的活。在美国这段时间干了几次真是乐在其中，现在想着我姐的那个后院还有很多遗憾，当时还有许多好的、更高端的创意由于时间原因都没能够实现，每当想起来还都是跃跃欲试的心态。美国的田园生活在城市中自家的院落里就能实现,这点作为北京人的我打心里羡慕,更别说那些整日背负着强大工作压力的精英白领,要是自家能有这么好的条件,那可真是能做到劳逸结合了。

入境美国 ▶▶▶▶▶

说到入境美国,其实是我这次美国之旅最不愿意回忆的事情,甚至曾有根本就放弃写这一节的打算。因为此次旅行带给我的都是美好的回忆,唯有入境美国,就在2012年9月7日的早晨,我从平心静气到忍气吞声再到相互抵触,一直发展到剑拔弩张,以致到最后我和审问我的三个警察只有一个共同的心愿,那就是赶紧让我回国。他们要把我驱逐回国,我也是死心塌地的要卷铺盖回家,不想在美国多待一分钟。现在写到这里时我都没有摆脱当时的情绪,恨不得如果重来一回的话,我绝对要坚持回家,不给他们改变态度的机会,尽管我现在已经坐在自己北京的家中,可是一想到入境美国的那个早晨,心情还是不能平静,依然是满腔怒火,依然是匪夷所思。

这次美国之旅我总共入境美国两次,第一次是9月7日在西雅图入境,第二次是11月4日从墨西哥的华雷斯城入境美国。两次入境都费了一番周折,尤其是第一次,几乎就是要遣送回国的架势。

总体感觉美国海关好像对中国人抱有歧视态度,戒心很大,很不友好,有很强的不信任感。我真不知道美国以这种心态怎么迎接每年上百万的中国游客,不光我一个人有这种感觉,我在去黄石公园的旅行团里遇到两位和我有相同经历的上海游客,他们对此也是十分气愤,并表示以后不准备再来美国旅游。和他们的海关经历比起来我显然要严重许多,三个携枪警察把我领进单独的小屋审我一个人,一个在电脑前问话并作记录,另一个戴上胶皮手套把我所有的行李逐一开箱,一件一件地检查,最后一个是一直站在我的身边防止我有什么过激的举动,这个警察右手一直扶着枪把儿,绝对的煞有介事,无疑的如临大敌。

这辈子我也是头一次见到这个阵势,在国内从没进派出所参观过,更没有站在警察对立面的经历，百分百的守法公民，从未和警察打过交道，从未有过一丝的违法念头，法律的威严对我来说自然是没有半点体验。我真没想过这辈子会有警察与我针锋相对，而且对美国警察你必须绝对服从，如果有什么冲突会毫无悬念地采取暴力方式直至开枪射击来将你制服。所以我一直就觉得中国和美国最大的不同，就是一个奉公守法的公民在中国只能被坏人打死，而在自由的美国，好人坏人都能开枪打死你，好人也是好人的天敌，你都得防备着。

想说清整个事情的来龙去脉就要回到那个我最想忘掉的早晨——美国西部时间2012年9月7日的早晨，5点半钟我和所有乘坐美国达美航空公司DL128次航班的旅客一起走出飞机，在美国海关的入境口安静地排队，等待海关警察的入境检查。排到我的时候我还暗自庆幸，因为站在一米线以外的我看到，审查我入境的白人警官居然会讲一口流利的汉语，这样就会免去上一次入境美国时通过中文翻译才能表述清楚的麻烦。

随着前面的旅客顺利出关我的噩梦开始上演，我走到白人警官面前用微笑的表情和中文向他说了声早上好，得到的反馈是一张耷拉着的面孔和两个字：你好。紧接着就是审视的目光，而且是那种居高临下的、怀疑的、想让你自惭形秽的威严的目光，极不友好。我也本能的把微笑收住，一本正经地等待他的问话。"你来美国做什么？"这个白人一边在电脑上核查我的护照信息一边头也不抬地问我。"我是来旅游的，""什么时候回国？"还没等我说完，第二个问题又摆在面前。"两个月吧，这是我的回程机票。"上次入境时我的来回机票没有打印，引起了海关警察的怀疑，所以这次我已经将打印好的来回机票拿在手中，想尽量配合海关的检查顺利出关，我把机票递给他。他连看一眼的欲望都没有，接着问："你上次来美国多长时间？""两个月。"我刚要继续说明此次来美的原因，又被粗暴地打断："为什么还要来美国？"依然是头也不抬，如果不是排队的旅客都在一米线以外站着，都觉着他好像是在和我身后的人说话，除了刚开始怀疑地审视，现在连看都不带看你的。

上次入关不愉快的经历我也有抵触的行为，也曾想结束美国之旅卷铺盖回国。后来自己也觉得真是没有必要，人家做的也是分内的工作，如果真有什么情况发生导致那次60天的旅行夭折的话确实太可惜。所以这次我做好了充足的准备，平心静气地配合检查，不要让一个海关警察的态度毁掉我两个多月的美好旅程。我依然很平静地回答他："上次来美国我丢了护照，本来想去美国东部旅游，甚至连机票都买好了，可护照一丢我哪儿都去不了，所以这次想把没有完成的旅程继续走完。"边说边把我护照丢失的报警记录，当时要去纽约所买的机票都顺着窗口递给他。"你上次在美国两个月的时间都做了什么？"他把我递进去的材料扔在一边连看一眼的欲望都没有，好像我每次对他问话的积极配合起到了反作用，更加深了他对我的怀疑。"就是在洛杉矶附近旅游啊，我没护照哪儿都去不了，好多的地方都没有去成，所以这次……""你去洛杉矶干什么？"再一次被粗暴地打断，每次我的回答他好像都没有听下去的耐心，而且他的语气里充满了怀疑，你必须恨不得不加思考地马上回答，否则就有编造的嫌疑。

"我去看我姐，她的家在洛杉矶。"

"她的电话是多少？"

"电话号码我放在托运的箱子里了，我现在记不住。"

"她叫什么名字？"

"牟冰，在洛杉矶的 City of Hope 工作。"我开始疲于应付他的每个问题，而且显得力不从心，自己都觉得我的回答明显不是他所要的答案。他看了一会儿电脑，抬起眼皮瞄着我，用人艺话剧的舞台腔说道："没这个人！"然后就是一副等待着解释的表情。我现在去哪儿找我姐的资料呢？我的思维已经明显地进入了他的轨道，这时我无论怎样解释也打消不了他的怀疑。

"你几个人来的美国？"

"我一个人。"

"你来西雅图干什么？"

"看一个朋友。"

"她叫什么名字？"

这下又把我难住了，人家来美国 11 年了，名字早就改了，这时别说她的外文名字，就连中文名字我都快说不出来了。从一开始我的每一次回答都加深他对我的怀疑，到现在彻底回答不出他的问题了。

他拿出一张大红卡给我，"牟先生，拿着你的行李和红卡顺着这条通道走到头，另一个警官在那里问你。"说完就冲我后面的旅客招手。

我只能按照他的指示走向通道，边走边想我是怎么从光明正大到疲于应付，怎么从雄赳赳气昂昂到浑身是口说不清的。心态有些躁动，我的材料准备得十分齐全，回程机票，护照丢失报警记录，上次东海岸的机票，都是美国原版的啊，也都有美国本地的联系电话啊，不相信我还不相信你们美国吗？

通道不长直通机场大厅的东部尽头，有个半圆形的问询台，里面站着一个墨西哥裔的女警官。我把大红卡交给他，她扫了我一眼用英文说："护照。"我把护照递给她，她让我在后面的椅子上坐着，等待她的传唤。身边也有几个中国人在椅子上等待传唤，一看就是一句英语也不会，第一次来美国，嘴里还嘟囔着别误了转机。看来我不是最惨的，还有比我更着急的呢，这些人要是延误了飞机，你让他们自己买机票可真有点不现实，他们连要去的地方都不知道怎么说。我这儿还特善意地安慰他们："没事的，误不了飞机，一会儿就完。"还真别说，我说得一点没错，没一会儿工夫他们就各自找各自的停机坪去了，只有我一个人坐在空荡荡的大厅里。

"牟先生。"我听到女警官用英文叫我，我提着箱子冲她走过去。心想：刚才那个会中文的我都没解释清楚，现在遇到你这个中文文盲，我可怎么治你呢？

"你来美国的目的？"女警官的问话打断了我的担忧。

"旅游。"

"你今年不是来旅游了吗？怎么这么短时间又来美国？"

"我在洛杉矶丢了护照，哪儿都去不了，所以这次来继续旅游，这是报案记录。"

"你为什么在洛杉矶丢护照？"

废话！我要在家丢的还能叫丢吗？再说洛杉矶怎么就不能丢护照呢？只要你想丢，世界任何地点都可以是丢失圣地啊！而且这些问题明显和刚才的白人警官问题一样，我就是回答到最后也是一个结果。但既然人家警官问了，你还就得不厌其烦地重新回答一遍。我正想着，女警官又一个问题："报案是你自己办的？"她明显感觉到我的英文水平只配在美国丢个护照，想要报案可就差得很远了。

"我姐带我报的案。"

"她的名字和电话。"

"名字是牟冰，Bing Mu，电话我记不住了。"

"没这个人！"一模一样的答案。

"不可能，她在 City of Hope 上班，就在洛杉矶的 Duarte 市。"

"牟先生，你去楼下把你的行李取出来，拿着行李回到这里。"她打断了我的话语，改用命令的口气。然后不等我的反应就叫下一个有问题的旅客。

我只能走向滚梯，"你的行李。"女警官指着地上的行李。我说就放在这里，我去取完行李还得上来，她指着我的行李坚持让我带下去，示意我这里不保管你的随身行李。这里海关的警察让人感觉极不舒服，他们的每一个字好像都是在命令你，而且你必须执行没有半点商量的余地。我拖着行李乘滚梯下楼，在旋转行李台找我随机托运的大件行李。同机一起来美国的我的叔叔、阿姨看到我问我怎么回事，我说还得接受检查，现在是让我取行李上去。叔叔和阿姨也感到事情不妙，别的接受二次问询的中国人都顺利过关，没一个下来取行李回去的。问我能不能不理她直接跑出去，我说："人家扣着我护照呢，我可不想让警察通缉。实在不行我顶多再坐十几个小时飞机回北京，光明正大地来就要堂堂正正地回去。"叔叔、阿姨用钦佩的眼神看着我，实在是佩服我都这样了还愣是整出两成语来。

我拿着行李回到二层的大厅，女警官和那个白人警官正说着些什么，眼神也时不时地瞟向我这边。等大厅所有的人都处理完了，白人警官冲我招手，我拖着两件行李冲他走过去。他接过我的随身小箱，告诉我跟着他走，然后双手拽着我的行李走过大门，进入后面的办公区。他把我的箱子拿反了，轱辘在另一面，这面没有轱辘他拽着很费劲，我想接过箱子自己拖着走。他停住了脚步站在原地用命令的口气说："放手！"我说："你把箱子拿反了，轱辘在另……" "放手！" 这次加重了语气，命令的口气换成警告的语气，双眼死盯着我。我只好放手，心里十分的不舒服。至于吗？对一个中国游客，觉得我可疑完全可以拒绝我入境啊，干嘛非得撕破脸似的。既然这样也就没什么缓和的余地了，爱怎么着就怎么着吧。

他把我带进一个小屋，让我把大行李放在一边，问我小件行李里面放的什么，为什么这么重？边问边把小件行李往一个台子上面抬。忽然发出一阵持续的响动，他警觉地问我："什么声音？"我说没什么声音啊，边说边起来向他走去。他用手制止我的行动："别动！你现在出去！在门口站着！"依然是命令的口气，好像在和一个罪犯说话。然后又大声叫来两个警察，一个和他查找声音的来源，另一个手握着腰间的手枪在门口看着我，哪儿也不许去。他们两个在箱子的侧

▲ 美国警察的随身装备

兜儿找到声音的来源，一个人打开侧兜儿，从里面掏出电动剃须刀，可能是他抬箱子的时候碰到剃须刀开关了。他们认为的一场虚惊过去了，重新让我回到屋里，三个警察和我就这么站在屋中，气氛十分尴尬。白人警察让我先坐在屋子最里面一个角的凳子上，除了握着手枪看着我的警察，他俩都戴上了半透明的橡胶手套。这让我想起了许多电影里检查毒品贩子的方法。啊呀！看来是要肛检啊，真后悔年轻的时候没把自己培养成个同性恋，要不然就能在美利坚合

众国华盛顿州西雅图市的海关享受美国警察带来的欲死欲仙的快感。

除了手握枪把儿看着我的警察，那两个都戴上了橡胶手套，一个站在我的行李处，一个走向我对面的办公桌。看他们的表情不像是在故意制造紧张，白人警察坐在我对面的电脑桌后，用中文一个字一个字地说："听清楚了，从现在起你只需用嘴回答问题，不许动手，不许离开凳子，记住了吗？"我别无选择地只有点头，准备继续接受他们的盘问。

"你来美国的目的？"

"我说过了，来旅游。"

"你直接回答，没必要说那么多。你上次来美国都做什么？"

"旅游啊。"

"为什么不和旅行团来美国，为什么在美国要待两个月的时间？"

"我顺道看看我姐，她来美国16年了，我还没到美国看过她。"

"16年了为什么你原来不来，非要今年来美国？"

"我以前没时间。"

"这不是理由。"

我发现他们的提问你必须回答出他们给你设计出的答案，不然他们理都不理。你给他回程机票他看都不看，你给他报案记录他瞧也不瞧，他们就让你按照他们的思路走，只要一进入他们的思路你只有拼命解释的份儿，而且越解释越乱，越乱越对不上号。他们每一句话都是最后裁定的终审结果，没有你解释反驳的余地，你所有的回答都会带来下一个问题，而且永远没有答对的时候。态度极为的冷漠，但你还找不出他们的毛病，人家的用词显然属于文明执法，但态度、语调、口气完全是在对付一个罪犯。

我不能再这样跟着他们的思路走，这样的话除非认罪，不然永远别想结束他们的提问。我开始和他们针锋相对起来，你说不是理由，那我索性就没有理由，你说什么就是什么吧，反正我没带违禁品，顶多是回国。他们也感觉出我态度的变化，双方之间的敌对情绪逐步加深。看我不配合的态度开始搜我的行李，直接把大件行李搬到台子上打开，一件一件的往外拿着，逐一做着笔录。我知道美国海关禁止带月饼，上次阿姨来美国把月饼放在箱子里还是被警犬闻出来，把所有的月饼全都掰碎了扔进垃圾桶。这次我也带了一盒月饼,这可能算我行李中唯一的违禁品吧。他们每搜出一件行李都要问为什么?我反正也不奢望会有什么奇迹发生,就是很不配合的拒绝回答。他们的审问口气越来越重,我们之间的紧张气氛越来越浓,我只想早点结束这场闹剧,赶快打道回府。我没义务陪着你们折磨我自己,凭什么你们对我这种态度,我可是高高兴兴来旅游的,这种待遇鬼才会有心情在美国旅游。他们看中国人好像是贼一样,看你哪儿都可疑,看你哪儿都龌龊,觉得自己好像是美国的白细胞在奋力地阻挡着我们这些黄色的中国病毒。随着盘问的继续我的心情越发烦躁,我凭什么大老远跑这里来让你们当贼审?你们美国人到中国的时候我们是这么对待你们的吗?我们海关礼貌的问询,友好的微笑,难道换来的就是这副嘴脸?尤其这个白人,他的中文水平绝对是在中国学出来的,他的用词、语调、语气、反应速度和一个中国人不相上下,没有在中国人的社会生活若干年不可能达到这个水平。你在中国的时候中国人是这么对待你的吗?你刚到中国举目无亲不会说中文的时候中国人是这么拿你当贼审的吗?在中国学习这么多年的目的就为了这么对待中国旅游者吗?我越看他越生气,就那个人品,他的良心狗都不带吃的。

  随着我心里的波动我们之间的气氛也由针锋相对转为剑拔弩张,你问什么我都爱搭不理,顶多就是点个头摇个头,我估计他们也没见过中国人对他们这副嘴脸,也不理我一直把东西翻了一地。大箱子翻完了接着翻小箱子,看样子他们想翻点什么东西出来好把我驱逐出境。其实大可不必,咱们现在已经有了一个共同的想法:就是让我赶紧回国,马上结束这次美国之旅。翻箱子的警察拿出我的《一个北京人的美西游记》这本书,封面上有英文书名,他很清晰地念了出来:"Memories of My US Trip."然后把书交给负责录入电脑的白人警察,他拿在手里翻了翻,问我:"这是你写的?"我点了下头。他拿着书又拿出我的护照,把封面作者的名字和护照上的名字对照,然后抬头问我:"你是作家吗?"我没搭理他,这是什么逻辑?写本书就成作家了?那裁缝想隐瞒自己的身份只能光着身子上街吗?红烧狮子头就是用非洲野生狮子的脑袋做的吗?你这是什么智商?你妈生你的时候是不是把人扔了,把胎盘养大了?现在甭管他说什么我从心里都坚决地抵触。他接着很好奇地翻着书中的内容,很认真地读起来,不时地还笑出声来。不一会儿他把另两个警察叫到身边,居然给他们讲起了书中的内容,而且表情也由僵硬变为柔和,最后就是眉开眼笑,还欢天喜地、手舞足蹈地冲我说:"我真想不到你会写这么一本书,你写得太好啦,网上能不能买到?"我说这本书不是卖的,是我送朋友的。他继续给那两个警察讲述着书中的内容,突然他用手指着书里的一张照片,三个人笑作一团,另两个警察边笑边用钦佩的目光看着我,当时的崇拜之情就像看到了亚伯拉罕·林肯,对我的态度来了个540度的大转弯。这个白人警察拿着书跑到我身边,指着书中的照片一边大笑一边问:"这是你停的车?"他手指着我停车的照片,我的车停在两辆车中间,车的两头和前后车的距离都不超过10厘米。"只有你们北京人才能把车停成这样,我在北京住过,我知道。"他还是一边说着一边笑着,那两个警察又凑过来接着听他讲书中的内容。我一个人在旁边傻傻地坐着,眼看着他们3个你一句我一句地说着笑着,还不时地把我加入其中与他们一起分享快乐。

　　欢乐的气氛挤满了屋里的每一个角落和缝隙,我愤怒的情绪在小屋里根本就没有立足之地。我一而再再而三地妄图把自己将要融化的愤怒重新点燃,无奈三张欢喜的面孔和白人声带里发出的特有笑声,像医院高压氧舱里的高压力氧气一样,不给我的愤怒一点在体内滞留的机会,一点一点地把我的愤怒压出体外,让我的身体里也和他们一样充满高浓度的喜悦。我原本愤怒的表情被活活撕成欢乐的面孔,我的愤怒毫无选择地向这个喜庆的空间彻底投降。不知道什么时候,我的嘴早就背叛了我的情绪,两边的嘴角上扬,奋力地扯向两边的耳垂儿,就跟嘴里横着含了个整衣架似的,每次照相喊茄子的时候咧得都没这么开过。我用中文"哈哈哈"地笑着,3个警察用英文"hahaha"地笑着,在国内结婚前双方家长认亲家都没我们4个高兴。嘴咧着以保持欣喜的面容,声带颤抖着以确保笑声不断地输出,腹肌被震得不间歇地收缩、放松以确保欢乐的体态。我们就像吸入了那种无色、有甜味儿的气体一氧化二氮(Nitrous Oxide)俗称,就是笑气,当时我边笑还边想呢:"我这儿乐什么呢?"到今天我也没找到答案。

　　最后白人警察作了结束性地发言:"你知道吗?你是我见到过的最神奇的

人，我一直怀疑你在美国待了长达两个月时间的目的，没想到全都泄露在你的这本书里，你简直太神奇了，太有趣了。我能在中国的网上买到你这本书吗？"我重复着我刚才的话："这本书不是卖的，是我送朋友的，你要想要这本你就拿着吧。""哦！不，我是警察不能接受你的礼物。"好了，最后以这种喜剧的方式收场，他们把我的行李重新装好，拿着我的护照回到大厅的半圆形办公台，直接在I-94卡上签上了最长的期限，半年。而且把我行李中唯一的违禁品——月饼重新塞回箱子里，还一只手拍着我的肩膀，另一只手冲我摇着："祝你旅途愉快！"然后又把别的警察的手也举起来冲我摇着，一起和我再见。我当时也不知道是该高兴还是该生气，我得承认我被这突如其来的欢乐景象给打蒙了，都不知道自己做了些什么，迷迷糊糊地拿着我的行李走出了大厅向地铁站走去。

乘坐美国航班 ▶▶▶▶▶

说到飞机，其实是我最不愿意选择的交通工具。首先咱不是那种坐商务舱和一等舱的乘客，哪家航空公司的经济舱都是那么的拥挤，前后排的距离也仅仅是将将够用。只有第一排的乘客腿部空间才会大一些，但直到现在我从来都没坐第一排的福气，也不知道他们换登机牌时都是怎么换成第一排的。我身高1.77米，体重70公斤左右，像我这么瘦的人，座椅对我来说也是够用而已，没有感觉到宽敞舒适，更别说比我胖的那些乘客了，难怪像美国这样盛产大胖子的国家有很多人坐经济舱一个人得占两个座位才能勉强坐下。乘坐空间放在一边，单就说运行时的噪音，几个发动机的噪音陪伴着你的整个旅程，短途飞行还好点，这要是长途旅行，还没到目的地就得死多少脑细胞啊！再有就是整个旅途中除了靠窗的乘客能看到一点窗外的景色，还仅限于白天和有点风景的陆地，其余时间也和别的乘客一样就像关禁闭一样被关在机舱里。不像坐高铁或汽车，往座椅上一靠，静静地欣赏一路上不同地域带来的不同风景。飞机里要有个人影音娱乐系统还相对好一些，如果连这个都没有，尤其长途飞行，都可以想象把整个旅程熬下来是多么的艰辛。我这次的美国之行坐的都是美国航空公司的航班,除去从西雅图回国的飞机上有个人影音系统,其他的航班一律都没有,这和我坐国航的飞机形成明显的反差。

　　乘坐美国航班好像哪点都不如国内的航班,甭管是从到达机场时用的行李车,还是机上提供的餐饮服务或免费行李托运,都是和国内有很大的差距。美国的机场都没有免费使用的行李车,这点对于每天穿梭于机场的数以万计的旅客是极为不人性化的措施。在国内的机场,每个旅客坐汽车来到机场,一个人负责把行李搬下车,另一个人去推一辆行李车过来,往上一搬,剩下的办登机牌、过海关、逛免税店都可以轻松地推着行李车办理,而且任何一个国际机场面积都不小,来到机场以后又要办手续又要上厕所,来回跑的路程可是不近,等飞机的时间肯定不会像火车那么短。这要再带个孩子,提着重重的行李,跑这儿跑那儿,一边办手续一边还得看孩子,几个小时下来真得累个半死。国内的机场多好,有免费的行李车,我姐每次回国带两个孩子,自己办手续,孩子管推行李车,一点都不费劲儿。

　　我在美国这几次搭乘航班深深感受到了这些机场的不便,甭管是纽约的肯尼迪机场还是西雅图的塔科马机场或是洛杉矶国际机场,都要自己提着行李满机场地跑。最可气的是我刚一进入美国,就发现我的大行李箱轮子被美国工人的野蛮装卸摔坏了。行李箱不能直线行驶,怎么走都是斜的,这样的话就不能在地面上拽着它走,只能把这个45斤的行李箱提着走,真真把人累死。我想找行李车的交款处,但偌大的机场我提着两个大行李去哪儿找呢?所有这些还只是在机场里,航班上的一切还没有说。

　　我这次美国之行总共坐了5次美国航班,深深感到了外国的月亮没有中国圆,而且差得还不是一星半点儿。首先我对飞机这种交通工具就有很深的抵触,发现2个小时以内的航班还能安然度过,超过2个小时就真是得熬时间啦。不管是9月16日我从西雅图飞洛杉矶的2个半小时,还是10月20日从洛杉矶飞往纽约的5个半小时,我都是在痛苦地熬时间。

　　2012年9月7日早上,我所乘坐的美国达美航空DL128次航班从北京到西雅图的飞行时间一般在10个半小时,我已经做好把这段旅程彻底扛过来,不睡觉,以免到西雅图出现时差反应。我坐的是达美航空的波音767飞机,很旧,像坐在一个 1992 年生产的豪华桑塔纳车里。美国航班好像对我有点排外，不知为什么我坐美国航班的飞机一个赛一个地差，我搞不清是我运气差还是美国航班大多数都是这个鬼样子。

下午 3 点天就黑了，早晨 9 点到下午 3 点一整天就 6 个小时的白天，接下来陪伴我们的就是伴随着飞机发动机强大噪音的漫漫长夜。还好一对去明尼苏达的南昌夫妻在飞机上和我聊得很投机，还要买我的书，我说书是我带到美国去送朋友的，没法卖给你。他依然不甘心，还留下地址、电话说回国以后买。

美国航班上有一点很不错，就是乘务人员态度和蔼真诚。但绝大多数的空姐都是空嫂甚至是空奶。一点不夸张，年岁得 60 多了，还精心地化妆上岗，走到你旁边的时候都有些不好意思，一个老人家十分恭敬地为你服务确实适应不了。美国经济不好的原因，使这些看上去早该退休的老人依然坚持在岗位上。航空公司还真不敢开除她们，为公司服务一辈子了，到老了你想开除就开除？工会肯定得跟你造反啊！所以航空公司也没办法，只能让这些空奶们继续工作。

在飞机上吃了三餐，第一餐还算是正规，类似国内航班的水平。第二餐就是一块面包，第三餐是一个汉堡，简直就是糊弄旅客了。前段时间，国内一架短程航班因为午餐就提供面包和矿泉水招致乘客在飞行途中大闹的事件，就是乘客自己觉得受到了侮辱，这么点吃的喂狗都不够，凭什么就让他们吃这个？这些乘客已经被中国优良的乘机服务养成习惯了，应该让他们去坐美国的航班，让你也感受一下什么叫美国水准，看那个时候你们敢不敢在美国航班上大闹一场。如果敢，那我真是由衷的佩服。如果只敢在中国的航班闹，到美国航班就不声不语了，那可有点儿说不过去了。别整天看国内哪儿哪儿都不顺眼，国外让你失望的地方那多了去了。

经过 10 个小时 23 分钟的飞行，客机于西雅图当地时间凌晨 4 点 23 分降落在西雅图塔科马国际机场的跑道上，全程 8926 公里，这趟航班成功地让我穿越了时空。这次将近 10 个半小时的旅程已经达到了我忍耐的极限，恨不得马上拿起我的行李冲出飞机。这时大喇叭里传出中文广播，其内容真是让我感觉匪夷所思，哭笑不得。所有机场相关工作人员都是 5 点半上班，我们所有人在飞机里等待一个小时，等人家上班了我们才允许下飞机。我长这么大真是闻所未闻，乘机旅客被关在飞机里等机场工作人员上班？这要在中国肯定又得发生殴打机场工作人员或跑到飞机跑道上阻止飞机起飞的事情了。我宁可你飞机飞慢点，也别让我降落以后下不了飞机，这时候心态已经到了忍耐的终点，好容易到达终点站还要让我接着忍耐下去，我可真是受不了。唯一能安慰我的是我本以为飞机停下来后就不能上厕所了，没想到飞机停了也能上厕所，就跟我占了多大便宜似的。

总算熬到时间下了飞机，没想到在海关被警察刁难（入境美国一节里有详细记述）了一个小时。从海关的办公室出来以后就开始找和我一起来美国的叔叔、阿姨，当天他们的女儿来接机，他们一定等我等得很着急了。机场里的地铁没有明确的提示，虽然地铁就按一个方向行进不会坐反了，但是在哪一站下车我怎么会知道呢？看了一下明明过了机场上班时间5点半已经很久了，但周边还是没有工作人员，只有和我一样莫名其妙的三个中国人。等了10分钟地铁开了过来，我们四个一起上了地铁，谁都是晕头转向。能感觉出对方想问我的意思，但一看我的表情就知道问也白问。为了保险起见我决定一站地就下，如果不对再等下一辆还是坐一站地，总能找到机场的大厅。

别说我的运气还不错，一站地下来就是机场的大厅。我提着两件差不多重达100斤的大行李，到处找叔叔、阿姨。15分钟以后，就在我的胳膊马上提不起这个行李箱时，总算在滚梯后面看到了行李车，我像瘸子见到拐一样，用尽最后一点力气拽着行李箱冲着行李车走去。双手把行李抬上行李车后，我的双臂酸得都抬不起了，心里暗自庆幸着自己在用尽力气之前找到了行李车。在庆幸之余好像回想起了什么。对了！这里是美国，不是在中国的机场，美国机场的行李车是收费的。我试着拽了一下行李车，得！就跟焊在地上了一样。我看了一下旁边的牌子，租用行李车的费用是5美元。我环顾了一下四周，正如我所料，早上6点多钟还没有人来上班，真是抱着5美元找不到看行李车的猪头。只能再把行李拿下来接着在偌大的机场里四处游荡，还好不久就看到叔叔、阿姨，要不然胳膊非得累折了。这要在中国的机场我怎么也不会受这份罪，差距啊！实实在在的差距！中美之间能有如此巨大的差异确实让人意想不到。

第二次乘坐美国航班是在9月16日，我要从西雅图飞往洛杉矶。早上4点半起床5点出发，一路上没什么车，5点半就到了机场。机场送机的地方停满了车，我们只能远远地停在禁止停车的地方，我赶快下车飞快卸下行李，生怕被警察开罚单。后来一想美国警察哪里会这么敬业，大早上5点多就出来。而且美国不像中国哪里都是摄像头，警察不在你也不敢放肆，美国这点可差中国太远了。

  下了车赶紧让阿姨他们回去了，就剩下拖着两个大箱子的我站在原地。从我这里到大厅入口得100多米，我仍然得提着重重的箱子走过去，这么早肯定还是没有行李车。没办法只能重复着上次来西雅图机场的情景，一个人费力地提着行李找换登机牌的地方。还好看见一个保安，问了保安怎么去办登机牌，人家爱搭不理地给我指了方向，看他的态度我都怀疑指的是不是正确的路线。到了办理处工作人员问我要去哪里，哪个航班和起飞时间，我说早上9点半去洛杉矶的航班，想不到对方竟然说查不到9点半飞往洛杉矶的飞机，这是什么工作效率？你们美国机场的工作效率早已经击破我的承受底线，没想到这时候又给我出难题，实在太过分了，你们还干不干点什么了？整个机场还有没有一个能真正干点事儿的人？我都奇怪了，就这种办事效率，机场是怎么运营到现在的？我又让她仔细找一下，人家一脸肯定地回答我就是没有。我后面还有许多等着办手续的旅客，我不能因为她找不到我所乘的航班耽误后面的人办手续啊，怎么办呢？就在我们相持不下的关键时刻，我智慧的大脑瞬间就化解了一切的尴尬，瞬间就把一切问题彻底解决。我想起我所乘的航班是7点半飞往洛杉矶，不是9点半。这次错怪人家了，一下所有的问题都烟消云散，人家顺利地给我办了登机手续，我还要了个靠窗的位子。

  办完登机就得去托运行李，美国的航班这点就十分可气了。国际航班可以免费托运一件45斤重的行李，国内航班一律没有免费托运的行李，旅客想不花钱只能带一件随身行李。这可跟中国的航班没法比了，中国航班甭管国内国外都能免费托运两件45斤的行李，国际航班整整提高了一倍，这对我们老百姓来说真是贴心，能省一点就省一点吗。国内航班呢？两件45斤的大行李箱那可省不少呢。希望国航再接再厉，千万别向国际靠拢，坚持走自己的具有中国特色社会主义的航班托运规定。这下我只能排队交行李运费，排到我的时候我也不知道交多少钱，身上有我姐上次来美国给我办理的信用卡，用卡把行李费交了。

行李一登机我可算轻松下来，再也不用提着它到处瞎走。

办完这些下一关就是安检，美国式的安检。这个被恐怖主义吓坏了的国家有着专属于自己的机场安检程序，你看那个阵势就能明显感觉出它的与众不同。甭管哪个口都排起长长的大队，先是一个警察检查机票护照，过去以后就到了安检台，地上码放着一摞摞的塑料筐，每个人把随身行李都放进塑料筐，身上的钱包、手表、手机等一切随身带的东西也都要放进去，最后把外衣、皮带、鞋也都得放进塑料筐。眼看着长长的大队里的人一个个连脱衣服、脱鞋、带解裤腰带的，我还以为这帮人争着到前面拍三级片呢。轮到我的时候自然也都是一个程序，把该放进筐里的东西扔进去以后，自己来到一个类似于旋转门的地方排队，进去的人双脚岔开踩在地面标注的脚印上，双手高举交叉放于头顶之上，一个个的有点像真人版的奥特曼。人站定以后，旋转门围绕着你高速旋转360度进行全身扫描，看着有点高科技，更有点头晕，那转门转得太快了。从转门出来以后是人工安检，警察上来就摸，幸亏我身上没痒痒肉，不然严肃紧张的安检现场就会出现嘎嘎的笑声。

我的运气好像不怎么好，行李过安检的时候警笛响了，警察让我在旁边站了一会儿。等行李拿出来后，一个警察让我把行李抬到别的安检台，示意我慢慢地打开行李，然后让我一件一件地把行李里的东西都拿出来，直到查出违禁品。结果是我随身带的虾酱，这瓶黑灰色的东西我怕撒了，所以用一个塑料袋包着，别说警察了连我看着都像违禁品。可我的英语不能解释出这到底是什么东西，我只能跟他说这是虾磨成的 cream，说完自己先乐了起来。这时别的警察说这是虾酱，才让我带进去。

安检过后坐地铁去自己所乘航班的登机口。我找了一个离登机门很近的座位坐下来，以便自己能尽早地登上飞机。我可不是个急性子的人，在国内我也从来都不会这么做。但在美国坐飞机可一定要尽早登机，因为美国航班没有免费托运行李，所以乘客尽量让自己随身多带些行李，这样就节省了行李托运费。所以必须尽早登机，趁别人还没上飞机就把自己的随身行李放到头顶上的行李箱，来晚了可就没地方放了。最惨的一个实例就是，回国的时候坐在我旁边的一个中国学生，就是因为登机晚了找不到放行李的地方，只能把行李放在脚下，

Memories of

▲ 在美国坐飞机就得抢先登机，以免行李无处可放

腿就这么一直蜷着坐了 11 个半小时的飞机飞回北京，我看着都替他难受。

可能由于是国内的短途航班，这次我坐的是阿拉斯加航空的一架小飞机，飞机上不管饭，只象征性地给你一个几厘米见方的小袋膨化食品。如果这架飞机上让养鸡，我估计这袋食品连喂鸡都不够。饮料倒是免费的，只有矿泉水和可乐。不过自己可以花钱点，每个乘客都有一本飞机上的菜谱，想吃什么喝什么拿出信用卡一刷，不过这个航班可能飞行时间太短，我没看见谁在飞机上点过餐。飞机上的毛毯、枕头都要钱，这要在国内不用说又得有人在飞机上大闹一场了。咱也别以点带面，这会儿我不说美国穷疯了，但美国的航空公司可真是穷疯了。

飞机离开西雅图后进入山区，满眼是一望无际的大山和云海，忽见一座雄壮的雪山冲出云海，这就是西雅图知名的瑞尼尔雪山（Rainer Mountain）。可以想象一下当飞机升上天空，穿破云层，地面已被云层遮盖，视线里云层成为地面，宇宙成为天空，两者之间屹立着雄伟的瑞尼尔雪山，视觉效果比派拉蒙影业公司的电影 Logo 要震撼得多。富士山和它比起来显现出的是娇媚，而瑞尼尔才是刚毅、伟岸、雄壮的代名词。

第五章　旅游杂记

到洛杉矶机场下了飞机后,我按照指路牌的指引去取我的行李,洛杉矶的机场可真是不小,但不像北京机场那样各个功能区集中在一起。北京的机场办登机的时候甭管哪家航空公司就在一个集中的区域,取行李也是一样,服务区也都有相应集中的位置。洛杉矶机场是按照航空公司来划分区域,每家航空公司都有自己的一块地方,所有的手续都在这里办理。我习惯性地按照指示牌上的行李标志去找我的行李,走了20多分钟才看到行李传送带,上面显示的航班号并不是我所搭乘的航班,找到问询台问工作人员,人家比我还糊涂。我把整个大厅的传送带都看了一遍,还是找不到。没辙了,我只能从大厅里出来,放眼一望,这个航站楼得好几百米长,我的行李是不是在那一头呢。自己一个人往前走,抬头注意着航空公司的标牌,从第五大厅一直走到第三大厅总算找到了我所搭乘的航空公司标牌。走进大厅看各个行李传送带上面的显示,哪个都没有我的航班号,难道还是不对吗?这招用完我可是黔驴技穷了,只能又去问询台,这次对方给了我肯定的答案:我那架航班的行李早就取光了,让我到总服务台去问一下。我赶紧跑到总服务台,旁边堆放着几十个没人领取的托运行李,我把行李条递给服务员,一会儿她拖着我的行李走了出来。

每次看到无数的旅客在机场的行李传送带旁拎起自己的行李就走,而且一直到出机场就根本没人检查,我就想万一拿错了包呢?我父母在北京机场就曾经拿错过别人的包,我又开车给送回机场。北京机场的工作人员告诉我这种情况很普遍,只要丢失了行李,如果有人给送回来,机场会负责给你把行李送回家。但如果没人送回来怎么办呢?北京的机场还好,哪儿哪儿都是监控头,洛杉矶机场我可就不敢保证了,万一人家把行李拿走我找谁去呢?还好最终取到了行李,心可算踏实下来,这满满一箱子东西都是我姐在国内订的,这要是让别人领走了,我姐还不得失望死。

在美国第三次坐飞机是10月20日从洛杉矶去纽约的航班。因为知道美国航班不管饭,所以自己早早起来,做了一顿丰盛的早餐。有蜂蜜水果蔬汁,一个Bagel加肠,两个鸡蛋和一个素菜,还有巧克力奶。吃完就让姐夫送我去机场,到机场第一步就是找到自己航班所属的航空公司办理登机手续,先找航空公司的名字。

Memories of

　　不同的航空公司在不同的航站楼、不同的大厅、甚至是不同的建筑物里，机场不小真得让人找一会儿，找到以后让姐夫回去，他还不放心我自己能不能办理登机手续，非要帮我办好登机手续，我告诉他我从西雅图来这里坐过美国的国内航班，手续早就熟透了，姐夫这才放心离去。进去以后问一个黑人警察，他直接给我指了一下身边的办理登机手续的机器，核对时间、姓名、航班号、座位号、登机口、不到一分钟就搞定了。

　　然后开始严格的安检，还是上次的那套程序，把电脑、小包装的牙膏从行李箱里拿出来放在安检盒里，手机、钥匙、钱包、皮带、鞋也得脱下来放在安检盒里，进入扫描箱，安全通过。本打算把行李托运，一想不对，这是在美国，世界第一大经济体，人家托运行李是要收费的，不像中国可以免费托运两件。我看身边所有美国人坐飞机都把重的东西往随身的包里塞，而且身上再背个旅行包。这次去纽约旅行我只带了随身的行李，而且也是和那些美国人的行李一样超重，所以不存在托运的事情，就直接奔登机口而去。

　　这里机场所有飞机的登机口都聚在一起，座椅明显不够，很多人就坐在地毯上。我在放行商务舱乘客检票的时候就登机，以免抢不到行李箱放我的随身行李。我进入机舱找到座位，很艰难地把行李举上行李舱，塞进去费了好大力气，后来的乘客放好行李后就怎么也合不上行李舱，后来有个1米85的壮汉和飞机上的服务人员一起折腾了半天才把舱门关上，我和这两个人一样都用疑惑的眼神看着我那件行李。

　　这次坐的是767飞机，居然有意外惊喜——免费的小毛毯，这在中国是必须的，可在美国那是天大的优惠。5个半小时的飞行依然是没有午餐，还是给个小膨化食品。飞机上没什么中国人，我坐在过道中间的位置，左右各有一个白人壮汉，把我夹在中间显得我十分苗条，显得他们十分的蠢，我是这么认为的。

　　餐车推来远远地就看见是一些小包装的面包，果然没有午餐，就那么一小块，看着一点食欲都没有。但就这么一小块面包还要钱，看着乘客们一个个的交出信用卡，真是感到了伟大的美利坚合众国的可笑。我前边的一个美国壮汉，可能是担心自己扛不过5个半小时的飞行，买了一份面包。等他打开包装一看，薄薄的两片三角形的面包中间加了几片蔬菜叶子，还不够塞牙缝的，居然也卖好几美元。

　　坐在我身边的两个壮汉跟美国睡神似的，上飞机把墨镜一带，身体在屁股和膝盖两个位置分别折成90度就这么睡着了，飞行期间他竭尽所能、千方百计的变换着各种姿势，睡得那叫个甜！5个半小时上眼皮和下眼皮像缝在一起似的就没分开过，他俩坐飞机就像我坐过山车，从头到尾就没睁开过眼，我估计也是怕饿的缘故。

　　真正让我着了大急的是第4次坐美国国内航班——从洛杉矶回西雅图，从起飞到降落可真是把我急坏了。11月13日下午我姐提前3个小时把我送到机场，因为我已经在美国坐过几次飞机，我姐已经不担心我自己办理登记手续的能力，我下车以后她就直接送孩子上课去了。这次我已经把来美时摔破的行李箱扔了，换成我姐新给我的一个行李箱，自然轻松许多。到了航空公司的大厅我直接去自动换票机更换登机牌，可怎么弄都不行。我明明使用过这个机器啊，很容易的，怎么这次就不行了呢？我叫来一个白人服务人员，她帮我一项一项地向机器里输入我的登机信息。奇怪的是她这个土生土长的白人愣是拼不出西雅图这个单词，我笑着帮她把这个单词输入进去，人家一点儿没有不好意思。经过人家一番努力，两分钟过后她告诉我这家航空公司根本就没这架航班。怎么会呢？我姐把电子机票发到我的邮箱里，我一项一项地抄下来，所有的信息都核对过了，绝对不会出错的，我敢肯定这个连西雅图都不知道怎么拼写的白人又犯迷糊了。我向她礼貌性地表示了谢意，走到大厅另一边找了一个墨西哥裔的服务人员，让她帮我重新办理登机手续。两分钟过后得到相同的答案，这可就奇怪了，难到机场的系统出了故障？她让我拿出机票的打印件，这下我可傻了，我姐其实已经给我打好了机票打印件，但我觉得根本就没这个必要，临出家门的时候就放在桌上没拿。报应啊！我只能跟她说我抄的机票信息绝对正确，能不能再找人问一问。人家十分肯定地告诉我问也没用，按照这个信息查找谁都找不到相应的航班。

　　这下我可被彻底地否定了，连忙问她我下步该怎么办。服务人员告诉我只能拿出打印件，我说电子机票在我的邮箱里，这附近哪里可以上网，人家耸耸肩摇摇头，你自己去找找吧。我就跟带着两个箱子的天使一样在整个航站楼里游荡着，20分钟以后确认这个航站楼里没有可上网的地方，赶紧出了航站楼向机场另一边的航站楼跑去。此时我的脸也开始变色了，淡淡的红色。身上也开始发紧，微微地冒汗。瞬间让我彻底地理解了爱因斯坦的相对论，以前到机场等飞机觉得离起飞的这段时间是那么的漫长，这会儿距离起飞的这段时间过得是那么的飞速。

　　我拽着两个箱子，背着照相机包跑到另一个航站楼的餐厅里，每张桌子上都有人在上网。我的电脑电池已经老化，不插上电源插销开不了机，可整个大厅也找不到一个闲置的插座。大厅里的时钟好像也在故意和我开玩笑，秒针好像走半圈分针就要走一格，以至于我现在连看一看时针的勇气都没有。我四下张望了一下看到一个中国人正在上网，赶忙跑过去向他说明了情况，希望他能把自己脚下的插座让我先使用一会儿。这个中国人看我如此着急马上让我插上线，一个身在异乡的人在遇到紧急的时刻能得到别人的无私帮助，这时真是让我只有发自内心的感谢，当时我都不知道该说些什么话表示我的感激，颤颤巍巍地对他说："我的电脑开机很慢，你能让我用一下你的电脑进邮箱查看邮件吗？"老乡就是老乡，人家二话不说就把电脑给了我。感激之情第二次涌上我的大脑，我真得感激我这几十年良好的人品，不然人家凭什么帮我呢？

　　没想到机场里上网人太多，网速那叫个慢啊！等得我都忘了我要查什么了。等打开邮箱一看，确实是 American Airline 啊！没错啊！那个中国人也帮我查，得到和我一样的答案。我俩甭管怎么查都是没错，出票的大抬头，航班号旁边也是，最后在下方找到了一行小字 Alaska Airline。一张机票怎么会有两家航空公司的名字？难道国外的航空公司也跟中国古人的人名一样吗？张飞是张飞，张翼德也是张飞？行了！赶快停止胡思乱想吧！到现在我也只能试着去闯一下，问了几个服务人员后我找到了这家公司的停机坪，在美国坐飞机都是先找航空公司的名字才能找到相应的停机楼。我拽着行李背着包像春运时的民工一样走了10分钟才到。

　　这下总算是对了，可算找到了办理登机手续的柜台，这也就是我英文不好，我英文要是好的话绝对让所有的人停下工作，好好给他们开个现场会，你们这么干不行啊！你们这么干得急死人啊！看看我的脸，两个小时前最起码比现在看着年轻2岁。办理完登机牌直接去托运行李，把行李放到传送带上拿出运费25美元，工作人员告诉我："25美元不行，你托运的行李超重4.5磅。"嘿！今儿我在洛杉矶机场怎么一步一个槛儿啊？我又把大行李箱拿下来放在地上，重新开始整理行李，看能不能拿出4.5磅重的东西来。我又急出一身汗，实在腾不出地方只能交钱，竟然加收30美元，美国航空公司真是穷疯了，就这一件行李收了55美元，立马怀念起伟大祖国的航空公司。

随后的安检依然繁琐，随身行李毫无悬念的被扣下，不过这次倒是警察自己打开的行李箱，取出电脑重新扫描，我告诉他还有一台电脑，他又把我重新扫描了一遍。总算把所有的登机手续办完，提前3个小时到达机场，只剩半小时登机，足足折腾了2个半小时，我这天穿的是双层夹克，里面是绒衣外面是皮衣，贴身的T恤真是贴身了，弄得我一身是汗，在美国坐飞机太折腾人。

美国的国内航班都没有电视，也没有食品，想不挨饿就得拿出信用卡买，飞机免费提供的就是一小袋膨化食品和几种饮料。那天我要的是西红柿汁，哎呀那个味道啊！当时真想问一句："这里面是不是加砒霜了？"但一想美国飞机绝对不会免费给你加砒霜的。真是好难喝，没喝过这么难喝的西红柿汁，赶快又要了一瓶Alaska的啤酒，红色的，味道很怪但不难喝，6美元。算是对自己一下午辛勤着急的一个补偿，但这时的我怎么也想不到后面着的急比这一下午着的急还要多。

航班是晚上9点30到达西雅图，刚9点飞机就落地了，地面湿湿的，还没下飞机就感到西雅图的湿润。我在西雅图的睡眠不知为什么比在哪里都要好，可能是跟湿润的气候有关。经过一下午的折腾，我想这下可算能踏踏实实地睡个好觉了。当天叔叔和他的女儿July开车来接我，回到叔叔家也就10点多，蒙上被子一睡，是不是就算传说中的美容觉了？

我坐在第十排所以是最先出飞机的旅客，可等着拿行李却等了半个多小时，我问了这个行李台的服务人员，我这架飞机的行李就是在这个行李台领取，没错！但行李都取光了就是没有我的行李，July在外面也给我打电话，说警察已经赶她走了好几次，再不出来人家罚款了，让我快点。我只能去总服务台问，排着一大堆的人，每个人都有无法解决的问题。机场的管理好混乱啊！在洛杉矶

Memories of

我就找不到行李，到西雅图还是找不到。我这箱行李交了 55 美元的运费的结果就是让我找不到吗？就是让接我的 July 和叔叔着急吗？这要是丢了我损失可大了，所有带回国的东西，自己的、给朋友带的、父母的都在那个箱子里，我随身的行李箱里都不是在美国新买的东西。我可真是受够了美国航班，现在也就是美国交通部长不在我的旁边，他这会儿要是出现在我面前我真得问他一句："Can you tell me how to say asshole in Chinese?" 但凡他能给我翻译出来我马上就补上一句："You are!"

大厅里排着长队的人们挨个询问着总服务台的服务人员，他们的后面就是焦急万分的我。大厅外是警察三番五次地警告 July 要她把车开走和 July 就一次次地给我打电话。在飞机上两个多小时我身上的汗已经干了，现在又把在洛杉矶机场出汗的过程重新复制了一遍，坐个美国航班都快把我坐脱水了。而且服务台的工作人员还是轮流上来服务，后面的房间里总保持着有几个休息的服务人员。甭管排着大队的人们如何着急，人家是慢条斯理不紧不慢，那个沉稳那个大度，就跟服务台后面站着一堆宰相似的。20 多分钟后才轮到我，服务人员问我的行李什么颜色？今天下午我姐才给的我这个新行李箱，经过这两番折腾我真忘了什么颜色了，仔细地回想，大概是褐色的吧，还好这个服务员是色盲，居然把我的箱子找到了。赶紧跑出大厅，看到 July 在和警察解释着什么，警察在那里不依不饶。真奇怪了，大厅里的航班服务人员怎么就没大厅外这些警察敬业呢？要都是这样敬业，连我带警察都不用这么着急上火了。

最后一次做美国航班是 11 月 15 日回国的那次。中午我那个警察朋友 John 来接我，阿姨准备了午饭。我和 John 聊了几个小时美国的政治经济，原来的美国可以结束二战，可以登月，可以帮助废墟中的日本成为世界第二大经济强国，有世界最大的汽车公司通用，还有微软、雅虎、IBM 以及苹果。现在的美国有 50 个州却想独立，经济一片萧条。John 也深感现在的美国精神不复存在，他对美国的牢骚比我可多了去了。中午吃饺子喝 Vodka（伏特加）聊美国，越聊越投机，John 是聊痛快了，我是彻底喝晕了。

到了去机场的时间，临出门下楼时行李箱的轮子两个都碎了，看来我这趟美国之行就别想同时拿两个好箱子，不是这个坏就是那个坏。到机场以后拉着行李，轱辘"咯噔咯噔"地响，别人的目光都以我为中心，这可是在国际机场呀，真有了点大明星的感觉。过了安检我直接去商店买了樱桃可乐和水果味的口香糖。这次机场 wifi 很好，没事儿便坐下来安心上网等待登机。后来没事和一帮来美国的大学生聊天，好像是武汉中南大学的学生，学校组织来的美国，算上来回的旅程一共 5 天时间。这算什么啊，时差还没倒过来就回国了。而且来到美国也得倒时差啊，这样的话能明明白白地在美国待一天就算不错了。我一问果不其然，每个学生都交了小 3 万元的费用，这就是典型的坑蒙拐骗，太坑人了。现在的旅行团全美 15 日游也不过这个价格，那最起码还能算是走马观花啊，这算什么？一趟下来记得最清楚得就算坐飞机了，而且坐的还是美国航班！

在美国看比赛 ▶▶▶▶▶

　　美国的军事和金融支撑着美国的国力，美国的娱乐和体育支撑着美国的社会。在美国人的心中也都有着极强烈的偶像崇拜情结，但他们崇拜的并不是手握重权的官吏，也不是学富五车的文人，而是娱乐界和体育界的明星。如果让美国人说出十个心目中的英雄肯定少不了迈克尔·乔丹、猫王、迈克尔·杰克逊、泰森这类的角色，所以美国才能孕育出好莱坞、奥斯卡、NBA 和 NFL（美式橄榄球）。在美国甭管去哪儿，只要有人的地方就有运动场馆，只要有运动的地方就会有运动着的孩子。美国的父母从小也给孩子报班，但不像国内的父母那样报的都是奥数、钢琴、儿童英语之类的和学习有关的项目，而是足球、游泳、跆拳道之类的和体育有关项目。体育为什么能深入美国人的社会呢？首先美国人的价值观与体育运动的精髓有许多的切合点，美国人对平等的崇尚与体育比赛存在的基础——公平竞赛不谋而合。再有美国人个性中富有探险和开拓精神，而在运动中这些都是必不可少的因素。另外，美国人的个人英雄主义在其钟爱的体育项目中也可以得到淋漓尽致的发挥。

　　这次我到美国就亲身经历了美国的体育狂热，体会了美国的体育文化。上次到美国我看了一场 NBA 的比赛，这次来美国我看了两场体育比赛，一场是在

Memories of

　　洛杉矶斯台普斯体育馆里的洛杉矶快船队和犹他爵士队的 NBA 赛，由于我在上一本书中已经写过 NBA 的比赛，这次就不再重复了。这次来美国之前我姐就给我订好了一场橄榄球比赛的球票，很巧合的也是洛杉矶和犹他的两支队伍比赛。洛杉矶的帕萨迪纳有个著名的玫瑰碗球场，是每年玫瑰碗大赛的举办地。玫瑰碗大赛是美国大学橄榄球赛中最早的季后赛，在美国两大高水平联盟的冠军队之间进行。橄榄球在美国人最喜爱的运动中排名第一，美国权威经济机构《福布斯》(Forbes) 揭晓了全球最卖座的 10 大体育比赛。全美超级碗橄榄球赛出人意料地成为其中的佼佼者，而夏季奥运会和男足世界杯分列二、三位。这个排名让我感到莫名其妙，因为美式橄榄球就在美国流行，而奥运会和世界杯足球赛可是全世界流行的大型赛事，难道一个国家项目会比世界项目还要卖座吗？美国就 3.13 亿多人，世界人口可是 63 亿啊！不管怎样橄榄球在美国的流行程度可见一斑，所以到美国来不看一次橄榄球相当于到北京没有去故宫一样。

　　帕萨迪纳的这个玫瑰碗球场对于中国人来说并不陌生，它见证了 1994 年 7 月 17 日世界杯决赛点球大战后巴乔落寞的背影，以及 1999 年 7 月 10 日女足世界杯决赛铿锵玫瑰的扼腕叹息。美国为什么这么多体育场都叫"碗"呢？其实就是体育场没有顶棚，看起来就像一个大碗。这和国内的体育场比较起来多少显得有些寒酸。这个球场能容纳 105000 人，比北京工体还要大，但整个建筑没有工体宏伟，总觉得装不下这么多人似的。玫瑰碗球场还有一个闻名美国的跳蚤市场，它每个月的第二个星期天举办，那时的球场内是人山人海，商品也是琳琅满目，有新有旧，从小礼物、衣物、珍奇古玩到大号家具，一应俱全，几乎可以淘到各种美国流行文化。

　　2012 年 10 月 13 日上午 10 点多，我开着车去玫瑰碗实现我人生中第一次现场观看橄榄球赛的愿望。一路上车里的 GPS 又瞎指挥，总在帕萨迪纳里兜圈子，幸好我在 9 月 17 日自己曾经驾车来过玫瑰碗，凭借着记忆边想边找，没用多长时间就找到了这座体育场。地方是找到了，可是方圆一两公里的地方都开始封路，我看到路边的街道上都是匆匆行走的观众，穿的戴的、吃的喝的、拿的用的都是典型的美国观众的模样。美国在大型的比赛日会和平常有很大不同，平时大街上冷冷清清，可一到比赛日就像过节一样，哪儿哪儿都是兴高采烈的人群，

第五章 旅游杂记

哪儿哪儿都是锣鼓喧天的场面，真不知道一贯冷清的城市怎么一下子冒出这么多的人。沿路的警察这边设路障那边建关卡，我的车只能随着车流走走停停，难怪那么多的美国人都宁愿把车停得远远的自己走过来。设卡的警察管我要了20美元的停车费放我进去，可进去以后跟随着车流还是找不到停车位，眼看着体育场离自己越来越近，然后就是越来越远，整个体育场周围已经没有可停车的地方了。经过20多分钟的排队，总算给我安排了个停车场，我目测了一下想要走到体育场得15分钟左右。我停车的地方在一个高尔夫球场里，这是临时开辟出的停车场，绿草茵茵的高尔夫球场就这么被数万辆汽车压在下面。球场里只有果岭和沙坑用警戒线圈好，其余的地方都可以停车，放眼望去那么好的草坪全都是车，流动的汽车就这么来回碾压着高尔夫球场的草坪，看着都心疼。

美国人今天好像都从地里长出来一样，来了好几万人，全都在草坪上开party，热闹异常，像到了北京的闹市区。很多从犹他州开车过来的观众开着的都是那种带厨房、卧室和厕所的大型房车，真是把整个家都搬到了帕萨迪纳。

▼ 我看比赛时的现场

草坪上摆满了 BBQ 的烤台，有支帐篷的、有支桌子的、有铺块塑料布席地坐在草坪上的，人们一圈一圈地围在一起，大口喝酒大口吃肉，汽车上的音响震耳欲聋，伴随着欢乐的尖叫声，把比赛变成了一个大型狂欢节。两支球队的球迷各自穿着属于自己球队的队服，即使有穿自己衣服的球迷也不忘把最具自己球队的装饰带在身上。最为雄伟的是犹他州的鼓乐队，足足有两百多人，整齐划一地穿着鼓乐队的礼服。这可是加州的 10 月中旬，我穿着 T 恤在球场外站着都是一身的汗，他们的红色礼服笔挺得就像用毡子做成的一样。高高的礼帽把脑袋扣个严严实实，黑色的带有裤线的裤子和黑色皮鞋让我看着都要晕倒。这还不算，他们身上还背着的乐器，大个的圆号怎么也得几十斤重，那些背大鼓的我连看一眼的勇气都没有了。而且这二百多人的鼓乐队能比我瘦的人过不了 20 个人，这身装扮、这身肥肉、这身乐器，简直让我佩服得五体投地。

　　我姐是给我在网上订的票，我得去服务台换门票。体育场入口外的一排平房就是专门换门票的地方，我走过去让服务员帮我办理换票事宜。服务员极为热情，又问了我许多问题，我耐心地听完她所有的问题，就说了一句："Sorry, I'm tourist, I can't speak English." 就这一句胜似万句，服务员再也没问一个问题，自己跑里面去把所有的事都解决了。看来无知也能成为捷径，而且还是屡战屡胜的法宝。拿了票就可以进入体育场的外围，那里有专卖食品饮料的地方。美国人看比赛、看电影都离不开可乐、爆米花，甭管身材已经走形到何种程度，都要抱着这两样东西才会进入体育场里面。里面卖瓶装可乐饮料 5 美元，大纸杯的 6 美元，我跟服务员说来一大杯可乐，她从机器里打出可乐，我赶紧说了一句不要冰，当时她有这么二秒钟的时间就愣在那里，不知道自己下一步要干什么了。美国人喝这种纸杯的可乐是必须加冰的，就连在漫天大雪的冬季，去任何一家快餐厅你都能看到那些美国人不分男女老幼，都在可乐机前给自己的大纸杯里打上半杯冰，然后才去打可乐。我这个在 10 月的炎热加州的人居然不要加冰，她死都不相信。我只能重复了一句，她依然呆呆地拿着空杯子看着我，我用眼神示意她赶快给我打可乐，别再傻站着了。她这才回过神儿来，往我的纸杯里打上满满的可乐。

　　我拿着可乐进入体育场去找我所在的看台，眼前的场面确实有些夸张，今

第五章　旅游杂记

天来看比赛的观众少说也得 9 万人，整个体育场基本爆满。看台上的每个人都像打了鸡血一般的狂躁，手舞足蹈、金蛇乱舞、摇首摆尾，就差大打出手了。真是没办法，我实在是形容不了当时的场面，我的文学能力处于负值，我都怀疑自己上学时的语文知识是不是体育老师在操场上教我的。但不管怎么样，这种人声鼎沸的现场确实很有感染力，我觉着自己是帕萨迪纳队的一员，要和自己的队伍同呼吸共命运。看台上卖商品的小贩在过道上来回穿梭，生意好得一塌糊涂，手里的钞票都快攥不住了。看台下的啦啦队女孩，那一个个地好像总有用不完的力气，上蹿下跳、左右翻飞，看着都眼晕。美国人对橄榄球的痴迷我是上次来美国的时候有所领悟的，我在去旧金山旅游时，我们的台湾导游告诉我："美国女人要想跟丈夫离婚，那就找橄榄球赛这一天和他吵架，让他看不了比赛。"

一场橄榄球赛分四节，每节 15 分钟，也就是一场比赛的时间是一个小时，但橄榄球赛和美国 NBA 一样，这是纯纯的比赛用时，整场比赛下来一般都得 3 个多小时。比赛中上场的 22 名球员，全副武装、尖声嘶喊、贴身逼抢、横冲直撞，比赛中的反攻、截断、投掷、传递、争抢、进攻，对抗性很强，也非常激

▼ 帕萨迪纳橄榄球队的拉拉队

Memories of

烈。而且一次进攻下来就得换一批运动员，我看了一下场边的候补队员，估摸着每个队得有100多人！别以为橄榄球是一项简单粗暴的运动，其实它非常讲究战略战术，每个球员都有一本600多页厚的比赛手册，里面记录了上千种战术，每种战术会有十多种阵型，每种阵型又会有不同的球员配置，球员必须熟读手册倒背如流。他们除了拥有过人的头脑，还拥有最好的身体素质，被认为是最强壮、最快速、最聪明、最有钱的真正男人，成为姑娘们心目中的英雄而广受青睐，姑娘们也成为球队最坚定的伴侣和粉丝。想我们中国女孩大多喜欢谦和温良的文雅儒生，而美国女孩则喜欢酷爱运动、体格健壮有肌肉的男生。也有人说，橄榄球可以折射出美国社会的暴力、短视、直来直去、以金钱衡量一切等许多弊端。

　　由于橄榄球比赛过于激烈，对运动员的伤害是我们常人不能想象的。在美国，

▼ 从犹他州赶到现场助威的鼓号队

一个职业橄榄球运动员的平均运动生命仅为 4 年，非常之短，职业运动员短暂的运动寿命和巨大的工作压力造成的身体伤害将伴随他们一生。只有场上的灵魂人物"四分卫"的运动寿命能长一些，这是个用脑的位置，他决定着全队的进攻表现，这个位置的运动员好像都是一水儿的白人，其他族裔的运动员目前在美国的联盟赛里还见不到有在这个位置上的。

场内的大屏幕经常打出让观众尖叫的文字以烘托比赛的现场气氛，观众们也极为配合地尖叫着，很多球迷穿着统一的着装为自己所支持的球队摇旗呐喊，时不时地排成一行就像等待枪毙一样在场内留影纪念。

在比赛进行当中，我看总有个空中摄像机在场内随着运动员一起跑动。也看不到摄像机上有飞行装置啊，我用照相机的镜头把场中间的摄像机拉近，原来在体育场的四角分别立着杆子，每根杆子上都有细线拉着场中间的摄像机，就是靠着四根细线的伸缩来掌控摄像机的走向。这场比赛最终还是帕萨迪纳队取得了胜利，整个体育场欢声雷动，观众们涌出体育场到外边的草坪上继续饮酒狂欢。犹他州来的球迷也并不是垂头丧气，同样在场外支起桌子大快朵颐、交杯换盏。我老老实实地回到车里，随着想要冲出帕萨迪纳的车流排队，等待开出体育场。停车场所在的高尔夫球场被毁得不像样子，草皮被几万辆汽车来回碾压已经没了模样，作为一个来自中国大陆的游客，我真是看不得这么糟蹋绿地，而且是高尔夫球场里的绿地。

顺便说一下，现在美国人又玩起了女子内衣橄榄球联赛：一群金发碧眼身材火辣的美女，头顶盔甲肩扛护垫，身穿最新款的"维多利亚的秘密"三点式内衣裤，抱着橄榄球在球场上横冲直撞贴身肉搏，飞奔摔倒后的玉体横陈，虽然比赛也是极为激烈，但多少有点表演的嫌疑。能上场的队员那一个个必须都得是丰乳肥臀，像我这种平胸的敢往场地里跑，绝对让场边的拉拉队员一脚踹到看台上去。

奥特莱斯购物 ▸▸▸▸▸

据著名管理咨询机构贝恩资本的研究显示，2012年中国人消费了全球25%的奢侈品，金额高达3060亿元人民币，但其中60%花到了国外。中国观光客是全世界消费额第二大的游客，2012年中国观光客在外国旅游的花费高达850亿美元，2011年世界最大公司艾克森石油公司的盈利是410亿元，而2012年中国观光客在外国旅游花的钱是其两倍多。所以中国游客成为各国政府争抢的对象，一些国家政府和旅游业甚至推出如何招待中国观光客的研究报告，指导其观光业者认识中国人的文化和习性。《华盛顿邮报》报道，中国人旅游是一个巨大的商机，2012年中国人出国旅游有8300万次，许多国家都争取在2013年吸引中国观光客。这份报告指出，虽然中国的人均国民生产总值只是西方国家的一部分，但中国观光客的花费超过大部分其他国家的观光客。另据统计，中国观光客2012年的消费额仅次于德国，中国观光客在2010年消费549亿元，2011年消费726亿元，每年都有大幅增长，过去中国观光客的消费属世界第三，次于德国和美国，2012年中国观光客的消费很可能超过美国，名列第二。

所有这些报道对于尚未摆脱经济危机影响的美国来说无疑极具吸引力，随着中国游客在欧洲大肆采购的报道充斥各大国际媒体，美国越来越重视中国观光客消费这块大蛋糕。根据美国旅游观光办公室的统计数据，2012年中国大陆赴美旅游人数超过150万人，但对于当年中国8300万出国旅游人数，这个比例实在有些可怜，仅占1.8%的比例，还不到2%。美国要是不彻底地改变当年北京老旗人那种天子脚下唯我独尊的恶习，还不彻底地低下自认为高傲的头颅，真真就让这哗哗流动的真金白银跑到欧洲去了。

每年来美国的中国游客都有自己的旅游偏好，但最受欢迎和不能删除的旅游项目就是奥特莱斯购物。除了老年人以外，中年和青年中国游客在美国的最大花销就在奥特莱斯。奥特莱斯的英文原意是"出口、出路、排出口"，在零售商业中专指由销售名牌过季、下架、断码商品的商店组成的购物中心，其核心内容是"品牌+折扣+直销中心"。美国已经拥有近300家奥特莱斯，面积从1万到10万平方米不等。为了不影响正价商品的销售，业内还形成了不成文的规定，要求奥特莱斯必须距离城市一定距离以上。美国的奥特莱斯店一般平均有五六十家品牌店，最大的一家有220家店铺，各有自己的门脸，店铺大都只有一层，很少能看到像城市里的购物中心那样滚动扶梯载着乘客上上下下的景象。美国的奥特莱斯里面大多还是本国的品牌，欧洲的奢侈品在这里见得不多，顶级奢侈品像Gucci之类的只会在那些邻近超级大城市的奥特莱斯中出现。在奥特莱斯出现比较多的奢侈品牌有Polo、Coach，也会偶尔看到Burberry。

  我这次的美国之行总共去了四次奥特莱斯，印象最深的就是10月5日那次。那天是我报团参加美国中西部7日游的最后一天，整个行程的最后一个项目就是奥特莱斯购物。我们所做的大巴车一到奥特莱斯的停车场，眼前的景象确实把我镇住了，超大的停车场里已经停满了大巴车，而且无一例外都是中国游客，我随便扫了一眼，不算商店里的，光停车场附近最起码得有几千个中国游客在穿梭，这比清明节北京上坟的人都要多。我最清楚的记忆是我下了大巴车是走着的，周边的人全都是跑着奔向店铺，就跟前面有人发奖金似的。这哪儿还像美国的奥特莱斯啊？这简直就像到了北京动物园批发市场了。每家店铺里都是熟悉的国语，每个客人都和我长得一样，就差顾客掏出的都是人民币了。

  在美国的奥特莱斯里哪家是最受欢迎的呢？答案就是Coach，这种我横竖都看不上的牌子。这家奥特莱斯里有上百家店铺，但只有这一家店铺限制顾客流量。在Coach店的门口排着长长的大队，我看只有这家店的店面是分出口和入口的。入口处两个保安站在大队的最前方，随时听令里面的传话，里面让放进去多少人就放进去多少人，接待能力远远不及中国游客的需求。我肯定不会傻傻地站在那里排队，我对这个品牌一点感觉都没有，我觉着随便一个浙江的厂家生产出来的包都比它的好。从这家店出口出来的中国游客无一例外地抱着一大堆的包在胸前，我就没看到一个人的长相，全都让包给挡住了。而且这些人把包拿出来后让别人帮着拿到车上，自己则再一次开始在Coach店门口排队。因为Coach店对中国人采取限购措施，不让一个人买太多的商品，所以想多买您就得重新排队等候。我姐曾经跟我说过她的一个真实的经历，我姐的一个从国内来的朋友让我姐和几个人陪她一起去Coach店，这样能多买一些包。等她们买完包从店里出来的时候，大包小包摆了一地。旁边的两个英国游客都看傻了，一个人怎么会买这么多的包？一个人怎么会有这么多的钱？这两个英国人问我姐："为什么一个人买这么多的 Coach 包？"我姐说："这都是她回国送朋友的。"那两个英国人睁大了眼睛，简直都不敢相信这么多名牌包居然是送朋友的！然后发自肺腑地说了一句："那么你看，我们俩能成为她的朋友吗？"

不过那天到最后我突然想起我表姐特别喜欢这个牌子的包，正好当时店门口也没什么人排队了，我就进入这家店。在里面看着那些来自中国的处于更年期的女游客山呼海叫着、东奔西跑着、汗流浃背着、呼尔嘿呦着，我看着都替她们累。我的血型是 O 型，她们的体型是 O 型，但一个个地比我都活跃，就没有一分钟不在那儿上蹿下跳、辗闪腾挪、排山倒海、挥斥方遒，就差鞠躬尽瘁死而后已了。看来书上写得没错，我这个年纪的女人想用钱买回青春的时候比鬼都可怕，购起物来哪怕就耽误一分钟的时间，对她来说也是足足失去了 60 秒的青春。我在里面也不敢跟她们抢，就看她们对哪款包最偏爱，我就买哪款。怎么有点犀牛鸟和犀牛的关系似的。

来这儿的中国人就像在北京动物园服装批发市场里的服装贩子一样，每个人都是大包小包地买上一堆。我看到最夸张的是来自南方的一家人，在 CK 店里买了一堆那种飞机托运的大旅行箱出来，等打开这一堆的旅行箱一看，好家伙！每个大旅行箱里都是塞得满满的女士包。我不敢说有 100 个，但七八十个包肯定是有了。周围的美国人都看傻了，向我投来询问的目光，意思是问我这些人要干吗？这些人怎么这么有钱？买这么多的东西带得走吗？如果这些包他们都是送朋友的，我们能成为他们的朋友吗？

奥特莱斯的商品肯定都是打折商品，但在奥特莱斯购物还有个折上折的优惠，那就是粉红丝带公益活动。当时我也糊里糊涂地看门上的广告，你捐钱给这个组织，好像她们用善款治疗乳腺癌。我这人别说乳腺癌了，就连乳腺增生都没得过，也看大不明白，反正就是什么关爱乳房的活动。这我看懂了，不就是关爱乳房吗？你把那"关"字去了都成，这事肯定是我的最爱。我进去问了一下，只要你花一美元买一张它这里的不干胶标志，到参加这个活动的店铺能在打完折的商品上再打七五折，难怪我看到好多国人手里都攥着一撂这样的不干胶标志。哪位去美国奥特莱斯的购物的人千万注意这一点，一趟奥特莱斯血拼下来算总账的时候，这些每张价值一美元的不干胶可以为你省下不少呢。

我来奥特莱斯肯定不是奔着什么欧美大牌，都是美国本土的一些品牌，价格也不贵，几十美元一件的东西。我买"Calvin Klein"比较多，"Tommy Hilfiger"也有，不过听说它的白人老板是种族歧视者，后来就少买这个牌子了。Calvin Klein在中国还比较流行，但价格很贵。记得2006年的时候在国内我看报纸上的广告，Calvin Klein的跨栏背心一件498元，一件内衣要498元？当时我实在想不明白，专卖店在王府井，从我们家坐公交车的来回路费肯定不止两元钱啊，也就是说我拿着1000元钱，两件背心都买不回来！太拿中国人不当人了吧！哪有这么忽悠中国消费者的？再说你的衣服大多不都是中国生产的嘛，你要原产美国生产成本高我也不说什么了。说到这儿一想还真是，美国原产的就是贵。就拿"New Balance"的运动鞋来说吧，产自中国的鞋款一般价格在五六十美元，而美国原产的鞋款就要140多美元。最有意思的是993这款号称总统跑鞋的运动鞋，成人款的是在美国本土生产，儿童款的在中国生产，但成人款的卖147美元，儿童款的只要40多美元，就连同一款式的鞋差距都不是一般的大啊！美国也怕本土生产的运动鞋价格过高，特意让奥巴马、小布什为这款993跑鞋做广告，支持国货，所以才会把993称之为总统跑鞋。我上次来美国的时候自己买了一双，送给朋友两双，我们穿过以后共同的反应是，鞋的质量和中国生产的没有任何区别，就是干贵！

我们这个团是在这一批旅游团里最后一个走的，临走时奥特莱斯的场面和我刚到这里时形成了强烈的反差。我来的时候那是人山人海、摩肩接踵、人头攒动。除了"Coach"所有的商家都把自己的商品上架推到店铺外面来，整个奥特莱斯就像中国农村里的赶大集。等这些中国旅行团一走，所有的商家都把摆在门口的商品重新推回店里，整个奥特莱斯一片寂静、鸦雀无声，真就像让中国人把这里扫荡了一遍，留下一个空城。

离我姐家最近的是一家叫Ontario Mall的奥特莱斯，9月20日我自己开着车去这家店购物。我9点钟就到了门口，可看人家的营业时间10点才开门，活活在停车场晒了一个小时，9月的洛杉矶太阳还是很毒的哦！如果我是女人被不准

▲ 离我姐家最近的是一家叫 Ontario Mall 的奥特莱斯

儿会在这里逛上一天,哪怕和一个女人逛这里到下午也没问题。可今天就我一个人,还是保持了在北京的习惯,进商场的话直接奔要去的地方买完就走。这次来奥特莱斯是朋友托我买 Timberland 的靴子,我选了一款深棕的新款鞋。然后又去 CK 买了几条牛仔裤,直接回到了车上。到车上了我一想,跑美国来休假干嘛还非得跟在北京似的,风风火火地没个踏实劲儿,回家我不还是待着吗?既然来美国休假就得有缓慢的生活节奏,不能整天跟毛脚鸡似的安静不下来。我把买来的东西放进后备箱,重新进入奥特莱斯里面安步当车地闲逛起来。里面的品牌确实很多,但我对这些不怎么在行,看见有个叫 Bebe 的品牌,门口赫然写着"2b",店里居然还有不少中国人在挑选衣服。这个牌子的衣服回国可怎么穿啊?人家问你:"啊呀,你这身衣服挺好看的嘛,什么牌子的啊?"你就当着满大街的人来一句:"2b!"

中午在 Food Court 里的 Panda Express 吃的午饭,没要饮料 10.49 美元,比我在内华达州的这家店贵了三分之一还多,而且和美国所有的快餐店一样吃完得自己收拾。坐在我旁边的一个白人大胖子居然吃的还没我多,光他一个胃就比我上半身都大,那点饭下去什么都填不满啊!

9月23日早上我又开车去这家奥特莱斯，因为我给朋友买的靴子人家觉着不好看，我得重新给人家换一双。在路上等左转绿灯的时候，直接把车开到路中间去了。这就是把北京的开车习惯带到美国来了，横向的车都没法左转了，我只好把车又倒回白线后面。幸亏当时路口没有警察，不然肯定得罚我不少钱，这个停车方式在美国相当于在北京把车开到安全岛上等灯。快到奥特莱斯的时候顺便去旁边的一家大贸，给我姐换家具的油。在美国买完家具配给你上光用的家具油，什么时候用完了，拿着空瓶子回来，商家免费给你换新的家具油，挺人性化的服务。

　　来到奥特莱斯里换完鞋以后依然是在里面闲逛，发现了一个现象。我第一次来美国的时候，在奥特莱斯里买东西，大部分的商品都是中国制造。可这次来美国却发现大多数的商品都不是产自中国，别的国家也开始给美国代工了。再一个就是所有的商品都有不同程度的涨价，像旅游鞋，上次来的时候一般价格都在四五十美元，这次平平常常的一双旅游鞋就得六七十美元，涨价的幅度可真是不小。我本想在里面买一双，可逛了好几个品牌都觉着挺贵。还好我知道附近有一家 New Balance 的工厂店，离这里也就5公里的距离，我开着车直奔工厂店。没想到这里的鞋也是集体涨价，肯定是由于中美汇率的原因，成本不像以前那样低了，所以相应也提高了美国本土的售价。

　　我在美国总共去过四五家大型的奥特莱斯，觉得在圣迭戈，美墨边境的那家价格最便宜。9月底我自驾车到圣迭戈玩了几天，就在我住的旅馆旁边300米的地方就是加州最南的一家奥特莱斯，距离墨西哥边境几百米的距离，眼看就要出美国国境了。9月27日晚上我结束了在圣迭戈市内的游玩回到酒店，电视没有中文台，睡觉又有点太早，自己一个人在酒店里窝着多难受啊，开着车到旁边的奥特莱斯里瞎逛吧。奥特莱斯开门时间是早上10点，比一般商家要晚，但关门的时间也要比一般商家晚，晚上9点才关门。我在售货机里买了瓶矿泉水，开始在里面闲逛以打发晚间无聊的时间。逛着逛着发现这里的商品比加州的其他奥特莱斯要便宜一些，而且在这以后我又去了美国东部，和那里的奥特莱斯比起来就更便宜了。谁要是从国内来加州自驾游的话，洛杉矶所有的奥特莱斯你就不用逛了，我推荐买衣服还是来这家奥特莱斯比较实惠。怎么找？到了圣迭戈就问墨西哥边境在什么位置，圣迭戈没人不知道美墨边境，找到边境就找到这家奥特莱斯了。

我还发现这里的商品新款很多，像 Van Heusen 的衬衫，那种后面开口的款式，肯定不是老款吧，而且天热的时候穿这款衬衫还能防止腋下出汗把衬衫弄湿了。再有就是那款总统跑鞋，又出了新款，不叫 993 了，叫 990，价格还是 147 美元，虽然没便宜，但是款式是最新的啊！我又看了看其他的商品，基本能确定这里的价格比起洛杉矶那么多家的奥特莱斯都便宜，因为我上次来美国时也逛了几家奥特莱斯，加上这次逛的，差不多洛杉矶的大型奥特莱斯我都逛遍了，所以还是有一点发言权的。

我想国内的旅游者在美国奥特莱斯里疯狂购物就是图能买到真货，而且价格比国内便宜很多。但我也有个有趣的例子，就是我在西雅图的那个警察朋友，他几年前来中国的时候可是一趟一趟地往动物园批发市场跑，在里面也和中国人到美国的奥特莱斯一样大肆采购，而且他在北京动物园批发市场买的牌子和我们中国人在美国奥特莱斯买的牌子都一样，都是 Levi's、CK、Tommy 之类的。我也问过他，这些美国牌子的衣服你为什么不在美国的奥特莱斯里买？他说："我为什么要在美国买，北京的多便宜啊！"我告诉他这些都不是真货，他更加奇怪了，指着自己身上穿的在美国买的衣服问我："你看我身上穿的和手里拿的有什么不一样吗？"说着还给我细细地指点刚买的衣服的质量是多么的棒，而且还说自己身上穿的衣服哪里质量不好。当时我是说不过他，他愿意买就买吧。这次我到美国的第一站就是西雅图，几年之后再次见到了这个警察朋友，他还指着自己身上的衣服说这就是几年前我在北京买的。其实我也有同感，我姐曾经在美国给我买的 Levi's 的跨栏背心，是印度产的，居然左右两边的吊带不一样宽，这是什么质量啊！而且洗了两次就穿不了了，看来在美国买的真货也有不如北京金五星批发市场的劣货的时候。劣货害人也就认了，但真货和劣货一个质量可就太说不过去了。说到劣货我想起网上的一个笑话，犯人被执行枪决，由于子弹是劣质的，第一枪没放出，接着又放了第二枪、第三枪、第四枪，这时犯人哭了："大哥！你掐死我吧，太他妈吓人了！"